国賠判例にみる 権限不行使と警察の責務

～ストーカー事案等における不作為と判例の立場～

細谷 芳明 著

東京法令出版

はしがき

　本書は、ストーカー事案等の対応において、警察権限の不行使が争われた国家賠償請求事件に対する裁判所の考え方（判例法理）を、詳細な事案を踏まえて紹介するものである。

　このストーカー事案対応をめぐり、警察権限の不行使が社会の注目を集めた桶川事件につき、さいたま地裁が平成15年2月26日判決において、初めて裁判所の考え方を示した。

　警察権限の不行使に関し、さいたま地裁判決が導いた「違法性の有無についての一般的判断基準」（裁量権収縮論に依拠したものと考えられる。）は、その後の類似の国家賠償請求事件（太子町ストーカー事件や神戸事件など）にも影響を与えたといえることから、まず、この判断基準について詳しく検討している。

　もっとも、これらの事件は最高裁まで争われたが、最高裁はいずれも上告棄却したため、ストーカー事案や初動捜査活動等における警察権限の不行使についての最高裁の考え方は、必ずしも明確とはいい難いと思われる（薬害や公害訴訟などにおいて、最高裁は裁量権消極的濫用論を採用しているものとみられる。）。

　次に、警察権限の不行使が違法と評価された場合、生じた生命・身体に対する重大な結果との間に因果関係の存否が問題とされるが、その判例（最高裁昭和57年1月19日第三小法廷判決）が、本書の冒頭に取り上げたナイフ一時保管懈怠事件である。因果関係の問題は、ストーカー事案や初動捜査活動等における警察権限の不行使についても争点とされ、国家賠償請求事件においても不法行為と同様な考え方で因果関係の存否が判断されているため、当該事件の中で裁判所の考え方を解説している。

　さらに、生じた生命・身体に対する重大な結果との間に因果関係が認められなかった場合、裁判所は被害者（遺族）救済のために、どのような判例法理を採用しているか（太子町ストーカー事件や石橋事件など）についても掘り下げて解説している。

　加えて、ストーカー規制法にかかる重要な判例、最新の同法の改正内容及び平成31年3月29日付け警察庁通達「恋愛感情等のもつれに起因する暴力的事案への迅速かつ的確な対応の徹底について」（警察庁ウェブサイト参照）

のあり方についても補足・言及している。

　本書は、各種事案への初動対応に当たっている、主に地域警察官にとって必要不可欠な警察権限の行使のあり方について、問題とされた事案を詳しく紹介し、それに対する裁判所の考え方とその評価等を論じたものである。

　本書で取り上げた事案は、警察（学校）教養などで一般的に言及されても、裁判所の本質的な考え方まで語られることが少ないことから、どの事案から読み進めても容易に理解が可能となるよう、重複をいとわず詳しく解説したものである。

　上記のような視点から本書を構成したもので、他に類書もないことから、少しでも今後の実務における適切な警察活動に資することができるならば、筆者としても幸甚に思うところである。

　最後に、本書を刊行するに当たり、平成22年4月から同28年3月まで、専修大学法学部において各先生から民法（総則、物権法、債権法、不法行為法、民法ゼミ等）、行政法及び行政救済法等のご指導を賜り、さらに同大学院法学研究科において行政法特論、刑事学特論、刑事訴訟法特論及び刑事訴訟法演習等のご指導を賜り、特に刑事訴訟法を専攻した際、指導教授であった滝沢誠先生（現・中央大学法科大学院教授）には、現在も引き続き定期的な判例研究会において熱いご指導を賜り、その学恩に深く感謝申し上げます。

　また、東京法令出版株式会社企画編集部の皆様には、本書の刊行を強くお薦めいただき、そして発刊にご尽力いただき、厚く御礼申し上げます。

　令和2年2月吉日

修士（法学）

細　谷　芳　明

(元栃木県警察学校長)
(元　警　察　署　長)

目 次

序 章

序　章

　警察権限の不行使（不作為）をめぐる問題が社会の耳目を引くこととなったのは、今から約20年前に遡り、様々な警察不祥事を受けて、平成12（2000）年３月に設置された有識者からなる警察刷新会議の緊急提言であった。

　警察刷新会議において、11回にわたる討議の後に緊急提言（同年７月）がなされた（国家公安委員会ウェブサイト参照）が、その中で、職務関連犯罪で隠蔽が行われたとする神奈川県の事件、監察に絡んで批判された新潟県の事件と並んで、「国民の切実な要望に誠実に対応しなかったため重大な結果を惹起した埼玉県桶川事件や栃木県石橋事件」等々と触れられている事件は、当時各種メディアを通しても大きく報道された。

　『平成12年版警察白書』（平成12年10月２日発行）も、「序章　国民の信頼の回復を目指して」、「第１節　相次ぐ不祥事案の発生」の中で、二つの事件を次のように取り上げている。

　「埼玉県Ａ警察署が、同県上尾市在住の女性の自宅付近において同女性を中傷したビラが多数はられるなどした名誉毀損事件を捜査中の11年10月、同県桶川市において同女性が殺害される事件が発生した。この名誉毀損事件の捜査をめぐって、同警察署が、11年６月の被害申告時から被害女性らの訴えに対し不適切な発言と消極的な対応を繰り返し、また、捜査書類を偽変造していたことが12年４月に発覚し」、「栃木県上三川町在住の少年が、２か月間余りにわたって各地を連れ回され、その間に金銭の要求や暴行を繰り返し受けた後、11年12月、同県内の山林において殺害される事件が発生した。同少年の家出人捜索願を10月に受理していた同県Ｉ警察署が、少年の両親からの再三にわたる相談や捜査要請に対し、事実関係の調査を怠るなど不適切な対応を行っていたことが12年５月、発覚し」、当時の関係者が処分を受けた。

　これらの事件は、警察権限の不行使（不作為）をめぐる問題を論議する契機となったものである。

　現在、昭和40年代採用の、いわゆる団塊世代の定年退職者とこれに伴う大量採用者により、急速な世代交代、若年化が進んでおり、このような現状^(注1)

と、現在もなお報道される様々な不祥事案をみるとき、当時の警察改革の背景事情、警察改革の共通認識の共有が薄れているのではないかとの危惧もある。

　近年においても、ストーカー事件をめぐり、平成25年12月7日付け全国紙は、三鷹市女子高校生ストーカー殺人事件の検証報告を報じ、また、平成28年12月17日付け全国紙は、小金井市女子大生刺傷ストーカー事件の検証報告（なお、同事件については、被害者と母親が事前に警察に相談していたにもかかわらず、警察の対応に問題があったなどとして、東京都などを相手どり、7,600万円の損害賠償請求を東京地裁に提起したことを、令和元年7月11日付け全国紙が報じている。）を報じるなど、その対応に批判の目が向けられている。

　その中で改めて、人身安全関連事案として組織的な対応を図るとされたが、最終的には、個々の相談に応じる警察職員の意識改革、危険・切迫性の見極めについて、担当者をはじめ組織全体としての緊密な情報共有を図り、組織の知恵を結集しての最善の対応が求められているといえる。

　そこで本書では、警察権限の不行使（不作為）をめぐる問題について、行政救済法や民法（不法行為法等）の最新の知見を踏まえつつ、この問題をめぐる判例（裁判例）について掘り下げて、裁判所の判断の統一的な到達点を紹介し、実務に資することとする。

　この問題を考えるに当たり、参考となる判例として、新島漂着砲弾爆発事件における最高裁昭和59年3月23日第二小法廷判決がある。これは、海浜に打ち上げられた旧陸軍の砲弾により人身事故を生じた場合に、警察官においてその回収等の措置を執らなかったことが違法であるとされたものである。

　最高裁は、まず違法判断を導く論理を、警察法第2条（警察の責務）及びその作用法である警察官職務執行法第4条第1項（避難等の措置）を摘示し、これらは警察の責務達成のために警察官に与えられた権限であるとした上で、海水浴場として利用されている海浜やその付近の海底に砲弾類が投棄されたまま放置されており、それらの砲弾類が海浜に打ち上げられ、不用意な取扱いによって爆発して人身事故等が発生する危険があり、島民等は絶えず危険に曝されているが、これを放置するときは、「島民等の生命、身体の安全が確保されないことが相当の蓋然性をもって予測されうる状況のもとにおいて」、その「状況を警察官が容易に知りうる場合には、警察官において右権限を適切に行使し、自ら又はこれを処分する権限・能力を有する機関に

要請するなどして積極的に砲弾類を回収するなどの措置を講じ、もって砲弾類の爆発による人身事故等の発生を未然に防止することは、その職務上の義務でもある」と解されるから、その措置を執らなかったことは、「職務上の義務に違背し、違法である」旨判示した。

　本判決は、差し迫った砲弾類の爆発による人身事故等の危険を踏まえた判断指標であるが、この論理展開は、ストーカー事案や初動捜査活動等における警察権限の不行使についての判断にも影響を与え、地方・高等裁判所が導く違法性の判断基準にも通底した考え方が読み取れる。

　特に、この問題は、年々増加傾向にあるストーカー対応 (注2) をめぐる問題等において顕在することから、一層の理解を深めておく必要性が高いものといえよう。

（注1）　この具体的変化について、『平成26年版警察白書』（20頁）は、「警察署の捜査員の年齢構成をみると、30歳未満の捜査員の割合は上昇傾向にあり、平成5年には9.4%であったが、25年は21.0%と2倍以上に上昇した。一方、40歳以上の捜査員の割合は低下傾向にあり、5年には51.7%と全体の半数以上を占めていたが、25年には36.3%と全体の約3分の1となった。このように、過去20年間で、相当程度の若年化が進んでいる。」と分析している。

（注2）　平成30年中のストーカー事案の相談等の件数は21,556件、平成12年のストーカー行為等の規制等に関する法律（以下「ストーカー規制法」という。）の施行後、特に平成25年以降においては、2万件を超えており、高原状態で推移している状況にある。

　　また、ストーカー被害者の87.9%は女性であり、20代が35.8%、次いで、30代が24.5%で、加害者は、82.1%が男性であり、その関係は、交際相手（元を含む。）が43.3%、次いで、勤務先同僚・職場関係が12.9%、知人・友人が12.8%という状況にある（警察庁ウェブサイト参照）。

第1編

警察権限の不行使と
国家賠償をめぐる判例の基本的視点

　裁判所が警察権限の不行使と国家賠償法1条1項^(注)の関係について判断したものとして、ナイフ一時保管懈怠事件、桶川女子大生ストーカー殺害事件（警察刷新会議における緊急提言では「埼玉県桶川事件」としている。）、太子町ストーカー殺害事件、神戸商船大学大学院生殺害事件（神戸事件）、上三川町会社員連れ回し殺害事件（同緊急提言では「栃木県石橋事件」としている。）がある。

　そこで、まず最初に、これらの事件の概要、警察権限の不行使と国家賠償法1条1項との関係の判例法理についての全体を把握する。これらのストーカー事件等5件の事件の詳細については、第2編において確認することとする。

1　ナイフ一時保管懈怠事件

　犯罪防止等に関する権限の不行使に関して、ナイフの一時保管懈怠が問題となった、最高裁昭和57年1月19日第三小法廷判決を取り上げる。

　本判決を冒頭に取り上げた理由は、本判決が警察官の職務上の義務違反と被害者の受傷との間の因果関係存否について判示しているためである。

　大阪地裁及び大阪高裁、本件最高裁判決ともに、本件ナイフを一時保管すべき義務があり、その措置を執らなかったことが職務上の義務違反に当たるとした違法判断認定に争いはないが、警察官の当該義務違反と被害者の受傷との間に因果関係が認められるかどうかにつき、大阪地裁は因果関係を認めなかったのに対し、大阪高裁は因果関係を認め、最高裁も因果関係があるとした原審（大阪高裁）の判断は正当としてこれを是認している。この因果関係存否の判断は、ストーカー事件等にかかる国家賠償請求訴訟において、必ず問題となっていることから、因果関係の理解が不可欠である。

■事案の概要

　飲酒酩酊したXが、スナックでナイフを取り出して客等に脅迫行為に及んだことから、店の関係者Kらが警察署に同行し善処を求めたが、取調べを担当した警察官がXからナイフを提出させ一時保管することなく帰宅させたため、同店に戻ったXがナイ

　（注）「国又は公共団体の公権力の行使に当る公務員が、その職務を行うについて、故意又は過失によつて違法に他人に損害を加えたときは、国又は公共団体が、これを賠償する責に任ずる。」

フでKの左前胸部や左眼を刺すなどにより重傷を負わせた（その後死亡）国家賠償請
求事件である。

□裁判所の判断

(1) （第一審）大阪地裁昭和53年9月27日判決（判例タイムズ378号124頁）
及び（控訴審）大阪高裁昭和55年1月30日判決（判例時報969号64頁）

　大阪地裁は、本件ナイフを携帯したまま帰宅を許した警察官の行為は、K
に対する関係で違法としたが、警察官の右違法とKの受傷との間には法律上
の因果関係はないとしてKの本訴請求を棄却した。これに対し、Kが控訴
し、控訴審たる大阪高裁は、本件ナイフを一時保管することなく、Xにこれ
を携帯させて帰した警察官の行為は違法であるとし、大阪地裁と同様の判断
を示すとともに、警察官の、その違法行為とKの受傷との間には相当因果関
係（Xが警察署を出るときまだかなり酩酊しており、しかも同署から約150
メートルくらいのところに「スナックニューH」など十数件の飲食店が立ち
並んでいたから、Xを酔いのさめないまま、ナイフを携帯させて帰すとすれ
ば、場所柄、途中で他人と何らかの悶着を起こし、所携のナイフで他人に危
害を加えるに至ることは十分予見し得たものといわなければならない。）を
認め、大阪府に対し、1,466万円余の損害賠償の支払いを命じた。

　これを不服として、大阪府は上告した。

(2) （上告審）最高裁昭和57年1月19日第三小法廷判決（民集36巻1号19頁）

　最高裁は、これに対して、次のように判示した。

　「Xの本件ナイフの携帯は銃砲刀剣類所持等取締法22条の規定により禁止
されている行為であることが明らかであり、かつ、同人の前記の行為が脅迫
罪にも該当するような危険なものであったのであるから、A警察署の警察官
としては、飲酒酩酊したXの前記弁解をうのみにすることなく、同人を警察
に連れてきたKらに対し質問するなどして『スナックニューH』その他での
Xの行動等について調べるべきであったといわざるをえない。そして、警察
官が、右のような措置をとっていたとすれば、Xが警察に連れてこられた経
緯や同人の異常な挙動等を容易に知ることができたはずであり、これらの事
情から合理的に判断すると、同人に本件ナイフを携帯したまま帰宅すること
を許せば、帰宅途中右ナイフで他人の生命又は身体に危害を及ぼすおそれが
著しい状況にあったというべきであるから、同人に帰宅を許す以上少なくと

も同法24条の2第2項の規定により本件ナイフを提出させて一時保管の措置をとるべき義務があったものと解するのが相当であって、前記警察官が、かかる措置をとらなかったことは、その職務上の義務に違背し違法であるというほかはない。これと同旨の原審の判断は、正当として是認することができ、原判決に所論の違法はない。」「右事実関係のもとにおいて、所論警察官の違法行為とKの受傷により被った損害との間に相当因果関係があるとした原審の判断は、正当として是認することができる。」

2　桶川事件

■事案の概要

　被害者Sの両親が、Sが交際相手などから中傷ビラを多数貼られたり撒かれたりした後に殺害されたのは、警察官らの捜査懈怠等の違法行為によるものとして、1億1,000万円余の損害賠償を求めた国家賠償請求事件である。

　この事件は、『平成12年版警察白書』で取り上げられ、ストーカー規制法制定の契機となった事件である。

□裁判所の判断

(1)　（第一審）さいたま地裁平成15年2月26日判決（判例時報1819号85頁）

　捜査の懈怠と被害者Sの殺害との相当因果関係の有無について、「原告らは、A署の警察官らの捜査懈怠等とS死亡との間の因果関係の存在を主張するところ、国家賠償法1条1項の適用上、違法行為と損害発生との間に因果関係があるというためには、当該違法行為から当該損害が発生したといえる高度の蓋然性が証明される必要があり、単なる可能性の証明では足りないと解される（最高裁昭和50年10月24日判決・民集29巻9号1417頁参照）。」とした上で、A署の警察官らの違法行為によってSが死亡したといえる高度の蓋然性は認められないとした。さらに、損害が特別の事情によって生じた場合において違法行為と損害発生との間に因果関係があると言うためには、加害公務員において当該事情を予見し、又は予見し得たことが必要であると解するのが相当である（最高裁昭和48年6月7日判決・民集27巻6号681頁参照）として、Sの死亡は、加害者らが共謀して行った故意による犯罪行為によって生じたもので、特別の事情によるものであるから、同警察官において加害者らによるS殺害を予見し、又は予見し得たことが必要であるところ、A署

の警察官が加害者らによるＳ殺害を了見し、又は了見し得たとは認められないとして、捜査懈怠と死亡との因果関係は認めなかった。

しかし、損害賠償責任の有無につき、次のように判示した。

「捜査の懈怠とＳの殺害との間に因果関係は認められないものの、Ｔらの
Ｓに対する名誉毀損を含む一連の加害行為は、ＫのＴに対する依頼に端を発
するものであって、Ａ署の警察官らがＫに対して警告等を行っていれば、Ｋ
からの働きかけ等によってＴらによるその後の名誉毀損等の加害行為が断念
された可能性は存したといえる。Ｓは、同年7月29日に告訴を受理され、よ
うやく警察が動いてくれると思い、原告Ｙに対し、『やっと動いてくれるね。
これで少し安心できるね。』と述べて、警察の活動に期待していたものである。

一般的に市民は、犯罪の被害を受け、又は、更に被害を受ける虞がある等
切迫した状況下になったときに警察に対してその保護等を求めたときは、警
察は、捜査を開始する等してその市民を犯罪者から守ってくれるという期
待・信頼を有しているのであって、その期待・信頼に誠実に応えることは、
治安を維持して市民の安全を守るという警察の責務であることは明らかであ
る。したがって、そのような状況における市民の上記期待・信頼は、法律上
の保護に値する利益である。」

その上で判決は、次のように解して損害賠償責任を認めた。

「Ｓに対する名誉毀損等の加害行為が切迫した状況にあったのに、Ｋと接
触を図る等の適切な捜査活動を行わなかったのみならず、Ｓの告訴について
は、それを受理しなかったものにして、単なる被害届を端緒とする事件に見
せかけようとするなど極めて不誠実な対応に終始し、Ｓのみならず市民が警
察に対して有している上記期待と信頼を裏切ったものである。

このような事情の下では、被告は、国家賠償法1条1項に基づき、Ａ署の
警察官らの前記捜査懈怠による違法行為によってＳの上記法の保護に値する
利益を侵害したことによる損害を賠償する責任を負うものと解するのが相当
である。

Ｓの精神的苦痛に対する慰謝料は、本件の事実関係における違法性の程
度、Ｓの期待の大きさ、その他本件に現れた一切の事情を総合考慮すると、
500万円を下回らないものと認めるのが相当である。」

このように、さいたま地裁は、期待権侵害を根拠に損害賠償責任を肯定し
たのである。

⑵　（控訴審）東京高裁平成17年1月26日判決（判例時報1891号3頁）

　東京高裁は、「名誉毀損等の行為とS殺害との間には理解に苦しむような大きな飛躍と唐突さが存在すると考え」られ、「S殺害の犯行前にその危険が切迫しているとの状況を容易に知ることができたとすることは、困難である」としつつ、名誉に対する加害行為は、「具体的な危険が切迫した状況にあることを容易に知ることができた」と認められるし、何らかの警告的な意味を持つ捜査活動をすることにより被害が生ずるのを回避させる可能性があったと判断した。

　その上で、損害賠償責任につき、次のように判示した。

　「Sの生命、身体に対する加害行為との関係でA署の警察官らに作為義務に違反した捜査け怠の違法は認められないが、TらのSに対する名誉毀損を含む一連の嫌がらせ行為は、KのTに対する依頼に端を発するものであって、A署の警察官らがK等に対して警告等を行っていれば、Kからの働き掛け等によってTらによるその後の名誉毀損等の加害行為が断念された蓋然性が高かったものと認められる。

　一般に、市民は、現に犯罪の被害を受け、又は被害を受けるおそれがあるなど切迫した状況に置かれた場合に、警察に対してその保護等を求めたときは、警察において捜査を開始するなどしてその市民の受けた被害の回復ないし今後受けるおそれのある犯罪被害の防止を図るであろうことについて期待及び信頼を有しているのであって、警察がこのような期待及び信頼に誠実にこたえるべきことは、警察法2条1項及び警職法1条1項の定めからも明らかなように警察の責務であり、上記のような状況における市民の期待及び信頼は法律上の保護に値する利益というべきである。

　そして、正にSは、同年7月29日に告訴を受理され、ようやく警察が動いてくれると思い、原告Yに対し、『やっと動いてくれるね。これで少し安心できるね。』と述べて、警察の活動に期待を抱いていたものである。」

　その上で判決は、次のように解して損害賠償責任を認めた。

　「Sに対する名誉毀損等の加害行為が切迫した状況にあったにもかかわらず、K等と接触を図る等の適切な捜査活動を行わなかったのみならず、Sの告訴について、これを受理しなかったものにして、単なる被害届を端緒とする事件に見せ掛けようとするなど極めて不誠実な対応をとり、Sが警察に対して有していた上記期待及び信頼を裏切ったものである。

　したがって、被控訴人は、国家賠償法1条1項に基づき、Sの名誉毀損等

に係る事件についてのA署の警察官らの捜査け怠による違法行為によってS
の上記法的保護に値する利益を侵害したことによる損害を賠償する責任を負
うものと解するのが相当である。」

　「A署の警察官らの違法行為によってSの上記利益が侵害されたことによ
る同人の精神的苦痛に対する慰謝料は、被侵害利益の内容及び侵害の程度、
捜査のけ怠状況及びA署の警察官らがSの供述調書の作成日について虚偽記
載をしたり、本件を被害届を端緒とする事件に見せ掛けようと同供述調書の
一部を改ざんするなど極めて不誠実な対応をとったこと等の本件の事実関係
における違法性の程度、Sの両親である控訴人らの不安、心配等に対するS
の心痛、その他本件に現れた一切の事情を総合考慮すると、500万円が相当
である。」

　このように、東京高裁もさいたま地裁と同様に、期待権侵害を根拠に損害
賠償責任を肯定したのである。

　なお、興味深いことには、東京高裁の判示した期待権の法理である「一般
に、市民は、現に犯罪の被害を受け、又は被害を受けるおそれがあるなど切
迫した状況に置かれた場合に、警察に対してその保護等を求めたときは、警
察において捜査を開始するなどしてその市民の受けた被害の回復ないし今後
受けるおそれのある犯罪被害の防止を図るであろうことについて期待及び信
頼を有しているのであって、警察がこのような期待及び信頼に誠実にこたえ
るべきことは、警察法2条1項及び警職法1条1項の定めからも明らかなよ
うに警察の責務であり、上記のような状況における市民の期待及び信頼は法
律上の保護に値する利益というべきである。」との内容は、全く同一の内容
で、次項に紹介する太子町ストーカー事件の大阪高裁（平成18年1月12日判
決）の判示に引き継がれている。

　その後、最高裁平成18年8月30日第二小法廷は、双方の上告を棄却し、東
京高裁判決が確定した。

3　太子町ストーカー事件

■事案の概要

　A女（当時20歳）は、元交際相手の男（当時27歳）が運転する普通乗用自動車に正
面衝突され死亡したもので、A女らが再三相談していた執拗なストーカー被害につい
て、警察官が真摯な対応をしなかった過失があるとして、母親らが兵庫県に1億円余

の損害賠償を求めた国家賠償請求事件である。

　本事件は、次第に発展していくストーカーの特質がみられており、各事件（事案）に対する、原告、県（県警）側の各主張とこれに対する裁判所の判断を第2編第2章の中で詳しく取り上げている。

□裁判所の判断

⑴　（第一審）神戸地裁平成16年2月24日判決（判例時報1959号52頁）

　警察が捜査権限（更なる加害行為に及ばないように厳重に警告し、各警察署間に緊密な連携、肋骨骨折事件などの捜査着手など）を行使しなかった違法があるが、思い詰めた上での覚悟の犯行と考えられる本件殺人事件を制止し得たかどうか疑わしいといわざるを得ず、死亡の結果を回避できたであろう高度の蓋然性を認めることは困難であるとして、その対応と被害者の死亡との間に因果関係はないとした一方で、警察官の過失によってA女に生じた損害（生存可能性を侵害されたことによって被った精神的苦痛に対する慰謝料）を認め、兵庫県に対し、原告に対する660万円の慰謝料の支払いを命じた。

⑵　（控訴審）大阪高裁平成18年1月12日判決（判例時報1959号42頁）

　警察権限の不行使の違法は認めたが、その不行使による責任は本件のようなストーカー行為がエスカレートするものであることを考慮しても、殺人事件についてまでは及ばないとして、死亡との間の因果関係までは認められないが、「市民の期待及び信頼は法律上の保護に値する利益」として、神戸地裁とは異なる論理の下で、原告に対する慰謝料（660万円）を認めた一審（神戸地裁判決）を支持した。

　その後、最高裁平成18年8月30日第二小法廷は、双方の上告を棄却し、大阪高裁判決が確定した。

4　神戸事件

■事案の概要

　平成14年3月4日午前2時30分頃、大学院生Aが友人Bと飲食し、Bの車で団地の自室に送ってもらい、その車両から降りた直後、すれ違った暴力団組長から些細なことで因縁を付けられ、暴行を受け、現場に駆けつけてきた組員らに拉致され、その

後、長時間にわたり執拗な集団暴行を受けた末に殺害された。

　殺害は警察官の違法な対応に原因があるとして、母親が兵庫県に1億3,700万円余の損害賠償を求めた国家賠償請求事件である。

□裁判所の判断

（第一審）神戸地裁平成16年12月22日判決（判例時報1893号83頁）

　警察官らが「各場面で規制権限を適切に行使していれば、Aを暴力団である加害者らの手から救い出すことができ、その結果、高度の蓋然性をもってAの死亡という結果を回避できたものと認められる。そして、警察官らが、一連の通報内容及びBからの事情聴取の結果を適切に共有する態勢をとっていれば、Aが加害者らによって自動車の中に乗せられ、その後継続的に暴行を受けるという重大な身体的加害行為の危険性が切迫した状況にあることを認識することができたこと、警察官らが第1現場において、暴力団員らが、傷害を負ってパトカーの後部座席に逃げ込んできたBに対し、警察官らの制止にもかかわらず怒鳴りながら、後部座席のドアノブを引っ張って揺するなどし、Bを車外に引きずり出そうとする攻撃的な行動に及んでいた状況を現認していたこと等の本件における事情を考慮すると、警察官らは、Aが、暴力団員である加害者らに連れ去られることによって更なる暴行を受け、その結果、死亡に至ることも十分予見し得たものと認められる」旨判示して、規制権限の不行使とAの死亡との間には因果関係が認められると判断した。

　その後、大阪高裁平成17年7月26日判決（県の控訴棄却）、さらに最高裁平成18年1月19日第一小法廷は、県側の上告棄却を決定し、捜査権限の不行使と死亡との因果関係を認定し、9,700万円余の支払いを命じた一、二審判決が確定し、県側が敗訴した。

　本事件の発端は決して特異なものではなく、日常にもあり得るものであり、これに対応する警察活動は、まさに「初動は警察の命」ともいえるものであるゆえに、裁判所が初動警察活動の稚拙さを厳しく指摘している。

5　石橋事件

　この事件は、桶川事件と同様、警察刷新会議における緊急提言『平成12年版警察白書』の中で取り上げられている。

■事案の概要

　栃木県上三川町在住の少年Ａが２か月間余りにわたって各地を連れ回され、その間に加害少年らから、金銭の要求や暴行を繰り返し受けた後、平成11年12月、同県内の山林において殺害された。Ａの家出人捜索願を10月に受理していたＩ警察署が、Ａの両親からの相談や捜査要請に対し、事実関係の調査を怠るなど不適切な対応を行っていたとして、Ａの両親が栃木県と加害少年及びその両親に１億5,000万円余の損害賠償を求めた国家賠償請求事件である。

□裁判所の判断

⑴　（第一審）宇都宮地裁平成18年４月12日判決（判例時報1936号40頁）

　宇都宮地裁は、被害者Ａは、加害少年らから約２か月間、リンチや金員強取を受け続け、その身体、生命及び財産等に対する重大な危害が加えられるおそれが存在し続けていたと認められること、被害者Ａの両親から捜索願等が提出された後の県警の捜査等に照らせば、Ａの失踪の裏に加害者らがおり、Ａに対する身体や生命等に対する危険が切迫していることを認識したか、十分認識できたものと認めるのが相当であること、県警が必要な捜査を行えば、少年らから重要参考人として事情聴取を行うことは可能であったし、少年らの自宅への張込みをはじめとする所在捜査を行うことは可能であり、かつ、容易であったこと、県警が適切な捜査を行っていれば、少年らやＡの身柄を確保することができた可能性があったし、Ａの身柄を確保することができれば、Ａの生命を救い得たことを是認し得る高度の蓋然性が認められることなどを挙げて、県に対し9,600万円の賠償を認めたものである。

⑵　（控訴審）東京高裁平成19年３月28日判決（判例時報1968号３頁）

　東京高裁は、Ａが加害少年らに連れ回されている中で、11月25日東京の銀行から同銀行の地元の支店を通じ、被害者の家族の下に、Ａが顔に負傷している旨の連絡がなされたため、これを警察に連絡したことにつき、「東京の銀行からの連絡内容は、東京の銀行での第三者（銀行員）が異常と感じた火傷の状況であり、その程度は、現認した者が直ちに地元警察に連絡するほどではなかったとしても、Ａの負傷に関する客観的資料に関わるという点で、財産犯という枠組みからＡへの傷害に関する捜査の依頼という性格を持つものであるから、Ｔ県警警察官としては、これを真摯に受け止め、東京の銀行からの撮影画像の取寄せなど、適切な対応をとるべき義務があったというこ

とができ、失念により、これを怠ったことには職務上求められる注意義務違反（過失）があったというべきである。」とした。

　その上で、Aからの両親への頻繁な無心の電話、加害少年らの車両ナンバーが判明していたことや県内において行動していたことなどを踏まえ、「即応した捜査が行われていれば、殺害前にAを発見し得た可能性も3割程度はあったものと認めることが相当であり、そして、Aが警察に発見され、その負傷の状況が現認されれば、加害者らに対して、その原因について任意に聴取が行われると共に、Aに対する監禁、傷害の行為について加害者らに対する強制捜査の開始を待たずに、Aが治療のために加害者らから引き離されて保護される結果となったことが予想されるところである。」と判断した。

　そして、11月25日の捜査依頼を失念したことは、「国家賠償法1条1項との関係において違法と評価することができ、また、これによりAの死亡を阻止する可能性（3割程度の生存可能性）が侵害されたものということができる。」と判断している。加えて判決は、「なお、ある過失がなければ有意の割合による延命可能性がある場合の延命可能利益の侵害による損害は、医療過誤に伴う不法行為においては論じられているところであり、過失が認められるが、この過失と生命といった重大な法益侵害との間に相当因果関係が認められないものの、有意な割合での結果回避の可能性（生存可能利益）が認められる場合には、同様の取扱を否定すべき理由はない。」としており、生存可能性の下で損害賠償責任を肯定したものである（県側に1,100万円の限度で請求を認容）。

　もっとも、判決は、一審原告（控訴人）らが、県に対する予備的請求として期待権侵害を主張したのに対し、控訴人らの、「市民が警察において市民の受けた被害の回復ないし今後受ける恐れのある犯罪被害の防止を図るであろうことについて有している期待及び信頼という利益に対する侵害をされたことによる損害を求めているところ、上記の期待及び信頼は国民の一般的期待ということはできても、これを個別具体的損害賠償の対象となる法的利益とは認めることができない」として、期待権侵害については否定的である。

　その後、原告側から上告がなされたが、最高裁平成21年3月13日第二小法廷は、上告を棄却し、東京高裁判決が確定した。

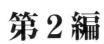

第2編

捜査権限不行使と国家賠償

第1章　犯罪防止等に関するもの

ナイフ一時保管懈怠事件
（最高裁昭和57年1月19日第三小法廷判決・民集36巻1号19頁）

　犯罪防止等に関する権限の不行使が問題となった事件として、ナイフの一時保管措置の懈怠が違法とされた最高裁昭和57年1月19日第三小法廷判決（民集36巻1号19頁）を取り上げる。

　この事件は、飲酒酩酊したXが、スナックでナイフを取り出して客等に脅迫行為に及んだことから、店の関係者Kらが警察署に同行し善処を求めたが、取調べを担当した警察官がXからナイフを提出させ一時保管することなく帰宅させたため、同店に戻ったXがナイフでKの左前胸部や左眼を刺すなどにより重傷を負わせたというものである（なお、被害者Kは第二審中に死亡している。）。

　このため、被害者Kは、大阪府（大阪府警）に対し、ナイフの一時保管の措置を執らなかったとして、3,300万円余の損害賠償を求めたものである。

　これに対し、最高裁は、被害者側の過失を斟酌（過失相殺）し、1,400万円余の支払いを命じた大阪高裁の判断を是認した。

　本判決を冒頭に取り上げた理由は、大阪地裁昭和53年9月27日判決（前掲・民集25頁）及び大阪高裁昭和55年1月30日判決（前掲・民集37頁）、本件最高裁判決ともに、本件ナイフを一時保管すべき義務があり、その措置を執らなかったことが職務上の義務違反に当たるとした違法判断の認定に争いはないが、警察官の当該義務違反と被害者の受傷との間に因果関係が認められるかどうかにつき、大阪地裁は因果関係を認めなかったのに対し、大阪高裁は因果関係を認め、最高裁も、因果関係があるとした原審（大阪高裁）の判断は正当として、これを是認していることを踏まえ、ストーカー事件にかかる国家賠償請求においても、因果関係存否が必ず争点となっているため、因果関係の理解が不可欠であることによる。

■事案の概要

ア　Xは、昭和45年11月12日夕刻、大阪市東淀川区の飯場でウイスキー約1合、阪急A駅付近でビール7、8本を飲んだ後、午後10時過ぎ頃、同区内の「スナックM」（Kの母親が経営）に入ると、腹巻から本件ナイフ（刃体の長さ7.5センチメートルの鋭利な飛び出しナイフ）を出して刃を開き、これを持って店の中を歩きまわったため、客の中には怖がって店から退出した者もいた。

イ　そこで、バーテンダーのTは、Xを西隣の「スナックニューH」（Kの母親が経営）に連れていく際、Xはその途中、Tに対し本件ナイフを出して「殺してやる」と脅し、同スナックに連れられていってからも、店員や客に対し、刃体の開いた本件ナイフを見せて「馬鹿野郎」とか「刺されたいか」などと怒鳴った。

ウ　そこで、「スナックニューH」の支配人K（Kは「スナックM」、「スナックニューH」、「スタンドA」の3店舗を実質上運営していた。）とTは、同日午後11時5分頃、Xを約150メートル離れたA警察署に連れていった。そして、Kらは警察官にXを引き渡し、同人が「スナックニューH」などで本件ナイフを出して店の客を脅かし危ないので連れてきたと告げ、途中で同人から取り上げた本件ナイフを警察官に渡した。

エ　A警察署の警察官は、Xに対し、本籍、住所、氏名を問い、本籍が佐賀県で昭和5年1月9日生まれで、最近郷里の佐賀県から大阪に来たものであることを確認したので、大阪府警察本部に対しXの前科及び指名手配の有無を照会したところ、同本部では、本籍、犯行場所、言渡裁判所が大阪府外である者の前科は登録されていないため、同人の前科は発見されなかった（なお、Xは傷害、暴行、脅迫、強姦未遂などの粗暴犯19犯を含む23犯の前科を有しており、最後の懲役刑は、昭和45年7月28日に終了し刑務所を出所したものであったが、この当時は登録システム上、前科が確認されなかったものとみられる。）が、Xの両眉、左首から胸の付近には入墨があったのを認めたが、同人に対し前科の有無を尋ねることをしなかった。

オ　警察官は、Xの所持していた本件ナイフが鋭利な飛び出しナイフであることを確認した上、同人に本件ナイフの所持目的と「スナックニューH」での行動について質問したところ、同人は、ナイフは果物の皮をむくために所持しているのであり、同スナックではナイフの刃を開かずにカウンターの上に置いただけである旨答えたが、同人は相当酩酊していて当夜の行動を明確に記憶していないほどであり、その供述態度も反抗的であって必ずしも信用できるものではなかった。

カ　しかし、警察官は、Xを警察に連れてきたKらに対し、Xの「スナックニューH」での具体的行動について確認することはしなかった。

キ 警察官は、酒を飲んだ者が深夜腹巻にナイフを忍ばせて外出することは異常と思ったが、Xの行為は犯罪を構成せず、逮捕、保護又は引取りを手配し、ナイフを領置、保管したりする必要はないと考え、同人に本件ナイフを持たせたまま帰宅させた。

ク その後、Xは、同夜午前0時頃、同警察署を出た後、警察署に連れていかれたことに気分がむしゃくしゃしていたので、さらに酒を飲みたくなり、「スナックM」と「スナックニューH」の間にあって両店に隣接している「スタンドA」(Kの母親が経営)に入った。Xは、ビールを注文して飲み始め、客や店員と話しているうち、自分を警察に連れていったKがマスターとして働いていることが分かり、警察に連れていかれたことについて、くどくどと不平を言っていた。

ケ そこで、Xは、これを聞いたKの兄らから外に連れ出され殴打されたが、その後Xは、午前0時40分頃、再び「スタンドA」に戻って来た。そして、Xは、ビールを飲みながら、「俺は今日誰か刺したる」などとつぶやき、本件ナイフをちらつかせるなどしていたところ、午前1時頃、Kから閉店するので出て行ってくれと言われたので、いきなり本件ナイフでKの左胸部を刺し、さらに顔面を切りつけるなどして重傷を負わせた。

○被害者Kによる損害賠償請求訴訟の提起と経過

ア Kは、警察官がナイフを所持したままXの帰宅を許したことは公共の安全を確保し市民生活を保護すべき義務を怠ったとして、かつ、警察官の右義務違反行為とKの受傷との間に因果関係があるとして、大阪府(大阪府警)に対し国家賠償法1条1項による損害賠償を求めた。

イ これに対し、大阪府は、①Xは飯場生活者として食物用又は仕事上でもこの程度のナイフを携帯するのに正当事由があると認められたし、威力で業務を妨害したものと認められなかったので、Xのナイフ押収や逮捕することはできなかった、②Xは若干酒に酔っていたことは認められたが保護を要する酩酊者といえる状態ではなく、警察署を出る時には全く常人と変わらない状態であったから、保護することもできず、また、③Xの傷害行為の原因は、原告Kの兄らの暴行等の行為にあり、警察署における処置との因果関係はない、などと主張した。

ウ 一審大阪地裁(昭和53年9月27日判決 前掲・民集25頁)は、本件ナイフを携帯させたまま帰宅を許した警察官の行為は、違法であるとしたが、警察官の右違法とKの受傷との間には法律上の因果関係はないとして、Kの本訴請求を棄却した。これに対し、Kが控訴し、控訴審たる大阪高裁(昭和55年1月30日判決 前掲・民集37頁)は、本件ナイフを一時保管することなく、Xにこれを携帯させて帰した警察官の

行為は違法であるとし、大阪地裁と同様の判断を示すとともに、警察官の、その違法行為とKの受傷との間には相当因果関係（Xが警察署を出る時もまだかなり酩酊しており、しかも同署から約150メートルくらいのところに「スナックニューH」など十数軒の飲食店が立ち並んでいたのであるから、酒に酔ってナイフをちらつかせたりなどして警察署に連れてこられたXを酔いのさめないまま、ナイフを携帯させて帰すとすれば、場所柄、途中で他人と何らかの悶着を起こし、所携のナイフで他人に危害を加えるに至ることは十分予見し得たものといわなければならず、警察官に過失があった。）を認め、大阪府に対し、1,466万円余の損害賠償の支払いを命じた。

　これを不服として、大阪府は上告した。

□最高裁判所の判断

最高裁昭和57年1月19日第三小法廷判決（民集36巻1号19頁）

　最高裁は、これに対して、次のように判示した。

　「以上の事実関係からすれば、Xの本件ナイフの携帯は銃砲刀剣類所持等取締法22条の規定により禁止されている行為であることが明らかであり、かつ、同人の前記の行為が脅迫罪にも該当するような危険なものであったのであるから、A警察署の警察官としては、飲酒酩酊したXの前記弁解をうのみにすることなく、同人を警察に連れてきたKらに対し質問するなどして『スナックニューH』その他でのXの行動等について調べるべきであったといわざるをえない。そして、警察官が、右のような措置をとっていたとすれば、Xが警察に連れてこられた経緯や同人の異常な挙動等を容易に知ることができたはずであり、これらの事情から合理的に判断すると、同人に本件ナイフを携帯したまま帰宅することを許せば、帰宅途中右ナイフで他人の生命又は身体に危害を及ぼすおそれが著しい状況にあったというべきであるから、同人に帰宅を許す以上少なくとも同法24条の2第2項の規定により本件ナイフを提出させて一時保管の措置をとるべき義務があったものと解するのが相当であって、前記警察官が、かかる措置をとらなかったことは、その職務上の義務に違背し違法であるというほかはない。これと同旨の原審の判断は、正当として是認することができ、原判決に所論の違法はない。」

　「右事実関係のもとにおいて、所論警察官の違法行為とKの受傷により被った損害との間に相当因果関係があるとした原審の判断は、正当として是認することができる。」

□判決の検討・評価

　本判決は、銃砲刀剣類所持等取締法が、銃砲刀剣類の所持等に係る危害予防（法1条）という行政上の警察目的（必要な規制）に関して、ナイフの所持者からこれを提出させて一時保管の措置（同法24条の2第2項）を執らなかったという警察権限の不行使（不作為）について、最高裁として初めて国家賠償責任を認めた判決である。

(1) ナイフの一時保管を怠った行為は、職務上の義務違反となるか

　この点につき、裁判所はどのように判断したのであろうか。

ア　大阪地裁昭和53年9月27日判決（第一審）

　大阪地裁は、銃砲刀剣類所持等取締法違反24条の2第2項の一時保管の措置を執ることができたかについて、

- ・　Xの携帯していた本件ナイフは、刃体の長さ7.5センチメートルの折たたみ式のナイフで、開刃した刃体をさやに固定させる装置を有したものであるから、同法22条に規定する刃物であることは明らかであること
- ・　入墨をしたXは、飲酒、酩酊し、深夜に具体的に必要もない鋭利なナイフを腹巻の中に携帯しており、同人は警察署に連れてこられる直前にこのナイフを出して「殺してやる」等と言って他人を脅したものであること
- ・　傷害、暴行、脅迫等の粗暴犯罪はその者の性格に由来し同一人によって反復して犯されることが多いこと、入墨をした者に粗暴犯常習者が少なくないこと、飲酒、酩酊者が粗暴な行為に至ることが多いことは顕著であって、このことは警察官ならば当然知っていたものと認められること
- ・　照会によるXの前科を発見できなかったのは、府警本部では他府県での前科は登録されていないこと（なお、昭和45年当時の登録システム）、Xの本籍、前居住地は佐賀県であること、Xは入墨をし、警察署に来る直前にナイフを用いて罪を犯しているのであるから、前科がないとは断定できない状態にあったといえること
- ・　このような事情の下においては、Xが「周囲の事情から合理的に判

　　断して他人の生命又は身体に危害を及ぼすおそれがあると認められる
　　場合」であったというべきであること

から、危害防止のために本件ナイフを一時保管する必要もあったというべき
で、「警察官としては、同法24条の２第２項によりＸの携帯していた本件ナ
イフを提出させ、一時保管することができたものである。」と判示した。

　その上で、警察官がナイフを一時保管しなかったことが原告に対する違法
行為となるかについて、次のように判断した。

　「同法24条の２第２項の一時保管の規定は、警察官に権限を付与した規定
であって、この権限を行使するかどうかは警察官の第１次的判断に委ねられ
ているということができる。……警察法も、警察は個人の生命、身体の保護
に任じ、犯罪の予防、捜査その他公共の安全と秩序の維持に当ることをその
責務とすると規定しているのである。特に、銃砲刀剣類等については、我国
は一部の外国とは異なり、護身、防禦の目的であっても一般国民がけん銃、
小銃のみならず、刀、飛出しナイフまでも所持携帯することを刑事罰をもっ
て厳禁し、実際の運用においてもこの違反に対し厳しい刑事罰が科されてい
るのである。そして、善良な国民はこのような法とその運用に対して、圧倒
的な支持を与え、護身のためであっても銃砲刀剣類等を所持しようとせず、
銃砲刀剣類等による攻撃から身を護ることを国（警察）に委ねているのであ
る。このような法制と運用を考慮すると、前記認定の事情の下においては、
Ａ警察署警察官は本件ナイフを一時保管すべき義務があったというべきであ
り、これを怠り本件ナイフを携帯したままＸに帰ることを許した行為は原告
に対する関係でも違法と言わねばならない。」

イ　大阪高裁昭和55年１月30日判決（原審）

　大阪高裁も、Ｘの身上、経歴、前科（23犯、うち懲役刑16犯、傷害、暴
行、脅迫、強姦未遂などの粗暴犯19犯）、同人をＫがＡ警察署に連行するに
至った経緯、同署警察官のＸに対する事情聴取の状況等の事実関係及びス
ナックＨなどでのＸの行為が脅迫罪及び銃砲刀剣類所持等取締法22条、32条
２号の罪に該当し、同人の周囲の事情から合理的に判断して再度他人の生命
又は身体に危害を及ぼすおそれが認められるので、同法24条の２第２項によ
り、Ｋ及びＴがＸから取上げ同人らから引継をうけた前記ナイフにつき、せ
めて一時保管の措置をとるべきにもかかわらずこれをすることなく、これを

携帯したままＸに帰ることを許した警察官の行為は、Ｋに対する関係で違法であったとして、一審と同様の判断を示した。

ウ　最高裁昭和57年１月19日第三小法廷判決

　最高裁は、前記のとおり、

- 　Ｘの本件ナイフの携帯は銃砲刀剣類所持等取締法22条の規定により禁止されている行為であることが明らかであり、かつ、同人の行為が脅迫罪にも該当するような危険なものであったこと
- 　警察官としては、飲酒酩酊したＸの弁解をうのみにすることなく、同人を警察に連れてきたＫらに対し質問するなどして「スナックニューＨ」その他でのＸの行動等について調べるべきであったこと
- 　警察官が、そのような措置を執っていれば、Ｘが警察に連れてこられた経緯や同人の異常な挙動等を容易に知ることができたこと
- 　これらの事情から合理的に判断すると、同人に本件ナイフを携帯したまま帰宅することを許せば、帰宅途中にナイフで他人の生命又は身体に危害を及ぼすおそれが著しい状況にあったというべきであること

から、「同人に帰宅を許す以上少なくとも同法24条の２第２項の規定により本件ナイフを提出させて一時保管の措置をとるべき義務があったものと解するのが相当であって、前記警察官が、かかる措置をとらなかったことは、その職務上の義務に違背し違法である」との判断を示したものである。

　このように裁判所は、銃砲刀剣類所持等取締法24条の２第２項における「警察官は、銃砲刀剣類等を携帯し、又は運搬している者が、異常な挙動その他周囲の事情から合理的に判断して他人の生命又は身体に危害を及ぼすおそれがあると認められる場合において、その危害を防止するため必要があるときは、これを提出させて一時保管することができる。」との規定の仕方からして、警察官の裁量が認められることになるが、いずれの判決においても、裁量の問題には言及することなく、事実関係を前提に、Ｘの本件ナイフに対する警察官の一時保管措置につき、その作為義務を認めたものである。

⑵　警察官のナイフの一時保管義務違反とＫの受けた傷害との間に因果関係が認められるか

　大阪地裁及び大阪高裁、本件最高裁判決ともに、警察官に本件ナイフを一

時保管すべき義務がありその措置を執らなかったことが職務上の義務違反に当たるとして、違法との判断においては共通している。

　しかし、警察官の当該義務違反と被害者の受傷との間に因果関係が認められるかどうかについて、大阪地裁は因果関係を認めなかったのに対し、大阪高裁は因果関係を認め、最高裁も因果関係があるとした原審（大阪高裁）の判断は正当として、これを是認している。

ア　国家賠償請求訴訟と民事訴訟

　国家賠償請求訴訟は、民事訴訟として位置づけられており、これは国家賠償法に基づく損害賠償請求権が、民法上の不法行為に基づく損害賠償請求権と同様の私法上の債権であるとの理解に立っていると解されるからである（深見敏正『国家賠償訴訟』（青林書院、2015年）7頁）。

　このことは、最高裁昭和46年11月30日第三小法廷判決・民集25巻8号1389頁が「国または公共団体が国家賠償法に基づき損害賠償責任を負う関係は、実質上、民法上の不法行為により損害を賠償すべき関係と性質を同じとするものである」との判示にも表れている。

　また、国家賠償法4条における「国又は公共団体の損害賠償の責任については、前3条の規定によるの外、民法の規定による。」との定めがこの見解を支えるものといえる。

イ　国家賠償法上の因果関係の考え方

　民法上の不法行為責任（709条・故意又は過失によって他人の権利又は法律上保護される利益を侵害した者は、これによって生じた損害を賠償する責任を負う。）が成立するために、当該行為とその損害との間に「によって生じた」という関係、つまり因果関係が必要となる。

　まず、因果関係には、ある行為で損害が発生したという事実を観察したときに、「あれなければ、これなし」という条件関係をもとに、事実的（自然的）因果関係が必要となる。

　しかし、事実的（自然的）因果関係は、ときには無限定に広がる可能性もあることから、損害賠償の範囲を画する必要も生じてくる。そこで、判例及び通説は、民法416条を類推適用して、賠償すべき範囲は、当該行為によって通常生ずる損害（同条1項・通常損害）のほかに、特別の事情によって生

じた損害（同条2項・特別損害）もその事情が行為者に予見可能であったときに損害賠償の対象になるという相当因果関係が必要となると解されている。

　この点について更に敷衍すると、我妻榮・良永和隆『民法（第10版）』（勁草書房、2018年）172頁は「自然界の因果関係は、無限に連続してゆくから、ある1つの行為から生ずる損害は、意外な範囲に及ぶこともないではない。しかし、さような場合にも、不法行為がなかったならば、生じなかったであろうと思われるすべての損害を賠償させることにしては、範囲があまりに拡がりすぎてすこぶる不公平な結果となることがある。そこで、その損害賠償を、さような不法行為があったならば通常生ずるであろうと思われる損害（通常損害）の範囲に限ることにすべきであると考えられる。もっとも、特別の事情が存在したために、その損害が特に大きいという場合にも、加害者がその事情を知っているか、又は注意すれば知ることができたのであれば、その特別の損害についても、賠償責任を負わせるべきであろう。例えば、他人の時計を壊した者の損害賠償の責任としては、同じような時計を買うための値段が、通常生ずべき損害であるが、その時計がその被害者にとってかけがえのない、貴重な値打ちのある記念品であるというような場合には、被害者は、その時計の値段以外に、精神的な苦痛を蒙ることになる。この特別の損害（特別損害）は、普通の場合には加害者はこれを賠償する責任を負わないけれども、もし加害者が不法行為時にさような事情を予見すべきであった場合には、これについて賠償の責任を負うのである。

　以上のように、損害賠償の範囲を、不法行為と『相当因果関係』のある損害の賠償に限るという考え方を相当因果関係という。民法は、このことを債務不履行の損害賠償について規定した（416条）だけで、不法行為については、格別規定をしていない。

　しかし、一般に不法行為についても、この債務不履行に関する規定（416条）を類推適用して同じ標準をとるべきものと解されている（最判昭和48年6月7日民集27巻6号681頁）。」と説いており、より理解が容易となるだろう。

　国家賠償請求においても（民法上の）不法行為と同様に、違法な職務行為と損害の発生との間に相当因果関係が存することを要するというのが通説といえる（乾昭三『注釈民法（19）』有斐閣、昭和42年・410頁、古崎慶長『国

家賠償法』有斐閣、昭和57年・184頁、最高裁民事判例解説昭和57年版38頁）。

　判例（富喜丸事件・大審院大正15年5月22日判決・民集5巻386頁）は、不法行為にも、債務不履行に関する民法416条を類推適用し、相当因果関係を要するとしている（例えば、最高裁昭和43年6月27日第一小法廷判決・民集22巻6号1339頁、最高裁昭和47年5月30日第三小法廷判決・民集26巻4号939頁、最高裁昭和50年3月28日第三小法廷判決・民集29巻3号251頁など）。

　特に、最高裁昭和48年6月7日第一小法廷判決（民集27巻6号681頁）は、不法行為による損害賠償についても、民法416条が類推適用され、特別の事情によって生じた損害については、加害者において、上記事情を予見し、又は予見することができたときにかぎり、これを賠償する責を負う旨判示している。

【民法416条】
1　債務の不履行に対する損害賠償の請求は、これによって通常生ずべき損害の賠償をさせることをその目的とする。
2　特別の事情によって生じた損害であっても、当事者がその事情を予見し、又は予見することができたときは、債権者は、その賠償を請求することができる。※

【※改正後（令和2年4月1日から）の同条2項】
　特別の事情によって生じた損害であっても、当事者がその事情を予見すべきであったときは、債権者は、その賠償を請求することができる。

　これを前提に、本件事案について、警察官のナイフの一時保管措置の懈怠という違法行為と、Kの受傷（損害）との間の因果関係が認められるか否かを検討する。

ウ　因果関係の具体的判断

(ア)　因果関係を認めなかった大阪地裁の判断

　まず、Xが警察署を出た後の行動、そしてKがXから負傷を受けた状況の詳細は前記事案の概要のク及びケのとおりであるが、大阪地裁は、Xが警察署を出た後、「スタンドA」に入り、ビールを注文して飲み始め、客や店員と話しているうち、自分を警察に連れていったKがマスターとして働いていることが分かり、警察に連れていかれたことの不平を言っていたことから、

Kの兄らに外に連れ出され殴打されたことを踏まえつつも、「Xは原告（筆者補足：K）の店にいたG（筆者補足：Kの兄）らに暴行を受けたことを腹立たしく思っていたので酒の勢いも手伝い原告に傷害を与えたものであって、Xの受けた暴行と与えた傷害との時間的近接をも考えると、本件全証拠によってもXがGより暴行を受けなかったとしても原告に前記のような傷害を与えたであろうとは認めることができず、Xが右のような暴行を受けるであろうことを警察官において事前に予測できたものとも認めることができない。そうすると、……警察官らの義務違反行為と原告の受けた傷害との間には、法律上の因果関係はないと言うべきである。」と認定している。

　(イ)　因果関係を認めた大阪高裁の判断

　大阪高裁は、Xが「警察署を出るときもまだかなり酩酊していたのであり、A警察署は『スナックニュー H』から約150メートル位のところにあり、……同店附近は十数件の飲み屋が立ち並んでいることが認められるところ、このように酒に酔ってナイフをちらつかせたりするなどしたとして警察署に連れてこられたXを酔いのさめないまま、ナイフを携帯させて帰すとすれば、場所柄、途中で他人と何らかの悶着を惹起し、所携のナイフで他人に危害を加えるに至ることは十分予見し得たものといわなければならない。したがって、前記A警察署警察官の違法行為と控訴人（筆者補足：K）の受傷との間には相当因果関係があると認めるべきである。」とした。

　(ウ)　最高裁は因果関係を認めた大阪高裁の判断を是認

　最高裁の「警察官の違法行為とKの受傷により被った損害との間に相当因果関係があるとした原審の判断は、正当として是認することができる。」とした判断にみられるとおり、最高裁は、大阪地裁が重視した、XがKの兄であるGらから暴行を受けたという事実よりもむしろ、大阪高裁が重視したように、ナイフをちらつかせ、他人に危害を加えるかの言動などから、警察署に連れられて来たXを酔いのさめないうちにナイフを携帯させたままで帰すことによる危険性を重視し、他人に危害を加えることの予見性を認めたものであるといえよう。

　このように、本訴は、大阪地裁・大阪高裁・最高裁のいずれにおいても、Xからのナイフの一時保管措置を怠ったとする職務上の義務違反（違法行為）は認めるも、ナイフの一時保管義務違反とXから受けたKの傷害との間

に因果関係が存するかどうかについて、大阪高裁及び最高裁は、Xを酩酊状態のまま、ナイフの携帯状態で警察署から帰したことによる他害の危険を予見し得るとして、賠償責任を負わすべきか否かにつき、当時のXの危険な言動等を斟酌し、法的評価を加えた（相当因果関係を認めた）ものであるといえる。

第2章　ストーカー事案に関するもの

1　桶川事件
（さいたま地裁平成15年2月26日判決・判例時報1819号85頁）

　最初に触れなければならない事件は、交際相手からのストーカー事案対応に当たり、『平成12年版警察白書』が言及した埼玉県桶川事件である。

　本事件を契機に、ストーカー行為等の規制等に関する法律（以下「ストーカー規制法」という。）が新たに制定^(注1)されるに至ったという象徴的な事件である。

■事案の概要

　本事件は、平成11年10月26日午後0時52分頃、埼玉県桶川市のJR高崎線桶川駅前付近路上で殺害された被害者S（以下「S」という。）の両親が、殺害されたのは捜査懈怠等の違法行為（Sやその両親が、Sの元交際相手などから危害を加えられることを恐れて、埼玉県A警察署に繰り返し捜査と保護を求めたにもかかわらず適切な捜査を怠ったばかりか、捜査の怠慢を隠すため調書等の改ざんなど違法行為を重ねた。）によるものとして、埼玉県（県警）に対して、国家賠償法1条1項に基づき、1億1,000万円余の損害賠償を求めたものである。

　特に、Sが殺害される平成11年10月26日までの間に、平成11年7月13日未明に、Sの自宅付近その他の場所に同人を誹謗中傷する内容のB5判サイズのビラ^(注2)が多数はられたり、まかれたりした。更に、7月20日頃、東京都板橋区T団地の集合ポストにSを誹謗中傷する内容の名刺サイズのビラが多数投函され、同年8月上旬頃、インターネット上にSを誹謗中傷する内容の文面が流され、同月22日、S及びSの父親

（注1）　ストーカー規制法は、その制定の契機となった事件が「埼玉県桶川事件」であり、その初期段階における規制が強く要望された中で、「ストーカー行為を処罰する等ストーカー行為等について必要な規制を行うとともに、その相手方に対する援助の措置等を定めることにより、個人の身体、自由及び名誉に対する危害の発生を防止し、あわせて国民の生活の安全と平穏に資する」という目的をもった法案が議員立法として、平成12年5月18日、第147回通常国会で成立し、同月24日公布されたものである。

（注2）　ビラは、判例時報1819号93頁によれば、「WANTED、○○○○」「この顔にピン！ときたら要注意、男を食い物にしているふざけた女です。不倫、援助交際あたりまえ！泣いた男たちの悲痛な叫びです。」などと記載され、Sの顔、裸体等の写真3枚が印刷されたカラー刷りのもの。

を誹謗中傷する内容の文書が同封された多数の封書が父親の勤務先等に当てて投函されるなどがなされた。

□裁判の経緯

⑴　さいたま地裁平成15年２月26日判決（判例時報1819号85頁）

　さいたま地裁平成15年２月26日判決（以下「さいたま地裁判決」という。）は、遅くとも平成11年７月29日^(注3)以降、Sに対するビラはり行為などによる名誉毀損等の加害行為が行われる危険が切迫した状況にあることを認識し得たものであるから、名誉毀損事件に関して必要な捜査を行わなかったことは著しく不合理で違法であり、必要な警告等を行っていれば、その後の名誉毀損等の加害行為が断念された可能性があったなどとして、この点に関してSの期待及び信頼を裏切り、同人の法的保護に値する利益を侵害したとして、Sの精神的苦痛に対する慰謝料500万円の賠償責任を認めたが、捜査懈怠等とSが殺害されたこととの間に相当因果関係は認めがたいと判断した。

　ここで注目すべきは、さいたま地裁判決の採用した「違法性の有無についての一般的判断基準」である。

　原告（Sの両親）らは、A署の警察官らがS及び原告らの捜査依頼等に対して、適時に適切な権限を行使しなかったことが違法である旨主張したことに対して、さいたま地裁は、まず次のように違法性の有無について、その一般的判断基準を示した。

　「犯罪捜査は、事実関係を解明して、犯人を検挙し、適切な刑罰権を行使することによって、将来の犯罪の発生を予防するという公益を図るものであり、犯罪捜査に伴って犯罪による被害が回復されたり、同種の犯罪が防止されたりすることによって犯罪の被害者等の特定の私人が受ける利益は、公益を図る過程で実現される事実上の利益であるにすぎない。しかしながら、警察法２条１項は、『警察は、個人の生命、身体及び財産の保護に任じ、犯罪の予防、鎮圧及び捜査、被疑者の逮捕、交通の取締その他公共の安全と秩序の維持に当ることをもってその責務とする。』としており、また、警察官職務執行法は、警察官が、個人の生命、身体及び財産の保護、犯罪の予防等の職務を遂行するために必要な手段を定めていること（同法１条１項参照）からすると、警察官は、特定の私人が犯罪等の危険にさらされている場合にお

　（注3）　平成11年７月29日は、S及び被害者の母親がA署を訪れ、名誉毀損の告訴状を提出した日であり、それまで告訴の意思を告げるも引き延ばされていた。

いて、その危険を除去するために、同法５条に基づき、関係者に必要な警告を発したり、その行為を制止することができるほか、法律上許容される範囲内で警察法２条１項所定の職務に関して必要かつ相当な措置を採る一般的な権限を有していることは明らかである。そして、警察官による犯罪捜査は、これらの犯罪等の危険除去等のための権限行使と重なる場合があることも自明のことである。したがって、犯罪等の加害行為がまさに行われ又は行われる危険が切迫しているか否か、警察官においてそのような状況であることを知り又は知ることができるか否か、上記危険除去のための権限を行使することによって加害行為の結果を回避することが可能であるか否か、その権限を容易に行使することができるか否か等の事情を総合勘案して、同権限の不行使が著しく不合理と認められる場合には、その不作為は、国家賠償法１条１項上違法であるとするのが相当である。」

　つまり、さいたま地裁は、権限の不行使が著しく不合理と認められる場合の要件としては、

- ○　犯罪等の加害行為がまさに行われ又は行われる危険が切迫しているか否か（危険切迫性の存在）
- ○　警察官においてそのような状況であることを知り又は知ることができるか否か（危険切迫性の認識）
- ○　その危険除去のための権限を行使することによって加害行為の結果を回避することが可能であるか否か（権限行使による結果回避可能性）
- ○　権限を容易に行使することができるか否か（権限行使の容易性）

等の事情を総合勘案するとした。

(2)　東京高裁平成17年１月26日判決（判例時報1891号３頁）

　これに対して、原告（Ｓの両親）らは、捜査懈怠等とＳが殺害されたこととの間の因果関係を否定したさいたま地裁判決を不服として控訴する一方、埼玉県（県警）においてはＡ署の捜査に怠慢はなかったなどとして、控訴人らの請求を一部認容した原判決の取消し等を求めて附帯控訴したものである。

　控訴人（Ｓの両親）らは、Ａ署の警察官らがＳ及びＳの両親の捜査依頼等に対して、適時適正な捜査を行うなどの適切な警察権を行使しなかったことが違法である旨主張したことに対して、東京高裁平成17年１月26日判決（以下「東京高裁判決」という。）も、前述のさいたま地裁判決と同様、次のよ

うに「違法性の有無についての一般的判断基準」を示した。

　「控訴人らは、Ａ署の警察官らがＳ及び控訴人らの捜査依頼等に対して適時適正な捜査を行うなどの適切な警察権を行使しなかったことが違法である旨主張する。

　犯罪捜査は、事実関係を解明して、犯人を検挙し、適切な刑罰権を行使することによって、将来の犯罪の発生を予防するという公益を図るためのものであり、犯罪捜査に伴って犯罪による被害が回復されたり、将来の同種の犯罪が防止されたりすることによって犯罪の被害者等の特定の私人が受ける利益は、基本的には公益を図る過程で実現される事実上の利益であるにすぎない。ところで、警察法２条１項は「警察は、個人の生命、身体及び財産の保護に任じ、犯罪の予防、鎮圧及び捜査、被疑者の逮捕、交通の取締その他公共の安全と秩序の維持に当ることをもってその責務とする。」と定めているところ、警職法５条により、「警察官は、犯罪がまさに行われようとするのを認めたときは、その予防のため関係者に必要な警告を発し、又、もしその行為により人の生命若しくは身体に危険が及び、又は財産に重大な損害を受ける虞があって、急を要する場合においては、その行為を制止することができる。」ものとされている。これは、警察の上記責務を達成するために警察官に与えられた権限であると解され、上記法令の文言や警察権の行使という事柄の性質上、この権限を発動するかどうか、また、どのような内容の警察権を発動するのかについては、警察官に一定の範囲で裁量が与えられているものと解される。しかしながら、犯罪の予防、鎮圧及び捜査等公共の安全と秩序の維持に当たることが警察の責務であることからすると、犯罪等の加害行為、特に国民の生命、身体、名誉等に対する加害行為が正に行われ又は行われる具体的な危険が切迫しており、警察官においてそのような状況であることを知り又は容易に知ることができ、警察官が上記危険除去のための警察権を行使することによって加害行為の結果を回避することが可能であり、かつ、その行使が容易であるような場合においては、上記警察権の発動についての裁量の範囲を超えて、警察官が上記危険除去のための警察権を行使することにつき職務上の義務が生じることもあり得るものと解すべきである。そして、警察官が上記職務上の作為義務に違背して警察権を行使しなかったことにより、犯罪行為等の招来を防止できず、国民の生命、身体、名誉等に被害を生じさせたような場合には、上記警察権の不行使が国家賠償法１条１項との関係で違法な公権力の行使に該当し、損害賠償責任を負う場合もあり得

るものというべきである。」

　つまり、警察権の発動についての裁量の範囲を超えて、警察権行使の職務
上の義務が生じるための要件としては、

　　○　犯罪等の加害行為、特に国民の生命、身体、名誉等に対する加害行為
　　　が正に行われ又は行われる具体的な危険が切迫していること（危険切迫
　　　性の存在）
　　○　警察官においてそのような状況であることを知り又は容易に知ること
　　　ができること（危険切迫性の認識）
　　○　警察官がその危険除去のための警察権を行使することによって加害行
　　　為の結果を回避することが可能であること（権限行使による結果回避可
　　　能性）
　　○　かつ、その行使が容易であるような場合（権限行使の容易性）
を挙げた上で、「警察官が上記職務上の作為義務に違背して警察権を行使し
なかったことにより、犯罪行為等の招来を防止できず、国民の生命、身体、
名誉等に被害を生じさせたような場合には、上記警察権の不行使が国家賠償
法1条1項との関係で違法な公権力の行使に該当し、損害賠償責任を負う場
合もあり得るものというべきである。」とした。

　そして、東京高裁判決は、A署の警察官らの捜査活動等に関する警察権不
行使による違法が存するかどうかについて、「平成11年7月13日のビラはり
行為がされる前」と、「平成11年7月13日のビラはり行為以降」とに分けて
具体的な検討を加え、判断を行っている。

ア　平成11年7月13日のビラはり行為がされる前
　㋐　Sの生命、身体に対する加害行為について
　SらがA署を初めて訪れた平成11年6月15日からSを中傷するビラはり等
が行われた同年7月13日までの間、交際相手であったKらからの無言電話等
があったり、Kが夜間、自宅前において大声でSを呼び出したことがあった
り、またKらが同年5月に興信所を通じてSの父Eについての調査をした
り、E方の変更された電話番号の調査をしていることについて、判決は「S
の生命、身体に対する加害行為が行われる危険が切迫していたとは認められ
ない。」とした。

　ほかに、交際相手であったKに依頼された兄Tが自宅を訪れ、Sのために
使った金員の支払いを求めたことなどのことがあったが、判決は、「KのS

に対する異常な執着や激情的な性格等はうかがわれるものの、親密な関係にあった男女の一方が別れ話を持ち出した際にみられる相手方とのいさかい等の程度を著しく超えた具体的に危険な加害行為がSに対してなされるおそれを推認させるものではない。」との判断を示した。

　また、Sと同人の母は、A署のY主任らに対し、Kらが危険な人物であり、Sや家族らに危害を加えかねない旨の申告に対して、判決は、「Y主任らにおいて、Kらによる加害行為が行われる危険性を予測し得るような具体的事実の申告とはいえない。」とした。

　(イ)　Sの名誉に対する加害行為について

　平成11年6月末ないし7月初め頃以降は、Kや同人の兄Tらにおいて、Sの名誉を毀損するビラはり等に向けられた準備が進行していたことについて、判決は、「同人の名誉に対する加害行為が行われる危険は除々に高まっていたということができる。」としたが、「これらの準備行為はあくまでK、Tらの内部において密かに進められていたものであり、そのような状況はSや控訴人らにおいても、具体的に差し迫ったものとして認識することができなかったものであるから、同年7月13日にSの名誉を毀損するビラはり等が行われたことについては、Y主任らA署の警察官らは、もとよりそのような行為がされることを容易に知り得ることはできなかったものというべきである。」、「同年6月15日から同月末ないし7月初めころまでの間は、Sの生命、身体に対する加害行為は存せず、その危険が切迫していたと認めることはできないものであり、また、A署の警察官らが7月13日以前にSの名誉毀損に対する加害行為が行われることを容易に知り得なかったものであるから、上記のようなKに対する事情聴取等の措置をとらなかったことをもって、捜査の遂行上著しく不合理、不適切であったということはできない。」と判示した。

　(ウ)　小括

　判決は、小括として、平成11年7月13日のビラはり行為がされる前においては、「Sの生命、身体に対する加害行為の関係についても、また、同人の名誉に対する加害行為についても、その危険を除去するためにA署の警察官らが警察権の行使をすべき作為義務の存在を肯定することはできないのであって、その不行使による違法は存しないといわなければならない。」と結論づけた。

イ　平成11年7月13日のビラはり行為以降

(ア)　Sの生命、身体に対する加害行為について

　平成11年7月13日から、Yが交際相手であったKの兄Tから渡されていたビデオカメラ、盗聴器、スタンガン、催眠スプレーなどをNらに対して渡した同年9月中旬頃までの間においては、「K、TらがSに対して身体的な危害を加えたことはなく、また、そのような危害を加えることについて具体的な準備や謀議と評することができるようなものがされたという事実は認められない。」とした。

　しかし、Nらは、同年10月上旬頃、Yに対してSの顔写真を要求し、Yは7月13日にまいたビラの写しをNらにファックスで送信したこと、Nらは10月15日にSをら致するなどしようと計画したが失敗したことなどの一連の経過を踏まえて、判決は、「YにおいてNらにビデオカメラ、盗聴器、スタンガン、催眠スプレーなど一式を渡した同年9月中旬頃以降にSの生命、身体に対する加害行為がなされる具体的な危険が生じたものと認められる。」とし、さらに、同年10月初め頃、TはIらに対し、Sに直接危害を加えることを持ちかけ、その後もIに対して頻繁にこれを催促していたことを踏まえると、この頃以降においては、Iらのグループによる「Sの生命、身体に対する加害行為の危険性も生じ、かつ、高まっていったことが認められる。」と評価した。

　しかしながら、Tらによる上記準備行為について、判決は、「あくまでも同人ら内部における行為にとどまっているのであって、Tらにおいて、それまでSに対して身体的な危害を加えることを直接告知したり、これをうかがわせるような行動にでたりするなど、具体的な行動として外部に現れたことはなく」、外形的には、Sの名誉を毀損する内容のビラはりや名刺サイズのビラの投函、Sに対するインターネット上の誹謗中傷、Sの父の会社への同人ないしSに対する中傷文書の送付等が行われたにとどまっていたこと、これらの文書等に将来Sの生命、身体に対する危害を加えかねないような内容は一切記載されていなかったこと、Sらにおいても同年7月下旬に作成された告訴状の告訴事実はビラはり行為等による名誉毀損を内容とするものにとどまっており、その後告訴状の内容の変更をA署に求めたり、同年9月中旬以降、A署に対して、Sの生命、身体に対する加害行為の具体的な危険が従前にも増して感じられるようになった旨の説明等がされたとの事実はないことなどを総合して、判決は「A署の警察官らにおいて、S殺害の犯行前に上

記準備行為及び謀議の事実によりＳの生命、身体への加害行為が行われる具体的な危険が切迫していたことを知り又は容易に知り得ることは困難であったといわざるを得ない。」と判断した。

　その上で、判決は、控訴人らの「本件は生死にかかわる行為にまでエスカレートしていくストーカー行為一般にみられる特徴を兼ね備えるものであり、Ａ署の警察官らは、Ｋらの行為がＳの生命、身体に対する危害へとエスカレートしていくことは容易に予見できた」旨の主張に対して、「本件はＫとＳの恋愛関係のもつれが端緒となった事件であり、Ｓに対する名誉毀損等の行為についてＫの関与が認められるものの、ストーカー犯罪であるから警察は常にそれが殺傷事件にまで至ることを予見すべきものであるとまではいえず、この種態様の事件にあっては一般的には、交際に至った経緯、交際中の関係、紛争の原因、紛争発生後の当事者の関係（とりわけ相手に対する加害行為等の内容及びその変化の状況）、その他諸般の事実を総合的に判断して将来のいかなる法益に対してどのような内容の危険が生じるのか、またその程度等について予測判断すべきものと考えられるところ、本件においては、提出された証拠でみる限り、それまでのＳらに対する名誉毀損等の行為とＳ殺害との間には理解に苦しむような大きな飛躍と唐突さが存在すると考えざるを得ない」として、「Ａ署の警察官らにおいて、Ｓ殺害の犯行前にその危険が切迫しているとの状況を容易に知ることができたとすることは困難であるといわざるを得ない。」と結論づけた。

　そして、ＴらによるＳの生命、身体に対する加害行為の切迫を予見することができないＡ署の警察官らに対して、「同年７月29日以降、Ｋと接触を図るなど何らかの警告的な意味を持つ捜査活動をすることを義務付けることはできないものというほかはない。」とした。

　⑷　Ｓの名誉に対する加害行為について

　Ｓの名誉に対する加害行為について東京高裁は、

○　Ｔは、平成11年７月13日のビラはり等の準備を行う際、Ｉに対し、ビラはりとは別に、Ｓの顔写真と電話番号が記載された名刺サイズのビラ1,000枚を作成させ、同月20日頃、Ｉに指示して、Ｔ団地の集合ポストに入れさせるなどしてＳの名誉を毀損していること

○　Ｔは、同月22日頃、Ｉに対して、飼い犬にホウ酸団子を食べさせることなどを指示して、Ｓらを精神的に疲弊させる悪質な嫌がらせを行おうとし、Ｉらは同月24日にＳの自宅に赴いて指示どおりに実行しようとし

たが、犬に吠えられたということで失敗に終わったこと

○　さらにTは、同月下旬頃、Iに対し、Sの父親Eが会社を辞めさせられるようにと、中傷文書の送付を指示したため、Iは同年8月13日までに、Sとその父親Eに対する中傷文書1,000通を発送する準備を終え、同月22日、そのうち800通をSの父親Eの勤務先等にあてて発送し、S及びその父親Eの名誉を毀損した（この間、同月初めころにはインターネット上にSを誹謗中傷する文面も流されている。）こと

の事実を踏まえて、「同年7月13日から同年8月22日までの間、Sの名誉が毀損され、同人を精神的に疲弊させる悪質な嫌がらせが行われる危険が切迫した状況が続いていたと認められ、また、同日以降も、Iが発送したのと同様の中傷文書200通をS死亡後に廃棄するまでの間、同種の加害行為が行われる危険が切迫した状況が継続していたものと認められる。」と認定した。

そして、A署のC課長、F係長及びH係員は、

○　同年7月13日、S方周辺においてビラはり等が行われたことを知り、翌14日には、Sの父親の勤務先にもビラが投げ入れられていた旨をSらから申告されていたこと

○　また、同月21日には、Iらが同月20日ころに団地の集合ポストに入れたビラを見たという複数の男性からS方に電話がかかってきたことが同様に申告されていること

○　これらの申告された被害状況は、犯行の計画性や犯人の執拗さを強くうかがうものということができること

○　H係員らは、同月15日と29日の2回にわたってS及びSの母からの事情聴取を行っており、その際ビラに載っている写真等についてSがそれは自分が交際相手であったKに写されたものであるなど申告したこと

の事実を踏まえて、判決は、「Kが何らかの形で同年7月13日のビラはり等に関与したことをうかがわせるものである。したがって、C課長ら3名は、遅くとも同月29日以降、前記のとおりSに対する名誉毀損等の加害行為が行われる具体的な危険が切迫した状況にあることを容易に知ることができたと認めるのが相当である。そして、Iらが同年8月22日に中傷文書を控訴人Eの勤務先等にあてて発送したことにより、危険が現実のものとなったものである。」と断じた。

そして、判決は、「Kに対する事情聴取等についても、Kを任意で呼び出すかどうかはともかくとして、Sから得たKに関する情報を基に同人と連絡

をとり、接触を図ることは比較的容易であったと認められ、また、それはK
に対して警察の介入を示す警告としての意味を持つから、K又はその関係者
による名誉毀損等の加害行為が行われる危険が切迫している状況において、
そのような被害が生じるのを回避させ得る可能性があったと認められる。」
と判断した。

　そして、「Kへの接触や警告が危険除去のための警察権の行使として適切
であることは、S死亡後ではあるが平成12年5月24日に成立したストーカー
行為規制法において、警察本部長等がつきまとい等の行為をした者に対して
警告をすることができるとされていること（同法4条1項）等に照らしても
明らかである。」とした。

　⑺　小括
　そして、判決は、小括として次のように結論づけた。
　　a．Sの殺害という加害行為との関係
　「Sの殺害という加害行為との関係においては、A署の警察官らにおいて
警察権を行使すべき作為義務の存在を肯定することはできないのであって、
同警察官らについて捜査け怠等の権限不行使による違法は認められず、争点
2の捜査け怠等の違法行為とS死亡との因果関係の有無等について判断する
までもなく、控訴人らのこの点に関する国家賠償法1条1項に基づく損害賠
償請求は理由がない。」とした。
　　b．Sに対する名誉毀損行為との関係
　一方、判決は「Sに対する名誉毀損行為との関係においては、C課長ら3
名は、遅くともSに対する名誉毀損等の加害行為が行われる具体的な危険が
切迫した状況を認識することができた同年7月29日以降、Kと接触を図るな
ど何らかの警告的な意味を持つ捜査活動をすべき職務上の義務があり、か
つ、適切な警察権の行使によってSに対する名誉毀損等の加害行為の結果を
回避することが可能であり、容易であったというべきである。」、しかし、
「C課長ら3名は、このような捜査活動を行わず、H係員が同年8月4日に
Kの名刺に記載された勤務先会社の商業登記について照会し、取締役として
登記されていた者の犯罪歴を調べたことや、同年9月20日に戊山504号及び
丙原102号に赴いてKの所在捜査を行ったこと以外、Sに対する名誉毀損の
事件に関する見るべき捜査を行わなかった」ことを指摘し、「このような事
実関係の下においては、以上の捜査権限の不行使は、名誉毀損事件に関して
は、著しく不合理であり、職務上の作為義務に違反する違法なものであった

といわざるを得ない。」と厳しく断じた。

ウ 損害賠償責任の有無
(ア) 市民の期待及び信頼に対する侵害
　東京高裁は、「Sの生命、身体に対する加害行為との関係でA署の警察官らに作為義務に違反した捜査け怠の違法は認められないが、TらのSに対する名誉毀損を含む一連の嫌がらせ行為は、KのTに対する依頼に端を発するものであって、A署の警察官らがK等に対して警告等を行っていれば、Kからの働き掛け等によってTらによるその後の名誉毀損等の加害行為が断念された蓋然性が高かったものと認められる。」とした上で、「一般に、市民は、現に犯罪の被害を受け、又は被害を受けるおそれがあるなど切迫した状況に置かれた場合に、警察に対してその保護等を求めたときは、警察において捜査を開始するなどしてその市民の受けた被害の回復ないし今後受けるおそれのある犯罪被害の防止を図るであろうことについて期待及び信頼を有しているのであって、警察がこのような期待及び信頼に誠実にこたえるべきことは、警察法2条1項及び警職法1条1項の定めからも明らかなように警察の責務であり、上記のような状況における市民の期待及び信頼は法律上の保護に値する利益というべきである。」と、さいたま地裁判決と同様な判断を示した。
　そして、判決は「正にSは、同年7月29日に告訴が受理され、ようやく警察が動いてくれると思い、Y（Sの母親）に対し『やっと動いてくれるね。これで少し安心できるね。』と述べて、警察の活動に期待を抱いていたものである。」として、"市民の期待及び信頼は法律上の保護に値する利益"の内容を具体的に明らかにした。
　しかしながら、「A署の警察官らは、前記認定のとおり、Sに対する名誉毀損等の加害行為が切迫した状況にあったにもかかわらず、K等と接触を図る等の適切な捜査活動を行わなかったのみならず、Sの告訴について、これを受理しなかったものにして、単なる被害届を端緒とする事件に見せ掛けようとするなど極めて不誠実な対応をとり、Sが警察に対して有していた上記期待及び信頼を裏切ったものである。」と断じた。
　したがって、「国家賠償法1条1項に基づき、Sの名誉毀損等に係る事件についてのA署の警察官らの捜査け怠による違法行為によってSの上記法的保護に値する利益を侵害したことによる損害を賠償する責任を負うものと解

するのが相当である。」と判断して、埼玉県（県警）に対し、被害者Sの法的保護に値する利益（市民の期待及び信頼）を侵害したとして損害賠償責任を認めたのである。

　(イ)　損害額の認定

　　①　Sに生じた損害（慰謝料）

　警察官らの違法行為によって、Sの上記利益が侵害されたことによる同人の精神的苦痛に対する慰謝料について、判決は、「被侵害利益の内容及び侵害の程度、捜査のけ怠状況及びA署の警察官らがSの供述調書の作成日について虚偽記載をしたり、本件を被害届を端緒とする事件に見せ掛けようと同供述調書の一部を改ざんするなど極めて不誠実な対応をとったこと等の本件の事実関係における違法性の程度、Sの両親である控訴人らの不安、心配等に対するSの心痛、その他本件に現れた一切の事情を総合考慮」して、「500万円が相当である。」とした。

　　②　控訴人ら固有の損害

　被害者の近親者が固有の慰謝料を請求し得るのは、被害者の生命侵害の場合か又はこれに比肩し得べき精神上の苦痛を受けたときに限られるとの最高裁昭和42年6月13日第三小法廷判決（民集21巻6号1447頁）を引用し、判決は、「本件においては、Sが殺害されたことについてはA署の警察官らの捜査け怠による違法は認められず、被控訴人に対しS死亡についての責任を追及することができない以上、S本人について認められる上記慰謝料のほかに、その近親者としての控訴人らの固有の慰謝料を認めることはできない。」として、両親の固有の損害は認めなかった。

　このように、東京高裁判決は、「原判決は、相当」として、各控訴及び附帯控訴を棄却し、原判決を是認したのであった。

(3)　警察権限の不行使（不作為）と国家賠償における判例の考え方

ア　基本的視点

　行政活動には、警察活動に限らず、広くは国家・公共団体における様々な行政活動があるが、行政の不作為責任は、行政の違法な不作為によって国民に生じた損害に対する国家・公共団体の損害賠償責任である。このことは、「国又は公共団体の公権力の行使に当る公務員が、その職務を行うについて、故意又は過失によつて違法に他人に損害を加えたときは、国又は公共団体が、これを賠償する責に任ずる。」（国家賠償法1条1項）と定めるとおり

である。本条の「公権力の行使」には作為のみならず、不作為も含まれることに争いはない。

　そして、行政の不作為にはいくつかの類型があり、学説においてもその類型を「申請に対する不作為」、「規制権限の不行使」及び「給付行政における不作為」の三つに区分する（宇賀克也『国家補償法』（有斐閣、1997年）154頁）ものがある。

　本書では、ストーカー事案等における警察活動の「不作為」を「警察権限の不行使」と捉え、これを犯罪捜査活動から見た場合を「捜査権限の不行使」として論を進めることとする。

　では、「捜査権限の不行使」と国家賠償法1条1項の違法性との関係を裁判所はどのようなものと理解しているだろうか。

　そこで、これに関する裁判所の考え方を、まず冒頭で埼玉県「桶川事件」におけるさいたま地裁判決と東京高裁判決を紹介したところである。

　ストーカー事案ではないが初動活動に大きな問題があった神戸商船大学大学院生殺害事件における神戸地裁平成16年12月22日判決（判例時報1893号83頁）にも触れる必要がある。なお、事件の詳細は、第3章の「初動捜査活動（警察相談）に関するもの」において言及する。

　この事件は、大学院生であった被害者が友人と飲食し友人の車両で自宅のある団地に送ってもらい、車両から降りた直後、すれ違った暴力団組長から些細なことに因縁をつけられ暴行を受け、警察官が現場臨場したにもかかわらず、駆けつけた組員らに拉致され執拗な集団暴行を受けて殺害された事件である。

　被害者の母親は、息子の殺害は警察官の対応に大きな問題があったとして、国家賠償法に基づき、兵庫県（県警）に対し、1億3,700万円余の損害賠償を求めたところ、神戸地裁及び大阪高裁ともに、捜査権限の不行使と死亡との因果関係を認定し、9,700万円余の支払いを命じたものである。

　県側は判決を不服として上告したが、最高裁平成18年1月19日第一小法廷は県側の上告を棄却、捜査権限の不行使と死亡との因果関係を認定し9,700万円余の支払いを命じた原判決が確定したものである。

　この国家賠償請求事件の意義は、捜査権限の不行使と被害者の死亡との間に因果関係を認め、ほぼ原告主張の損害賠償を認定したところにある。

　公刊物をみても、捜査権限の不行使と被害者の死亡との間に因果関係を認めた事件としては、唯一のものである。

　神戸地裁は、捜査権限の不行使と国家賠償法1条1項の違法性との関係を次のように判断した（なお、大阪高裁判決（公刊物未登載）は、神戸地裁判決を支持した（平成17年7月27日付け報道（読売新聞））。）。

　「警察法2条1項は、『警察は、個人の生命、身体及び財産の保護に任じ、犯罪の予防、鎮圧及び捜査、被疑者の逮捕、交通の取締その他公共の安全と秩序の維持に当ることをもつてその責務とする。』と規定しており、また、警職法は、その1条1項において『警察官が、警察法に規定する個人の生命、身体及び財産の保護、犯罪の予防、公安の維持並びに他の法令の執行等の職権職務を忠実に遂行するために、必要な手段を定めることを目的とする。』とし、同法2条以下においてその行使し得る手段を規定している。そうすると、警察官は、特定の個人が犯罪等の危険にさらされている場合において、その危険を除去するために、法律上許容される範囲内で警察法2条1項所定の職務に関して必要かつ相当な措置を採る一般的な権限を有していることは明らかであり、警察官によるかかる規制権限の行使は、警察官に与えられた公益上の義務であるとともに、特定個人に対する法的義務としての権限の行使にもなると解される。

　ところで、犯罪捜査権限は、事実関係を解明して、犯人を検挙し、適切な刑罰権を行使することによって、将来の犯罪の発生を予防するという公益を図るためのものであり、犯罪捜査に伴って犯罪による被害が回復されたり、同種の犯罪が防止されたりすることによって、犯罪の被害者等の特定の私人が受ける利益は、公益を図る過程で実現される事実上の利益であるにすぎないとも考えられる。

　しかし、警察官による犯罪捜査権限の行使は、犯罪等の危険除去等のための権限行使と重なる場合があることも自明のことであるから、犯罪捜査権限の行使が、更なる犯罪等の危険にさらされている特定個人の危険除去のために必要とされる場合には、特定個人に対する法的義務としての権限の行使にもなると解すべきである。

　したがって、犯罪等の加害行為がまさに行われ又は行われる危険が切迫しているか否か、警察官においてそのような状況であることを知り又は知ることができるか否か、上記危険除去のための権限を容易に行使することができるか否か、その権限を行使することによって加害行為の結果を回避することが可能であるか否か等の事情を総合勘案して、当該権限の不行使が著しく不合理と認められる場合には、その不作為は、国家賠償法1条1項上違法であ

ると解するのが相当である。」

　このように、神戸地裁における捜査権限の不行使と国家賠償法1条1項の違法性との関係についての判断の導き方は、桶川事件における、さいたま地裁判決、東京高裁判決とも共通していることが理解できよう。

　もっとも、神戸地裁判決（平成16年12月22日判決）は、さいたま地裁判決（平成15年2月26日判決）の影響を受けたものと思われる。

イ　行政法上の行政便宜主義と反射的利益論の克服

　国家賠償法1条1項適用の要件として、判例は「国家賠償法1条1項は、国又は公共団体の公権力の行使に当る公務員が個別の国民に対して負担する職務上の法的義務に違背して当該国民に損害を加えたときは、国又は公共団体が、これを賠償する責に任ずることを規定するものである。」（最高裁昭和60年11月21日第一小法廷判決・民集39巻7号1512頁）と解している。

　このことから違法性が認められるには、公務員が個別の国民に対して負担している職務上の法的義務に違背していることが必要であるといえる。

　したがって、原告側の主張する「侵害されたとする利益」（被侵害利益）が、法的に保護された利益でなければならず、法的に保護されていないものであるならば、個別の国民との関係においては、「個別の国民に対して負担する職務上の法的義務」違背とはならないこととなる。

　なお、「公権力の行使」（同法1条1項）に当たる公務員（警察官）が、「その職務を行うについて」の中には、作為のほか、不作為も含まれると解するのが、判例・通説の理解であり、これには争いはない。

　すると、警察権限の不行使と国家賠償責任を考えるときに、その不作為が職務上の法的義務としての内容を構成するものでなければならないことになる。

　ここで問題となるのが、行政法学上の行政便宜主義、反射的利益論の考え方をどのように克服するかである。

㈎　行政便宜主義

　行政便宜主義とは、具体的な根拠法規に「……することができる」と規定する、いわば「できる」規定にみられるように、行政庁が法令上与えられている権限を行使するかしないかは行政庁の裁量に委ねられているから（効果裁量）、権限を行使しないからといって、直ちに違法となるわけではないという考え方である。

　このことを、警察官の権限法規である警察官職務執行法でみると、桶川事件の東京高裁判決が「警職法5条により、『警察官は、犯罪がまさに行われようとするのを認めたときは、その予防のため関係者に必要な警告を発し、又、もしその行為により人の生命若しくは身体に危険が及び、又は財産に重大な損害を受ける虞があって、急を要する場合においては、その行為を制止することができる。』ものとされている。これは、警察の上記責務を達成するために警察官に与えられた権限であると解され、上記法令の文言や警察権の行使という事柄の性質上、この権限を発動するかどうか、また、どのような内容の警察権を発動するのかについては、警察官に一定の範囲で裁量が与えられているものと解される。」と行政便宜主義の内容に言及した判示にも表れている。

　しかし、行政活動は国民の健康増進や安全確保等という性格をも有することから、行政便宜主義に拘泥しこれを絶対視することは、かえって行政目的を損なうこととなる。

　そこで、行政便宜主義を克服する法理として提唱されたものが、裁量権収縮論といわれる。この点につき、代表的な学説は次のように説明している（原田尚彦『行政法要論〔全訂第7版補訂版〕』（学陽書房、2011年）100頁）。

　「行政権を発動するかどうかの判断は、現在でも原則として第一次的には公益管理者である行政庁の裁量判断に委ねられる。だが、裁量権は具体的状況に照らし個別のケースごとの判断で適切に行使されるべきであるから、裁量の範囲は行政権発動の緊要度が強まるに従い漸次収縮するとみなければならない。こうした見方を『裁量権収縮論』という。裁量権収縮論によれば、

①　社会的危険が極限に達しており（危険の切迫）
②　行政権の行使が容易に可能で（可能性）
③　権限を行使しなければ危険を防止することができず（行政手段の補充性）
④　国民が行政権限の行使を期待しており（期待可能性）

かつ、

⑤　行政権限の行使によって危険が回避されうると認められる（結果回避可能性）

場合には、行政庁に与えられた裁量の幅は収縮し、これが極限状況に達すると、ついには零に収斂して一定の結論（すなわち一定の行為をするという結論）の選択が法的に強制されるにいたると考えられる。こうした状態を『裁

量権の零収縮』という。」

　この考え方は、桶川事件におけるさいたま地裁判決や東京高裁判決、神戸商船大学大学院生殺害事件における神戸地裁判決等においてみられる、具体的危険の切迫、危険切迫の認識（予見）可能性、結果回避可能性、権限行使の容易性等の要素に導かれている。

　したがって、これらの要件が具備されたもとでは、「できる」規定であっても、「しなければならない」という職務上の作為義務に転じ、権限行使が義務付けられることになる。

　(イ)　反射的利益論

　次に、反射的利益論の克服の問題がある。

　反射的利益について、裁判上、具体的に述べているものに、次の「犯罪の被害者ないし告訴人からの捜査の不適正又は不起訴処分の違法を理由とする国賠請求事件」における最高裁平成2年2月20日第三小法廷判決（判例タイムズ755号98頁）がある。

　「犯罪の捜査及び検察官による公訴権の行使は、国家及び社会の秩序維持という公益を図るために行われるものであって、犯罪の被害者の被侵害利益ないし損害の回復を目的とするものではなく、また、告訴は、捜査機関に犯罪捜査の端緒を与え、検察官の職権発動を促すものにすぎないから、被害者又は告訴人が捜査又は公訴提起によって受ける利益は、公益上の見地に立って行われる捜査又は公訴の提起によって反射的にもたらされる事実上の利益にすぎず、法律上保護された利益ではないというべきである。したがって、被害者ないし告訴人は、捜査機関による捜査が適正を欠くこと又は検察官の不起訴処分の違法を理由として、国家賠償法の規定に基づく損害賠償請求をすることはできないというべきである。」

　桶川事件や神戸商船大学大学院生殺害事件などの各判決にみられるように、「犯罪捜査は、事実関係を解明して、犯人を検挙し、適切な刑罰権を行使することによって、将来の犯罪の発生を予防するという公益を図るものであり、犯罪捜査に伴って犯罪による被害が回復されたり、将来の同種の犯罪が防止されたりすることによって犯罪の被害者等の特定の私人が受ける利益は、基本的には公益を図る過程で実現される事実上の利益であるにすぎない。」との見解は、この反射的利益の考えに立っている。

　しかし、この反射的利益論も、

　○　具体的危険の切迫

　　○　危険切迫の認識（予見）可能性
　　○　結果回避可能性
　　○　権限行使の容易性
等が具備された下では、「できる」規定であっても、「しなければならない」
という職務上の作為義務に転じ、その権限行使が義務付けられることによ
り、犯罪等の危険にさらされている特定個人の危険除去のために必要とされ
る場合には、直截的に法律上保護された利益保護のための、権限行使が発動
されることとなることから、先の行政便宜主義と同様に、国民の権利保護の
ためには後退を余儀なくされ、反射的利益論も克服されると考えられよう。

ウ　最高裁判決の定式

　捜査権限の不行使が、どのような場合、国家賠償法上違法との評価を受け
るかにつき、桶川事件におけるさいたま地裁判決及び東京高裁判決、神戸商
船大学大学院生殺害事件における神戸地裁判決などを読み解くと、裁量権収
縮論によることが理解できよう。
　裁量権収縮論は、行政便宜主義、反射的利益論を克服し、行政の作為義務
を導くための理論であり、一定の場合には、裁量が零に収縮し、作為義務が
生ずるというものであり、その要件としては、
　　○　国民の生命、身体に対する侵害の危険性やその切迫性
　　○　危険の認識（予見）可能性
　　○　規制権限行使による結果回避可能性
　　○　権限行使の容易性
　　○　規制権限行使に対する国民の期待
等が挙げられている。
　これに対して、最高裁は、裁量権消極的濫用論（裁量権限の不行使が裁量
の逸脱又は濫用に当たるとき違法となる）に立つものといわれる。
　つまり、最高裁は、規制権限の不行使が国家賠償法 1 条 1 項の違法とされ
るか否かの判断をするに当たっては、その権限を定めた法令の趣旨、目的
や、その権限の性質等に照らし、具体的事情の下において、その不行使が許
容される限度を逸脱して著しく合理性を欠くと認められるときは、これによ
り被害を受けた者との関係において、国家賠償法 1 条 1 項の適用上違法とな
るとの判断、枠組みを採用している。
　この判断枠組みのリーディングケースとして、①宅地建物取引業者（以下

「宅建業者」という。）に対する知事の監督権限不行使事件判決（最高裁平成元年11月24日第二小法廷判決・民集43巻10号1169頁）がある。

　この事件は、宅建業者の不正行為により損害を受けた者が知事による免許の付与・更新をしたこと、業務停止処分・取消処分等の規制権限行使の懈怠にあるとして国家賠償請求をしたものである。

　判決では、宅建業者の不正な行為により個々の取引関係者が損害を被った場合であっても、「具体的事情の下において、知事等に監督処分権限が付与された趣旨・目的に照らし、その不行使が著しく不合理と認められるときでない限り、右権限の不行使は、当該取引関係者に対する関係で国家賠償法1条1項の適用上違法の評価を受けるものではないといわなければならない。」との定式を示している（賠償責任否定）。

　その後、②クロロキン薬害事件（最高裁平成7年6月23日判決）、③筑豊じん肺訴訟（最高裁平成16年4月27日判決）、④関西水俣病訴訟（最高裁平成16年10月15日判決）でも同様の判断枠組みを採っている。

　ちなみに、関西水俣病訴訟（国と県が水俣病の発生・拡大を防止するための規制権限等の行使を怠ったため水俣病に罹患した。）における最高裁平成16年10月15日判決（民集58巻7号1802頁）は、国又は公共団体の公務員による規制権限の不行使につき、①事件や②事件の判決を引用し、「その権限を定めた法令の趣旨、目的や、その権限の性質等に照らし、具体的事情の下において、その不行使が許容される限度を逸脱して著しく合理性を欠くと認められるときは、その不行使により被害を受けた者との関係において、国賠法1条1項の適用上違法となるものと解するのが相当である」と判示しており（賠償責任肯定）、この定式を確認している。

　この最高裁の立場につき、宇賀克也『行政法概説II　行政救済法（第6版）』（有斐閣、2018年）441頁は「最高裁判例がとる裁量権消極的濫用論においては、以上のような4要件（筆者補足：①被侵害法益、②予見可能性、③結果回避可能性、④期待可能性）を明示して、その総合考慮を行うという手法はとられていない。これは、事案の性質に応じて、以上の4要件に含まれない多様な考慮要素がありうるので、固定的な判断枠組みに縛られることを避けようとしたためとも思われる。」と説明している。

　このように、最高裁が採用する定式は、裁量権消極的濫用論（規制権限の不行使が裁量権の逸脱又は濫用に当たるとき違法となる）と呼ばれるが、裁量権収縮論と同様に、行政の規制権限の行使に一定の裁量を認めることは共

通している。

　しかし、最高裁が採用する定式（裁量権消極的濫用論）は、裁量権収縮論のように行政の作為義務を導くに当たり、一定の要件（具体的危険の切迫、危険切迫の認識（予見）可能性、結果回避可能性、権限行使の容易性など）が具備した場合には、裁量の幅が零に収縮し作為義務が生ずるという説明をするのではなく、その権限を定めた法令の趣旨・目的、権限の性質等に照らし、権限の不行使が「許容される限度を逸脱して著しく合理性を欠くと認められるとき」に違法となると解しているのである。

　この両者の違いについて、宇賀克也『国家補償法』（有斐閣、1997年）160頁では、「裁量権収縮の理論が、ある状況下で裁量が収縮して裁量がゼロになるという発想であるのに対して、裁量権消極的濫用論は、裁量は存在したまま、その限界を超えるという発想である。」と説明している。

　なお、最高裁は、これまで、その各判決において裁量権収縮論についての言及がないため、その態度は明らかでない。では、どのように考えるべきかである。

　この点に関し、中原茂樹「行政法判例を読み込む　規制権限の不行使と国家賠償責任」（法学教室平成24年8月号31〜32頁）は、「作為義務が生ずるための要件について見ると、裁量権収縮論が上記①〜⑤（上記①〜⑤につき筆者補足：①被侵害法益の重大性及び危険の切迫性、②予見可能性、③結果回避可能性、④補充性（規制権限の行使以外に、結果発生を回避しうる手段がなかったこと）、⑤期待可能性（国民が規制権限を要請し期待しうる事情にあること））のように、ある程度具体的な要件を示しているのに対し、最高裁の定式は、『その権限を定めた法令の趣旨、目的や、その権限の性質等に照らし、具体的事情の下において』と述べるのみで、それ以上に具体的な基準を示していない。そこで、最高裁の立場に対しては、基準なき事例解決に過ぎず、要件を裁判官の裁量に全面的に委ねるものであるという批判がある。他方、裁量権収縮論が挙げる考慮要素について、これを絶対的な要件と捉え、根拠法令の違いを考慮せずに、どのような事案に対しても一律に適用することには問題がある。……最高裁の定式にも示されているように、まずは規制権限を定めた法令に着目し、その趣旨を解釈することからスタートすべきである。したがって、裁量権収縮論が挙げる5要件については、根拠法令の趣旨解釈を補充するとともに、具体的事情の下において作為義務が生じていたか否かを判断するための考慮要素として位置付けるのが適切であると

思われる。」と指摘しており、傾聴に値する見解である。

エ　裁量権収縮論と裁量権消極的濫用論の理解の仕方

　このように最高裁の採用する定式（裁量権消極的濫用論）は、いずれの事件も特別法（宅地建物取引業法、旧薬事法、鉱山保安法、水質保全法、工場排水規制法等）にかかわるものであり、その適用上も技術的要素等が多分に強いゆえに、「その権限を定めた法令の趣旨、目的や、その権限の性質等に照らし」、総合考慮して判断することが相応しいのではないかと考えられる。

　これに対し、桶川事件や神戸事件などのような捜査権限の不行使における判断は、何よりも時機を失しない権限行使や被害者の安全確保等という観点から具体的事案を判断する必要がある。そのため、警察法、警察官職務執行法等関係法令の趣旨解釈、そこから導く判断・考慮要素（危険の切迫性、予見可能性、結果回避可能性、権限行使の容易性、期待可能性等）を踏まえて作為義務を導くことがより判断の明確性に資するゆえに、裁判所も裁量権収縮論に拠ったのではないかと考えられる。

⑷　桶川事件東京高裁判決の特徴

　東京高裁判決は、前述の具体的事案に照らして、ストーカー事案の特質を踏まえ、まず、殺害の予見可能性を次のように分析したところに特徴がある。

①　殺害の予見可能性の視点

　これは、控訴人らの「本件は『生死にかかわる行為にまでエスカレートしていく』ストーカー行為一般にみられる特徴を兼ね備えるものであり、A署の警察官らは、Kらの行為がSの生命、身体に対する危害へとエスカレートしていくことは容易に予見できた」旨の主張に対して、判決は本件は恋愛関係のもつれが端緒となった事件であることにつき、次のように応えている点である。

　「ストーカー犯罪であるから警察は常にそれが殺傷事件にまで至ることを予見すべきものであるとまではいえず、この種態様の事件にあっては、一般的には、交際に至った経緯、交際中の関係、紛争の原因、紛争発生後の当事者の関係（とりわけ相手に対する加害行為等の内容及びその変化の状況）、その他諸般の事実を総合的に判断して将来のいかなる法益に対してどのよう

な内容の危険が生じるのか、またその程度等について予測判断すべきものと考えられる」

　つまり、これらの要素を前提にして本件事実関係を見た場合、名誉毀損等の行為については、明白な事実を客観的に認識できるが、被害者殺害に至る「犯行前にその危険が切迫しているとの状況を容易に知ることができたとすることは困難であるといわざるを得ない。」と判断していることである。

②　予見可能性の視点を踏まえた実務上の配慮

　すると、判決の挙げた予見可能性の視点として、交際に至った経緯、交際中の関係、紛争の原因、紛争発生後の当事者の関係（とりわけ相手に対する加害行為等の内容及びその変化の状況）、その他諸般の事実を総合的に判断して、将来のいかなる法益に対してどのような内容の危険が生じるのか、またその程度等について予測判断すべきものと考えられる、としているとおり、捜査機関に不可能な判断を強いているものではないということである。

　そこで、相談受理の際に大切なことは、これらの視点（要素）を踏まえ、危険性判断チェック表などを踏まえて、裁量権収縮論で挙げられている作為義務の存在としての「危険の切迫」等をいかに感じとるか、最悪の事態をも想定しつつ、人身安全関連事案として組織的対応を図ることが何より必要なことである。

　なお、名誉毀損等については、既に顕在している以上、更なる名誉毀損等の加害行為が行われる具体的危険が切迫している状況を認識することは容易であるから、それにもかかわらずなされない捜査権限の不行使が違法なものと評価されたことは当然であろう。

③　警察に対する、いわゆる「期待権」は法律上の保護に値する利益

　判例（最高裁昭和60年11月21日第一小法廷判決・民集39巻7号1512頁）は、国家賠償法1条1項につき、国又は公共団体の公権力に行使に当たる公務員が「個別の国民に対して負担する職務上の法的義務に違背して当該国民に損害を加えたときに」、国又は公共団体がこれを賠償する責に任ずることを規定したものと解している。

　したがって、国家賠償法1条1項上、「侵害されたとする利益」（被侵害利益）が、法的に保護された利益でなければならず、法的に保護されていないものであるならば、個別の国民との関係においては、「個別の国民に対して

負担する職務上の法的義務」違背とはならないこととなる。

　この点、さいたま地裁及び東京高裁判決とも、いわゆる「期待権」は法律上の保護に値する利益と解しているのである。

　それは、どのような立論によったのであろうか。

　東京高裁判決は、「一般に、市民は、現に犯罪の被害を受け、又は被害を受けるおそれがあるなど切迫した状況に置かれた場合に、警察に対してその保護等を求めたときは、警察において捜査を開始するなどしてその市民の受けた被害の回復ないし今後受けるおそれのある犯罪被害の防止を図るであろうことについて期待及び信頼を有しているのであって、警察がこのような期待及び信頼に誠実にこたえるべきことは、警察法２条１項及び警職法１条１項の定めからも明らかなように警察の責務であり、上記のような状況における市民の期待及び信頼は法律上の保護に値する利益というべきである。」との判断を示している。

　東京高裁判決は、この「期待権」に対する被害者の具体的発露につき、「正にＳは、同年７月29日に告訴が受理され、ようやく警察が動いてくれると思い、控訴人Ｙ（筆者補足：Ｓの母親）に対し『やっと動いてくれるね。これで少し安心できるね。』と述べて、警察の活動に期待を抱いていたものである。」ことを述べている。

　しかし、Ａ署の警察官らは、「Ｓに対する名誉毀損等の加害行為が切迫した状況にあったにもかかわらず、Ｋ等と接触を図る等の適切な捜査活動を行わなかったのみならず、Ｓの告訴について、これを受理しなかったものにして、単なる被害届を端緒とする事件に見せ掛けようとするなど極めて不誠実な対応をとり、Ｓが警察に対して有していた上記期待及び信頼を裏切ったものである。」と断じた。

　その上で、国家賠償法１条１項に基づき、Ｓの名誉毀損等に係る事件についてのＡ署の警察官らの「捜査け怠による違法行為によってＳの上記法的保護に値する利益を侵害したことによる損害を賠償する責任を負う」のが相当と解し、被害者Ｓの法的保護に値する利益（市民の期待及び信頼）を侵害したとして、埼玉県（県警）に対する損害賠償責任を認めたのである。

　ただし、留意すべきことは、東京高裁判決は、警察法２条１項及び警職法１条１項の定めから無限定に期待権を認めているのではないものと解される。

　なぜなら、市民が受けた被害の回復、あるいは今後受けるおそれのある犯

罪被害の防止を図るであろうことについて有している期待及び信頼は、国民（市民）の一般的な期待ということはできても、これを個別具体的な損害賠償の対象となる法的利益とは認めることは必ずしもできないといえるからである。

　つまり、具体的事実関係を前提として、現に犯罪の被害を受け、又は被害を受けるおそれがあるなど切迫した状況に置かれた場合に、警察に対してその保護等を求めたときに、適切な捜査活動等に期待及び信頼に応えるべきであり、そのような切迫した状況下における国民（市民）の期待及び信頼が法律上の保護に値する利益といえるからである。

　したがって、東京高裁判決の判断した「期待権」は、このような文脈で理解すべきものと考えられる。

　このように、桶川事件におけるさいたま地裁判決、東京高裁判決の意義は、初めてストーカー事件において、行政法上、裁量権収縮論に立って違法性判断を行うとともに、殺害の予見可能性の視点についての考慮要素を掲げるととともに、切迫状況下における「期待権」は法律上の保護に値する利益であることを明らかにしたことに、類似事案におけるリーデングケースたり得るといえよう。

2　太子町ストーカー事件
　　　（神戸地裁平成16年2月24日判決・判例時報1959号52頁）

　本件は、平成11年2月2日午前8時15分頃、兵庫県太子町地内の路上において軽自動車を運転中のA女（当時20歳）が、過去に交際していたX（当時27歳）運転の普通乗用自動車に正面衝突されて殺害され、同人も同所で自殺した事件につき、その遺族が、A女がXに殺害されたのは、警察官が犯罪防止のための適切な権限行使をしなかったことによるものであるとして、兵庫県（県警）に対して1億円余の損害賠償を求めた国家賠償請求事件である。

　一審・神戸地裁平成16年2月24日判決（判例時報1959号52頁）は、捜査権限を行使しなかった違法があるが、その対応と被害者の死亡との間に因果関係はないとして、被害者に対する660万円の慰謝料を認めた。

　控訴審である大阪高裁平成18年1月12日判決（判例時報1959号42頁）も、警察権限の不行使の違法は認めたが、死亡との間の因果関係までは認められないとして、被害者に対する慰謝料を認めた一審判決を支持したもので

ある。

　本件も、社会的に注目をひいた事件である。

　一般にストーカー被害は、被害者に対する様々なつきまとい行為が繰り返された後に、被害者に重大な結果が生ずることがあり、この事件の場合は、どのような経過を辿り、どのような警察措置がなされたのかについて、裁判上認定された事実関係を確認し、本件の検討に入ることとする。

■事案の概要

　本件の重大な結果に至るまでの一連の事実（福崎事件、Ｔ警察署逃げ込み事案、肋骨骨折事件及びローソン事件）の経過は、次のようなものであった。

①　福崎事件に至る経過

　Ａ女は、兵庫県太子町地内にあるスナックに平成９年２月から勤めていたところ、同年４月頃、客として店に来ていたＸと親しくなり、平成10年１月頃からＸの住むマンションで同棲を始めた。しかし、Ｘから暴力を振るわれるようになったので、別れる決心をして伯父Ｃ方に戻った。ところが、Ｘは別れることに納得せず、Ｃ方に押し掛けてきた。そのため、Ａ女は、知人宅に一時避難した後、同年４月下旬から５月上旬頃から、親戚方乙山所有の小屋で暮らしていた。その後もＸは、携帯電話でＡ女との復縁を迫り、Ｘが以前吸っていたシンナーもやめていたことから、Ａ女は再度交際をしてもよいと考え、週に一度の頻度で会うようになった。しかし、同年５月中旬頃、Ｘがシンナーを吸っていたことを知り、再び別れる決心をして、その旨電話で伝えたが、Ｘは納得しなかった。

②　福崎事件

　Ｘは、平成10年６月９日午前２時30分頃、Ａ女の就寝していた小屋の窓ガラスを割って中に入ろうとしたので、Ａ女は逃げ出して隣家に助けを求めた。しかし、Ｘは、Ａ女を道路まで引っ張り出し、その際にＡ女が倒れてうつ伏せになったところ、そのままＡ女の両脇を抱えて２、３メートル引きずり、この際の暴行により、Ａ女に５日間の加療を要する左肩、両下肢擦過傷の傷害を負わせた（以下「福崎事件」という。）。

　Ａ女は、同日病院で診断書の交付を受け、伯父Ｃ夫妻とともに兵庫県Ｆ警察署へ赴き、被害届を提出した。

　その後、Ａ女は同年６月下旬頃から、Ｘと同棲を再開した。

　同署では、同年７月15日、Ｘを傷害罪で通常逮捕したが、逮捕時にＡ女は、Ｘと同棲しており、Ａ女が寛大な処分を望んだことから、翌日釈放した。

　同署は、同年８月10日、同事件を検察庁に書類送致し、検察官は同年９月28日、福崎事件につき不起訴（起訴猶予）処分とした。

③　Ｔ警察署逃げ込み事案

　Ａ女は、平成10年６月下旬頃からＸとの同棲を再開したものの、Ｘから暴力を振るわれたことから、従姉であるＱ方で匿（かくま）ってもらうこととなった。

　Ｘは、Ａ女がＱ方に来ていないか尋ねるなどしていたが、同年７月頃には、電話も訪問もなくなっていたことから、Ａ女がＱとともに軽自動車で外出したところ、Ｘが軽トラックに乗って現れ、Ａ女らを追い回した。ＸはＡ女らを袋小路に追い込むや、Ａ女らの乗った軽自動車のボンネットに上がり、Ａ女に「出でこんかい。」などと怒鳴ってガラスを叩いた。Ｑが警察に通報したところ、Ｘはボンネットから降り、自分の車を後退させたので、Ｑは路地から車を出して逃げたが、Ｘが追跡を再開したので、ＱはＴ警察署に電話をかけ、追跡の模様を報告し、電話で連絡を取りながら警察署に逃げ込んだ。Ｘは、Ｑらが警察署に逃げ込むまで追跡をやめなかった（以下「Ｔ警察署逃げ込み事件」という。）。

　Ａ女らが同署に逃げ込んだ後、警察官にＸの過去の暴力や追い回された経過を説明したが、Ｘが車をぶつけていないことや、Ａ女らを殴っていないことを聞くと、「後をつけられたというだけでは警察は何もできない。前に２人が交際していたこともあるし。」などと述べて、それ以上の措置はとらなかった。

④　肋骨骨折事件

　Ｘは、平成10年12月21日夜、Ａ女の胸部等を殴る蹴るという暴行を加え、同女に胸部打撲、肋骨骨折の約１か月間の通院加療を要する傷害を負わせた（以下「肋骨骨折事件」という。）。

　Ａ女は、翌22日病院で診断書の交付を受け、23日の午前中に、伯父であるＢ方に戻った。しかし、ＸがＡ女を訪ねてＢ方に押し掛けて来たことから、同人方の親族は伯父Ｃを呼び出し、ＣがＡ女を自宅に連れ帰り、友人Ｄにも来てもらって、同人とともにＡ女を伴い、最寄りの兵庫県Ｈ警察署Ｒ交番に赴いた。

　しかし、同交番のＷ巡査長は、犯行現場が太子町であり管轄が異なることから、伯父Ｃらに対して、Ｔ警察署Ｓ交番に行くよう指示した。

　Ｃら３名はＳ交番に赴き、同交番のＹ警部補に対して、Ａ女がＸから傷害を受けた事実を申告し、診断書を示した。同交番のＺ巡査がＡ女から、Ｙ警部補がＣからそれぞれ事情聴取を開始した。

　その後、Ｘの友人であるＫ及びＸの実父であるＭが同交番に来所し、しばらくしてＸも来所したことから、Ｘに対する事情聴取が開始された。

　双方に対する事情聴取が進む中、Ｙ警部補は、ＸとＡ女の伯父であるＣを交番事務室から別々に呼び出し、話合いによる解決を進めた。

　その結果、Ｘは、平成10年12月21日の夜、Ａ女に傷害を負わせたことを認めた上で、「自宅で殴ったり蹴ったりして、怪我させたことは、まちがいありません。そのことについては、深く反省しています。今後、二度と彼女を殴ったり蹴ったりはしません。二度とつきまとったり電話したりすることは一切いたしません。もし、これを破るようなことがあれば、先の傷害の件で訴えられても、文句を言いません。」旨の誓約書（以下「本件誓約書」という。）を作成した。他方、Ａ女も、この度の事件（傷害）で二度とＸに電話連絡や付き合ったりしない旨の誓約書を作成し、Ｙ警部補が保管した。

　その後Ｘは、和解後の同年12月26日、同交番に来所し応対したＹ警部補らに対して、Ａ女に治療費、慰謝料として20万円支払ったこと、その後はＡ女とは会っていないことを説明した。

　また、同月末には、同交番にＣが来所しＹ警部補に対して、示談解決したことについて謝意を伝えた。その際、Ｃは菓子折を持参しＹ警部補に手渡そうとしたが、Ｙ警部補は受領を辞退した。

⑤　ローソン事件

　Ａ女は、平成11年１月14日午後３時45分頃、Ｘから電話で呼び出されて軽自動車で兵庫県Ｔ市所在のローソンＦ店駐車場に赴いたところ、軽自動車の前部座席内において、Ｘから覆い被さるように身体を押さえ付けられ、殴る蹴るなどの暴行を受けた（以下「ローソン事件」という。）。

　同店駐車場付近で測量作業をしていたＰらがＡ女の悲鳴を聞き付け、Ｘの暴行に気付いたことから、同店店員に110番通報を依頼するとともに、自らＸの暴行を止めた。Ａ女は、このＸの暴行により、片膝から出血するなどの傷害を負った。

　Ａ女は、このＸの暴行により、額と口元にアザが残り、そのどちらかから出血し、ストッキングが破れ、片膝から出血するなどの傷害を負った。さらに、ニットのセーターの肩口が破れ、首にもアザが残った。

　ローソン店員から110番通報を受けた県警通信指令室及びＴ署は、「女性が拉致されようとしている。」「男が女を軽四に押し込もうとしている。」との無線を発し、パトカーに現場への急行を指令し、これを受けたＴ署のパトカーが同ローソン駐車場に到着した。

　同パトカーで現場に臨場したＶ巡査長及びＵ巡査部長は、同ローソン駐車場入口付近で同駐車場から出てくるＸ運転の白色の軽トラックを現認したが、同車両が手配車両とは異なっていたことから（指令では誤ってＡ女の軽自動車が手配車両とされていた。）これを追わず、駐車場内に残っていたＡ女と目撃者で測量作業中のＰらから事情聴取を行った。

　事情聴取に対して、Ａ女は加害者がＸであること、Ｘとは暴力が原因で数か月前に別れたが、度々復縁を迫られていたこと、当日Ｘから携帯電話に連絡があり、ローソン駐車場で待ち合わせ、再度復縁話をされたが断ったところ、顔面を殴られるなどの

暴行を受けたことを説明した。

　同警察官らは、被害申告をするようＡ女に何度か勧めたが、Ａ女は以前にＸから肋骨骨折の傷害を受け、Ｓ交番で誓約書を提出するなどして示談が成立しているので、今回も事件にして欲しくないと答え、また、今日は今度就職する予定の会社で制服の採寸があり、早く行かなければならないと言って、警察官らの勧めに応じなかった。

　そこで、同警察官らはＡ女に対し、携帯電話の電話番号を変えること、何かあればすぐに110番通報することなどの防犯指導を行った。

　同警察官らは、Ｓ交番に赴き、記録を確認するに、確かに肋骨骨折事件の届けがあり、処理結果が記載してあった。しかし、同警察官らは、Ｔ署幹部には、かかる被害届が出ていることは報告せず、またＳ交番勤務の警察官らにローソン事件があったとの報告もしなかった。

⑥　押しかけ事案

　Ａ女の伯父Ｃは、平成11年１月27日夕刻、Ｘの友人であるＫから、Ａ女をＸに会わせるよう求める電話を受けた。これに対し、Ｃは前年12月23日のＳ交番で既に話は終わっており、もう話すことはないとこれを拒否した。

　ただ、伯父Ｃは、ＸとＫが押しかけてくると考え、同日午後６時55分ころ、Ｆ警察署へ架電して出動を要請し、併せて知人のＥにも電話して、来てくれるよう頼んだ。

　しかし、警察官が来るよりも前に、ＸがＫを伴ってＣ方にやって来た。Ｋは勝手口を叩き、Ａ女をＸに会わせるよう求めたが、Ｃはこれを拒否し、なおもＫが引き下がらないので、表に出て、車に乗っていたＸに対して、もはや話し合うべきことはないこと、警察に出動を要請したことを伝え、話があれば親を連れてＲ交番に来るように告げて、Ｘらを追い払った（以下「押しかけ事案」という。）。

　その後、Ｆ署Ｉ交番のＪ警部補ら４名がＣ方に到着したが、既に通報から約40分が経過していた。Ｃは、Ｊ警部補らに対して、Ａ女が以前付き合っていた男（Ｘ）から暴力を受けるので別れたが、しつこく追いかけてくること、当日もＸがＡ女に会わせるよう求めたことなどを説明した。また、ＣはＸが付近にいるかもしれないと申し立てたので、Ｊ警部補らは付近を捜索したが、発見には至らなかった。

　そこで、同警部補は、Ｃから詳しく事情を聞くためにＲ交番に来るよう求めた。

　Ｃは知人のＤを伴って、Ｒ交番に赴いたところ、ＸもＭを伴って同交番にやって来て、Ａ女に会わせろなどと言い、Ｃと口論になった。

　ＣはＪ警部補に対して、肋骨骨折事件のことや、同事件をＳ交番において誓約書で処理したことを説明し、同事件を再度事件化できるか質問した。

　これに対し、Ｊ警部補は、「親告罪と違うからできるんちゃうんか。」と同僚に意見を求め、再度事件化は可能である旨答えた。ただ、同警部補は、同事件はＴ署において把握しているものと考え、同署に行ってその旨申し立てるよう指示した。

　Ａ女は同日夜、Ｃの知人Ｄの息子で友人のＥに対し、電話で押しかけ事案の経緯を

報告し、警察の対応について、警察は何度話しても何度行っても何もやってくれないと不満を述べた。

　Cは、J警部補の指示に従い、翌28日T署に電話をかけたが、同署では肋骨骨折事件のことを把握していなかった。そこで、同署はCに対して、直接S交番に行くように指示した。Cは、同署の指示を受けて同日のうちにS交番に赴いたが、Y警部補が休みであったことから、居合わせた警察官に対して、本件誓約書のコピーの交付を求めた。しかし、同警察官は、Cに対してY警部補の出勤日を教え、その日に出直すよう指示した。Cは、同月31日、改めてS交番を訪れ、Y警部補に対して、押しかけ事案を説明して、本件誓約書のコピーの交付を求めたが、同警部補はこれを拒絶した。

⑦　本件殺人事件の発生

　A女は平成11年2月2日午前8時すぎ頃、出勤中にガソリンスタンドで給油をしていたところ、Xの車を発見した。A女が出発するとXが後をつけてきたので、友人のZに携帯電話で助けを求めたため、Zはすぐに警察に通報したが、A女の居場所が分からなかったため要領を得ず、再度、A女に電話した。しかし、A女の通話は、Xの車が正面から迫ってくるのを伝えたのを最後に途絶えた。

　Xは、同日午前8時15分頃、兵庫県太子町地内の路上において、自ら運転する普通乗用車を出勤途中のA女が運転する軽自動車に時速約70キロメートルで正面衝突させて同女を殺害し、自らも同所で所携の包丁で胸を刺して自殺した。

□裁判所の判断

(1)　一審・神戸地裁の判断（平成16年2月24日判決）

　事件のあらましは、上記のようなものであり、本件の争点は、

○　警察官の対応に国家賠償法1条1項における違法性（過失）が認められるか、

○　捜査懈怠等の違法（過失）行為とA女の死亡との間に相当因果関係が認められるか、

等である。

　神戸地裁は、福崎事件、T警察署逃げ込み事案、肋骨骨折事件、ローソン事件、押しかけ事案につき、詳細な事実関係を踏まえ、「犯罪防止のために警察に認められた各種規制権限の不行使は、特定の個人等に対して犯罪による加害行為がまさに行われ、あるいは行われる危険が切迫し、かつ、その権限行使が容易にできるにもかかわらず、これが行われないといった、その権限の不行使が著しく不合理と認められる場合には、当該個人に対する関係で、国家賠償法1条1項の違法評価を受けるというべきである。

　そして、警察官の規制権限不行使が著しく不合理であるかどうかは、①被侵害利益に対する侵害の危険性ないし切迫性、②当該警察官における当該危険性の認識ないし認識可能性、③被侵害利益の重大性、④当該規制権限行使による結果回避可能性、⑤当該規制権限行使に対する期待可能性等の各事情を総合考慮して判断すべきである。」として、それぞれにつき判断を加えている。

　それでは、福崎事件、Ｔ警察署逃げ込み事案、肋骨骨折事件、ローソン事件及び押しかけ事案のそれぞれについての原告、被告の主張に対し、裁判所（神戸地裁）はどのように判断しているのかを検討することとする。

　その具体的検討に入る前に、裁判所は、原告らが、Ｆ署（被害者Ａ女がＸの暴力から逃れるための一時居住地の管轄）、Ｔ署（被疑者Ｘの住所地を管轄）、Ｈ署（Ａ女の住所地を管轄）の各警察官が、Ｘの犯罪防止のための各種規制権限を行使しなかったことが国家賠償法１条１項における違法と主張したことにつき、警察官の規制権限不行使と国家賠償法１条１項の違法性を導く手法として、同法１条１項の規定について、「同規定は、国又は公共団体の公権力の行使に当たる公務員が個別の国民に対して負担する職務上の法的義務に違背して当該国民に損害を加えたときは、国又は公共団体がこれを賠償する責に任ずることを定めるものである。」との最高裁昭和60年11月21日第一小法廷判決・民集39巻７号1512頁を確認しつつ、次のような論理構成を展開した。

　まず、「警察法２条１項は『警察は、個人の生命、身体及び財産の保護に任じ、犯罪の予防、鎮圧及び捜査、被疑者の逮捕、交通の取締その他公共の安全と秩序の維持に当たることをもってその責務とする。』と規定し、警察官職務執行法１条１項は、『警察官が警察法に規定する個人の生命、身体及び財産の保護、犯罪の予防、公安の維持並びに他の法令の執行等の職権職務を忠実に遂行するために、必要な手段を定めることを目的とする。』と規定し、同法２条以下においてその行使し得る手段を規定していることからすれば、警察は、犯罪の防止、鎮圧を目的として、警察官職務執行法が規定する各種の権限のほか、そのために必要かつ相当な規制権限を行使する一般的権限を有するものと認められる。そうとすれば、特定の個人等に対して、犯罪による加害行為がまさに行われ、あるいは行われる危険が切迫しているような場合で、その権限行使が容易にできるような場合にあっては、警察による

犯罪の予防、鎮圧のために必要な規制権限の行使は、警察に与えられた公益上の義務の行使であると同時に、当該個人等に対する法的義務としての権限の行使でもあると解される場合もあるというべきである。」として、被害者に対して警察が職務上負担する法的義務となり得るかの前提条件を挙げる。

そして、反射的利益論に言及した最高裁平成2年2月20日第三小法廷判決（判例タイムズ755号98頁）の判断と同様な理解、つまり、「犯罪捜査権限は、直接的には、具体的な個々の犯罪の発生の予防、鎮圧を目的としたものではなく、過去の犯罪の事実関係を明確にし、犯人に対する適切な刑罰権を行使することによって、将来の犯罪の一般的予防を図り、もって国家及び社会の秩序維持という公益を図ることを主たる目的として付与されたものであって、既に発生した犯罪被害者の損害の回復を目的とするものではなく、犯罪捜査によって犯罪被害者の受ける被害感情の慰謝等は、公益上の見地に立って行われる捜査によって反射的にもたらされる事実上の利益というべきであることからすれば、原則として、警察が、犯罪被害者との関係において、法的義務として、当該犯罪についての捜査義務を負うことはないというべきである。」とする。

次に、この反射的利益論を克服する論理を下記のように展開する。

「しかしながら、犯罪捜査は将来発生するおそれのある犯罪の具体的な予防、鎮圧を直接目的とするものではないとしても、犯罪の一般的予防がその目的中に包摂されていることは前記したとおりである。そして、当該被疑者が将来において特定の被害者に対して犯罪を遂行するおそれが高度に認められる場合に、既に発生した犯罪を捜査することにより、当該被疑者に対して単なる警告以上の心理的影響を及ぼし、将来の犯罪遂行を抑制し得る効果があることも事実である。そうとすれば、それにもかかわらず、警察が何らの捜査もせずに当該被疑者において漫然と犯罪を遂行させたような場合には、これにより侵害された被害者の利益はもはや事実上の利益というべきではなく、まさに法的保護に値する具体的利益というべきである。したがって、上記のように当該被疑者が特定の被害者に対して更に犯罪を遂行するおそれが高度に認められるような場合には、犯罪の予防、鎮圧の目的のために認められた行政警察権に基づく規制権限の行使と並んで、司法警察権に基づく捜査権限の行使についても、その行使が、当該被害者が更なる犯罪被害に遭うことを防ぐ手段の一つとして、当該被害者との関係において法的義務となる場合もあるというべきである。」

　そして、規制権限の不行使があったときに、どのような場合に当該個人に対する関係で、国家賠償法1条1項の違法評価を受けるかについては、「特定の個人等に対して犯罪による加害行為がまさに行われ、あるいは行われる危険が切迫し、かつ、その権限行使が容易にできるにもかかわらず、これが行われないといったその権限の不行使が著しく不合理と認められる場合」であり、その場合における警察官の規制権限不行使が著しく不合理であるかどうかは、①被侵害利益に対する侵害の危険性ないし切迫性、②当該警察官における当該危険性の認識ないし認識可能性、③被侵害利益の重大性、④当該規制権限行使による結果回避可能性、⑤当該規制権限行使に対する期待可能性等の各事情を総合考慮して判断すべきであると解している。

　神戸地裁判決は、「その権限の不行使が著しく不合理と認められる場合」の判断（考慮）要素として、裁量権収縮論における諸要素①から⑤を加味していることからして裁量権収縮論で説示される、また、控訴審である大阪高裁判決で判示された「法令の文言や警察権の行使という事柄の性質上、この権限を発動するかどうか、また、どのような内容の警察権を発動するのかについては、警察官に一定の範囲で裁量が与えられている」との効果裁量の言及がないけれども、このことを前提にしているのではないかと思われる。

　では、具体的検討に入ることとする。

ア　福崎事件について（事案の概要②）

　(ア)　原告らの主張

　未明に窓ガラスを破って侵入し、更に逃げる被害者を追跡し暴行を加え、傷害を追わせるような行為は、極めて危険性の高い行為であり看過すべきでない。警察は、Xを傷害罪だけでなく、少なくとも住居侵入罪でも検挙すべきであった。

　A女の事情聴取を通じて、福崎事件が一過性の事件ではなく、執拗な復縁のための攻撃の一環であることが明らかとなったのであるから、今後更に酷い攻撃が繰り返され、A女の生命身体に対する重大な侵害となる犯罪行為が行われる差し迫った危険があったことは、F署警察官において容易に認識することができたはずである。

　また、F署としては、Xを釈放した後、被害者であるA女の住所地を管轄するH警察署及びXの住所地を管轄するT警察署にそれぞれ事件を報告し、今後同様の事件の再発を防ぐために連携を図りつつ、かつ、Xが再度A女に

対して暴行等の攻撃に及ぶことがないか、的確に情報交換できる態勢を作るべきであった。

　したがって、権限不行使は著しく不合理であり違法である。

　㈠　県（県警）側の主張

　F署が平成10年7月15日にXを逮捕した当時、A女とXは交際を再開して同棲関係にあり、A女が寛大処分を希望し、Xも犯行を全面自供していたことから、同署は翌16日、釈放したものである。

　F署は、福崎事件に対し適正に捜査し、処理したものである。

　㈡　裁判所の判断

　「福崎事件では、建造物損壊罪、住居侵入罪、傷害罪の成立が考えられるとしても、警察官が、そのうちの最も重い犯罪である傷害罪のみで検挙し、住居侵入罪では検挙しなかったことが特に不合理なものであったとは認めがたい。のみならず、傷害罪だけでなく住居侵入罪でも検挙していたとしても、それによって、本件殺人事件の発生を回避し得たものとも認めがたい。」

　「A女は福崎事件において暴行を受ける以前にも、Xから複数回にわたって暴力を受けていたことが認められる。しかしながら、A女は当時警察にXへの寛大な処分を求めていたことからすると、警察がXのA女に対する従前の暴力行為について把握することは困難であったと認められること、福崎事件における傷害の犯行態様は、転倒したA女を引きずったというものであって、A女の身体に暴力を加えることを直接的な目的としたものではないこと、犯行の結果も加療5日間の左肩、両下肢擦過創という比較的軽微なものであることを総合すると、福崎事件の発生当時において、Xが危険性の高いDV型ストーカーであって、その後A女の生命身体に対する重大な加害行為を行う危険性があったと認定することは困難であるし、仮にそうであったとしても、警察がこれを認識予見することができたと認めることはできない。そうすると、福崎事件を処理したF署が、関係各署にこれを報告して連携を図る態勢を採らなかったからといって、これをもって著しく不合理なものであったとは認められない。」

イ　T警察署逃げ込み事案について（事案の概要③）

　㈠　原告らの主張

　T署は、直ちにこの日の暴行について捜査に着手し、Xを逮捕するか、少なくともXに対して今後同様の行為を行わない旨の厳正な警告を発し、F署

にもこの日の暴行事件が発生したことを報告して、福崎事件に関する起訴猶予の当否の判断に重要な事情として供し得るよう、同署経由で担当検察庁に連絡するべきであった。

　Xは、これまでに何度もA女に復縁を求めては暴行を繰り返し、同年6月には福崎事件を起こし、さらにT署に逃げ込まなければならないような凶悪な暴行事件を起こしたものであり、本件がDVストーカー事案であることは明らかである。そして、今後も、Xの暴行がエスカレートすることにより、A女や同伴者の生命身体に重大な危害を与えるような犯罪行為のなされる危険が切迫していることは、Qによる通報及びその後のA女のT署警察官に対する説明等によって、これを容易に知り得たはずである。したがって、権限不行使は著しく不合理であり、違法である。

　(イ)　県（県警）側の主張

　T署は、事案を適正に処理したものであり、原告らが主張するT署への逃げ込み事案については、全て否認ないし争う。

　(ウ)　裁判所の判断

　「Xは軽トラックを用いてA女及びQが乗車する車両を追い回し、同車両のボンネットに上がりガラスを叩いたとはいうものの、XがA女らの車両に自車を衝突させたわけではなく、また、A女らの身体に対して直接加害行為を行ったわけでもないことからすれば、これにつき、直ちにXを逮捕しなければならなかったとまではいえないし、福崎事件とT署逃げ込み事案の事実を総合しても、Xが危険性の高いDV型ストーカーであって、A女の生命身体に対する重大な加害行為に及ぶ危険性があるとまで認めるのは困難である。また、仮にかかる危険性が客観的には存在したとしても、警察がこれを認識予見することができたとまでは認めることができない。

　そうとすれば、確かに、警察官としてはXに対して厳正な警告を発し、A女から事情を聴取して、F署及び福崎事件を担当する検察庁にこれを報告することが望ましかったとは認められるものの、これをしなかったことが、本件殺人事件の発生という結果回避との関係で著しく不合理であって違法性を帯びるとまでは認めることができない。」

ウ　肋骨骨折事件について（事案概要④）

　(ア)　原告らの主張

　①Y警部補は、肋骨骨折事件について、A女の告訴を受理して直ちに捜査

に着手し、Ｘが任意の事情聴取に応じない場合はＸを逮捕し、事情聴取に応じた場合はＡ女への接近を禁止し、暴行・脅迫等の犯罪行為を繰り返さない旨厳正な警告を発した上で、検察庁に事件を送致すべきであったのに、受理すべき告訴を棚上げして、Ｘから本件誓約書を取る処理で済ませたことは違法である。

　②Ｘを逮捕しない場合には、以後のＸの警告違反行動を監視し、迅速に対処できるよう関係警察署間で緊密な連携態勢を整えるべきであった。

　③警察としては、誓約書による処理の後、本件誓約書の写しをＡ女とＸの双方に交付するなどして、誓約内容を確認し、Ｘに誓約違反を行わないよう厳しく警告するとともに、Ａ女に対しては、緊急時の連絡先と担当者を教示し、更にＸを監視する態勢を警察内に作るために、Ｔ署に対して、肋骨骨折事件について報告すべきであった。

　④Ｔ署は、Ｈ署及びＴ署管内の警察組織に同事件及びその処理内容を周知するほか、関係警察署・交番相互の連絡方法を確立するなどして、緊急通報時の現場急行とＸの犯罪行為の制止、現行犯逮捕を含めたあらゆる権限が適正に行使できるための監視と連携の態勢を整えるべきであった。

　㈃　県（県警）側の主張

　Ｔ署は、事件を適正に処理している。

　和解に至った経緯も、傷害事件として立件するよりも、和解の方が事件の解決に資すると判断したためであり、双方の意向も確認した上、和解に至ったものである。

　誓約書は和解合意後に、Ｋ巡査部長からの進言を受けて、Ｙ警部補らが、Ａ女とＸから、その提出を受けたものであり、同警部補が誓約書を前提に和解の話を持ち出したものではない。

　肋骨骨折事件を和解で処理し、誓約書の提出を受けたことは、双方の意思に反してなされたものではない。

　なお、Ｙ警部補は、肋骨骨折事件についてＴ署に報告しなかったが、これは単に同警部補が失念していたからである。Ｘや実父ＭがＡ女に対する暴行について深く反省し、交際を絶つ旨誓約したことから、肋骨骨折事件は解決したと考え、報告を急ぐ必要はないと判断したが、時間経過とともにこれを失念したものである。

　Ｘは、肋骨骨折事件後の同年12月26日に、同交番を訪れ、Ａ女に和解金を支払ったこと等を同交番の警察官に説明していることや、同月末にＣが菓子

折を持参して解決したことについて謝意を伝えていることからしても、Ｙ警
部補において肋骨骨折事件が解決したと判断するのは自然であり、不合理と
はいえない。

　(ウ)　裁判所の判断

　　①　原告らの前記①の主張についての判断

「確かに、Ｘは福崎事件の後、Ｔ署逃げ込み事案を起こしたのみならず、
福崎事件の約半年後には、Ａ女に殴る蹴るの暴行を加えて約１か月間の通院
加療を要する左側胸部打撲、左第５・６肋骨骨折の傷害を負わせる肋骨骨折
事件を惹起させたのであり、かような福崎事件以後のＸの一連の行為や、肋
骨骨折事件における暴行の程度や結果の深刻さなどに照らすと、Ｘがいわゆ
る DV 型ストーカー的な行動に出ていたと認めることができる。

　しかしながら、他方で、Ｘは、Ｓ交番において、Ａ女に謝罪し、治療費を
支払うことを約束した上、今後Ａ女に二度とつきまとわない旨の本件誓約書
も作成し、後日、Ａ女に対して20万円を支払って示談していることからすれ
ば、当時、Ａ女の生命身体に対する加害行為の具体的かつ切迫した危険性が
存在していたとまでは認めることができない。

　しかも、被害者であるＡ女自身が肋骨骨折事件の事件化を望んでいたこと
を窺うに足りる証拠はなく、むしろ、Ｓ交番に到着当初から、肋骨骨折事件
の事件化については消極的であったとさえ認められること、原告Ｃ（筆者補
足：Ａ女の伯父）も、Ｓ交番において、「告訴」（告発の意味を含む。）する
と発言したと認めるに足りる証拠はなく、かえって、当初厳しい態度で事件
化を望んだ原告Ｃも、Ｍ（筆者補足：Ｘの実父）及びＸの謝罪によって態度
を軟化させたことが認められる。」

「以上の事実を総合すると、当時、Ｙ警部補らが、肋骨骨折事件を直ちに
事件化して捜査に着手することなく、Ａ女とＸがわだかまりを残さず別れる
ために、Ａ女の意思を確認した上で和解を試みたことも、あながち不合理と
はいえないし、同警部補は、原告Ｃらが退所した後、Ｘに対して今後Ａ女
に暴力を振るわないことについて警告もしていることを併せ考えると、警察
が、肋骨骨折事件を本件誓約書で処理し、直ちに捜査を開始しなかったこと
が、著しく不合理なものであったとは認められない。」

　　②　原告らの前記②の主張についての判断

　特別の警戒態勢を構築することは必ずしも容易ではないと推認されるこ
と、Ｔ市内においては、110番通報があれば直ちに通常の配置についている

警察官が駆けつけることができる一般的態勢にあったと認められることに鑑みれば、特定の個人のために原告らが主張するような特別な態勢を構築しないことが違法となるのは、当該個人の生命身体に対する具体的かつ切迫した危険が認められる場合に限られると解さざるを得ない。

　そして、上記のとおり、当時、未だそのような具体的かつ切迫した危険が発生していたとは認められない以上、警察が原告らが主張するような特別の警戒態勢を採らなかったことが著しく不合理なものであったとは認められない。」

　　③　原告らの前記③に対する主張についての判断

「S交番において、Y警部補らはXに対して誓約違反を行わないように警告しており、警告義務違反は認められない。

　また、未だA女の生命に対して具体的かつ切迫した危険性が発生していたとは認められないことに加えて、肋骨骨折事件後、XがS交番に来所して示談した旨報告し、原告Cも菓子折を持参して同交番に来所していることからすると、Y警部補らが本件が解決したと判断したこともあながち不当とはいえない。

　そうすると、Y警部補としては、本件誓約書の写しを双方に交付して、A女に緊急時の連絡先と担当者を教示し、かつ、肋骨骨折事件とその処理内容をT署に報告した方がより適切であったといえるけれども、これらの措置を講じなかったことが著しく不合理であり、違法であるとまでは認めることができない。」

　　④　原告らの前記④の主張についての判断

「そのような態勢を採らなかったことが違法となるのは、当該個人の生命身体に対する具体的かつ切迫した危険のある場合に限られると解すべきであるところ、そのような危険の発生が認められないのは、この時点においても同様であるから、かかる態勢を採らなかったことが著しく不合理とはいえない。」

エ　ローソン事件について（事案概要⑤）

　㈠　原告らの主張

　肋骨骨折事件に引き続きローソン事件が発生した以上、直ちに肋骨骨折事件及びローソン事件を立件して捜査を開始し、Xに対しては、被疑者として事情聴取等を行い、両事件につき十分な嫌疑があり、A女や関係者に対する

威迫など罪証隠滅のおそれもある以上、逮捕するか、又はいかなる理由があってもＡ女に近づかず、暴行・脅迫等犯罪行為をしないよう厳正な警告を行い、その行動を監視して新たな犯罪が行われようとすれば直ちにこれを制止できるよう、関係警察署間で緊密な連携態勢を敷くべきであった。

　(イ)　県（県警）側の主張

　パトカーで現場に臨場したＵ巡査部長らは、Ａ女の目の上に血がにじんでいたことから、病院に行って診断書の交付を受け、被害申告をするように言ったが、Ａ女は被害申告をしないと述べたため、Ｕ巡査部長らは、再度被害を申告するよう促したが、これを拒んだことから事件化せず、Ａ女に対して、今後、電話があっても出たり会ったりしないこと、電話番号を変えること、何かあればすぐに110番通報すること等を指導し、適切な対応を採っている。

　犯罪捜査において、被害者の被疑者に対する処罰の意思表示は不可欠であり、肋骨骨折事件の経緯をＡ女から聴取したことから、事件化の必要を認めて、Ａ女に被害申告を何度も促したが、Ａ女は申告しなかったことから、以後の捜査を断念し、Ａ女に対して、電話番号を変えること等の防犯指導を行ったのであり、かかる措置が不合理とはいえない。

　(ウ)　裁判所の判断

　「Ｘは、肋骨骨折事件において、２度とＡ女につきまとわず、暴力も振るわないことを誓約したにもかかわらず、その３週間後にまたもやローソン事件を犯してＡ女に傷害を負わせていること、ローソン事件における犯行態様は執拗、大胆かつ悪質であり、たまたま近くにいた者に暴行を止められたことによって大事には至らなかったものの、誰にも止められなかったならば、Ａ女に対して更なる傷害を加えたかも知れないこと、Ｘの福崎事件以降の一連の行為に照らすと、ＸはいわゆるＤＶ型ストーカー的な行為を繰り返しており、今後もＡ女の生命身体に対する加害行為が行われる具体的かつ切迫した危険性があったと認められる。」

　「パトカーで現場に臨場したＶ巡査長及びＵ巡査部長としては、Ａ女から十分な事情聴取をすれば、福崎事件以降の経緯を把握することができたはずであり、また、同警察官らは、当日、Ｓ交番に赴いて肋骨骨折事件及び誓約書による処理の事実を確認したのであるから、Ａ女の生命身体に対する具体的かつ切迫した危険性の存在を認識、予見することができたはずであると認められる。

　そうすると、警察としては、Xの更なる加害行為を防止するために、Xに対して厳重に警告すべきであったと認められる。また、原告らが主張する、関係警察署間における緊密な連携態勢についても、確かにこれは必ずしも容易ではないと認められるが、A女の生命身体に対する具体的かつ切迫した危険性に鑑みれば、そのような措置を講ずべきであったと認められる。」

　「ところが、警察は、Xに対し今後の加害行為を止めるように警告をすることをしなかった。のみならず、V巡査長及びU巡査部長は、T署幹部に対しては肋骨骨折事件について報告せず、S交番の警察官らに対してはローソン事件について報告しなかったため、T署においても、S交番においても、福崎事件からローソン事件に至るまでのXの一連の犯行・行動を全体として把握することができなかった。

　警察のこれらの行政警察活動の不作為は、A女の生命身体に対する具体的かつ切迫した危険性の存在に鑑みると著しく不合理であって違法であると認められる。」

　「もっとも、犯罪捜査権限の不行使については、A女は当日警察官に何度か促されたにもかかわらず、被害申告の意思がないことを明確に示したこと、以後もA女は警察に対して事件化を望む行動を採っていないこと、A女がEに対して警察に対する不満を述べたのは押しかけ事案が発生した後であること、警察としては、傷害事件を立件する上で、被害者の被疑者に対する処罰意思は重要であり、これを無視して立件することは必ずしも相当ではないことからすれば、警察が、肋骨骨折事件及びローソン事件について直ちに立件して捜査を開始しなかったことが著しく不合理であるとまでは認められない。」

オ　押しかけ事案について（事案概要⑥）

　㈠　原告らの主張

　ローソン事件の後、更に押しかけ事案まで発生した以上、警察としては、直ちに肋骨骨折事件及びローソン事件を立件してX及びA女らから事情を聴取するなどの捜査を開始し、Xを逮捕するか、若しくはXに対してA女に暴行脅迫等犯罪行為を行わないよう厳正な警告を行うべきであったし、また、Xの警告違反行動に的確に対処できるよう、関係警察署間で緊密な連携の態勢を敷くべきであった。

　押しかけ事案発生の通報を受けて現場に赴き、肋骨骨折事件等のXの犯行

について説明を受けたＪ警部補としては、自らこれらの事件の捜査を開始するか、若しくはＴ署ないし、Ｓ交番に押しかけ事案について報告し、Ａ女が肋骨骨折事件の事件化を望んでいる事実を報告して、事件処理を促すべきであった。

　Ａ女の住所、稼働先周辺の警備態勢を強化し、今後同様の事件の再発を防ぐために、Ｔ署、Ｆ署の各警察署間で連携を図り、かつ、Ａ女との間で、Ｘの襲撃を受けた場合の緊急通報や対処について具体的に打ち合わせ、Ａ女の安全を確保する一方、Ｘの襲撃を制止し、厳しく対処できる態勢を採るべきであった。

　(イ)　県（県警）側の主張

　警察官は、その各事案に応じた適法かつ適正な職務執行をしており、その権限を行使しなかったことが著しく不合理とはいえない。

　誓約書コピーの交付要請に対する対応につき、Ｙ警部補は、本件誓約書は警察が提出を受けたものであり、そのコピーを交付することは適当でないと判断して交付しなかったものであり、また、肋骨骨折事件及びローソン事件の事件化もＣの申出がなかったことから捜査しなかったのであり、同警部補の措置は適正なものであった。

　押しかけ事案以後においてすら、Ａ女は平成11年１月29日及び30日の夜間に、交際相手と外出したり、携帯電話番号を変えていないこと等からしても、Ａ女が危険の切迫を感じていたとは考えられない。伯父ＣもＡ女を夜間一人で外出させたのであるから、危険の切迫を感じていたとはいえない。

　これに対応したＪ警部補、Ｙ警部補とも緊迫感はなかったと供述していることからしても、Ａ女に対する危険が切迫していたといえない。

　Ｘの行動をよく知るのはＡ女にほかならないのであり、その本人から警察に対して肋骨骨折事件以後のＸから危害を受ける可能性についての情報提供がない以上、Ｙ警部補が解決したと判断した事案について、限られた警察官数で特別の態勢を採らなかったとしても、通報があれば直ちに通常の配置に付いている警察官がＣ方等に駆けつけることができる一般的態勢にあったことからすれば、不合理とはいえない。

　本件の場合、Ａ女の生命、身体に危険を及ぼすことが相当の蓋然性をもって予測されるような事情もなく、ましてや危険が切迫しているような事情もなく、警察官にとって、殺人事件が発生することを予測することが到底困難な状況にあったのである。

　このような具体的事情の下において、警察官が採った措置を超えた強い措置を採らなかったとしても、著しく不合理であるとは到底いえない。

　(ウ)　裁判所の判断

　「ローソン事件発生の時点において既にA女の生命身体に対する具体的かつ切迫した危険性が発生していたと認められる上に、Xは、同事件の約2週間後に更に押しかけ事案に及び、A女に会わせろなどと言って原告C方に押しかけてきたのであるから、肋骨骨折事件及びローソン事件について何ら反省しておらず、A女の生命身体に対する危険はますます具体化し切迫していたと認められる。

　そして、当時、原告CがJ警部補に対し、肋骨骨折事件や誓約書による処理の事実を説明したことに鑑みると、警察としても上記危険性を認識し得たと認められるから、Xに対して更なる加害行為をやめるよう厳正な警告を行うと共に、関係警察署間で連携を図り、A女がXの襲撃を受けた場合の緊急通報や対処について、具体的に打ち合わせるなどの防犯対策を実施すべきであったものと認められる。」

　「また、押しかけ事案発生の時点においては、原告Cが肋骨骨折事件の事件化を強く望んだこと、A女もD、Eに対して警察の対応に不満を述べていたことからすれば、警察が適切な対応を採っていれば警察に対しても事件化を求める意思を表明していたと推認されること、ローソン事件についてもXに対する十分な嫌疑が認められること、既に平成11年1月当時、いわゆるストーカー事案に対して、事案を認知した場合は、被害者の視点に立って、的確な事件化措置を講ずるよう全国の警察本部が指示を受けていたことからすれば、警察としては両事件について直ちに捜査を開始すべきであったと認められる。

　また、それは、A女に対する更なる犯罪被害の防止の観点からもこれが要請されていたものといえる。

　しかるに、警察は何らの捜査も開始しなかったのであり、かかる権限不行使は著しく不合理なものというべきである。」

　「以上のように、押しかけ事案において、警察としてはXに対して厳重に警告し、A女に対してはその安全を確保すべく緊急の通報先を教示し、警察署間においても連携態勢を整え、肋骨骨折事件及びローソン事件について捜査に着手すべきであったと認められるから、警察の当該権限不行使は、著しく不合理であり、国家賠償法1条1項における違法と認められる。」

(2)　一審・神戸地裁における論点

ア　捜査懈怠等の違法（過失）行為とＡ女の死亡との間に相当因果関係が存するか

　次は、重要な論点である「捜査懈怠等の違法（過失）行為とＡ女の死亡との間に相当因果関係が認められるかについて、更に詳しく、原告・被告（県警側）の主張、これに対する裁判所の判断をみることとする。

(ア)　原告らの主張

- 本件は、典型的なストーカーによる死亡事件であるところ、警察に寄せられたつきまとい事案について、警察が行為者に警告や注意を実施したものの多くが解決している統計がある。

- また、Ｘは、Ａ女やＣらが警察に被害申告ないし告訴をするや否や、自ら父親らと共に警察に出頭して、言い訳しつつもひたすら警察に対して謝罪の意を表明し、恭順の姿勢を示してきたことからすれば、警察による警告等の権限行使は、Ｘに絶大な影響力を持ち、効果的な抑止力になったはずである。

- 特に押しかけ事案の際、Ｒ交番において、Ｊ警部補が、同交番に出頭してきたＸに対して、肋骨骨折事件について直ちに事情聴取を開始し、厳重な警告をなし、Ｈ署、Ｔ署及びＳ交番に対して、押しかけ事案の報告をし、さらに、肋骨骨折事件などＸの過去のＡ女に対する同種事犯に関する事件照会を行い、Ｘの行動を監視すると共に、Ａ女本人に対して緊急連絡先や警察担当者を具体的に教示するなど、適切に対応していれば、本件殺人事件が未然に防げたことは明白である。

- また、遅くともＣが、肋骨骨折事件の後でＳ交番においてＸが書いた誓約書のコピーの交付を求めて同交番に赴いた平成11年1月31日時点において、警察がＸに対する同事件についての捜査、すなわち呼び出し、警告、任意取調べを開始していれば、その2日後にＡ女を襲撃し、死に至らしめるような行為には及ばなかった。

  　これは、Ｘが、これまでもＡ女らが警察に告訴、被害申告をすれば、少なくとも2、3週間はおとなしくしていたことが、過去の事件経過から判明していることからしても明らかである。

- 他方、被害者であるＡ女をＸから守るということについては、警察はことごとくＡ女を失望させる対応をし、これによりＡ女の警察への信頼を完全に喪失させたのである。しかし、もし警察が、当初からＡ

女の立場に立って、その被害状況を理解し、Ａ女の信頼を得る対処を
していれば、本件殺人事件当日の朝、Ａ女が通勤途中にガソリンスタ
ンドに立ち寄った際、Ａ女はＸが自動車でつきまとってくるのを発見
したのであるから、直ちに同スタンドの従業員に助けを求め、警察に
緊急通報して警察官が緊急臨場するのを待つこともできた。そうであ
れば、同日午前８時15分ころＡ女が死亡することもなかった。

・　以上のとおり、警察は、唯一、ＸのＡ女に対する暴力的攻撃を制止
できた国家機関であったにもかかわらず、その権限不行使により、Ｘ
のつきまとい行為を助長し、暴行の態様をエスカレートさせ、Ａ女の
警察への信頼を打ち砕き、Ａ女を死に至らしめた。

　　よって、警察の各違法行為、捜査の懈怠等から、Ａ女がＸによって
死亡に至らしめられるという損害が発生したことは明らかである。

(イ)　被告（県警）側の主張

・　本件において、Ｘに対する規制権限を行使していれば、本件殺人事
件は回避できたとする原告らの主張は、単なる抽象的可能性に過ぎ
ず、高度の蓋然性をもって結果を回避し得たとはいえない。

・　また、Ａ女の死亡は、Ｘの故意による犯罪行為によって生じたもの
で、特別の事情によるものであるから、Ｔ署やＨ署の警察官らの行
為とＡ女殺害との因果関係が肯定されるためには、警察官らにおいて
ＸによるＡ女殺害を予見し又は予見し得たことが必要である。しかし
ながら、Ａ女に対する殺人が行われる危険は切迫していなかったので
あり、警察官がＸによるＡ女殺害の意思を知り、又は知ることができ
なかったのであるから、警察官においてＸによるＡ女殺害を予見し、
又は予見し得なかったことは明らかである。

・　したがって、いずれにしても本件において警察官の権限不行使とＡ
女の死亡との間には相当因果関係はない。

(ウ)　裁判所の判断

　神戸地裁は、捜査懈怠等の違法（過失）行為とＡ女死亡との間に相当因果
関係が認められるかについて、次のような判断を行った。

　死亡したＡ女の実母ら（原告ら）が「つきまとい行為者に警察が警告ない
し注意した事件の多くが解決していること、本件においても、Ｘが警察に対
しては恭順の姿勢を示していたことから、警察がＸに対して警告し、また、
捜査を開始していれば、これらが効果的な抑止力になり、Ａ女の死亡という

最悪の結果を回避できたのであるから、警察官の過失とＡ女の死亡との間には相当因果関係がある。」と主張した。

これに対し、神戸地裁は「警察官には、ローソン事件発生の時点において、更なる加害行為に及ばないようにＸに厳正に警告し、また、関係各警察署間に緊密な連携態勢を構築すべきであったのにこれらの義務を怠り、また、押しかけ事案発生の時点においても、Ｘに対して厳重に警告し、かつ、Ａ女に対しては緊急の通報先を教示すると共に、肋骨骨折事件及びローソン事件についての捜査に着手すべきであったのにこれらの義務を怠ったという過失が認められる。」との認定を前提に、因果関係の立証の考え方について、判例法理を踏まえ次のような判断指標を導いた。

　①　訴訟上の因果関係の立証の考え方

訴訟上の因果関係の立証は、「一点の疑義も許されない自然科学的証明ではなく、経験則に照らして全証拠を総合検討し、特定の事実が特定の結果発生を招来した関係を是認し得る高度の蓋然性を証明することであり、その判定は、通常人が疑いを差し挟まない程度に真実性の確信を持ち得るものであることを必要とし、かつ、それで足りるものである（最高裁昭和50年10月24日第二小法廷判決・民集29巻 9 号1417頁参照）。したがって、国家賠償法上の規制権限不行使における因果関係の存否の判断においても、経験則に照らして全証拠を総合的に検討し、当該公務員が当該規制権限を行使しておれば、結果を回避し得たであろう高度の蓋然性が証明されれば、上記規制権限不行使と結果との間の因果関係が認められるということができる。」と解している。

　②　具体的判断

その上に立って、ローソン事件及び押しかけ事案の時点において、各権限を行使した場合、Ａ女の死亡という結果を回避し得たであろう高度の蓋然性が認められるかを検討している。

　　ａ．Ｘの一連の行動につき、「福崎事件によって逮捕され、肋骨骨折事件においても警察からＡ女に近づかないように警告を受けて、本件誓約書まで提出したにもかかわらず、その後もローソン事件や押しかけ事案を引き起こしたのであって、遅くともこの時点では、いわゆるＤＶ型ストーカー的な行為を繰り返していることが明確となり、Ａ女に対する更なる危険の切迫を認めることができる。しかしながら、本件殺人事件は、ＸがＡ女を殺害し、その場で所携の包丁で自らの胸を刺して自殺するという、いわば思い詰めた

上での覚悟の犯行であり、これまでの加害行為の単なる延長とは言い難い犯行であったと認められる上に、押しかけ事案からわずか1週間後、ローソン事件からみても3週間後に引き起こされたものである。」と評価した。

　b．それを踏まえて、「ローソン事件や押しかけ事案の時点において、警察が、Xに対し厳重な警告を行い、また、肋骨骨折事件やローソン事件の捜査に着手していたとしても、果たして、それが抑止力となって、上記のような思い詰めた上での覚悟の犯行と思える本件殺人事件の発生をも止めることができたといえるかは疑問の余地があり、A女の死亡という結果を回避し得たであろう高度の蓋然性を認めることは困難である。」と判断した。

　加えて、判決文のなお書きにおいて、「Xを逮捕勾留により身柄拘束していれば、平成11年2月2日の本件殺人事件を回避することができたといえるのではないかとの疑問が生じないではない。」としつつ、「肋骨骨折事件及びローソン事件につき、捜査に着手すべきであったとはいえ、本件全証拠によっても、この時点で、Xの逮捕が捜査上必要不可欠なものとして選択されなければならなかったとまでは認められず、したがって、逮捕権の不行使が違法であったとまでは認められないから、この点から、警察官の過失とA女の死亡との間に相当因果関係があると認めることはできない。」として、肋骨骨折事件及びローソン事件の逮捕権行使の選択の可否についても慎重な判断を加えている。

　c．更に、原告らが「警察が、A女の立場に立ってその被害状況を理解し、A女の信頼を得ていれば、本件殺人事件当日、A女が、Xを発見した時点で警察に通報し、結果を回避し得た」と主張したことに対しても、次のように詳細な判断を加えている。

　「A女は肋骨骨折事件の際には告訴意思を表明せず、ローソン事件の際にも警察に対して事件化して欲しくないと述べているのであって、Xとの問題に関して積極的に警察の助けを求める意識があまりなかったことが推認される。」

　「A女は、ローソン事件の際に警察官からいつでも110番通報するように指導されたのに、本件殺人事件当日の午前8時過ぎころガソリンスタンドでXを発見した際にも警察に通報せず、また、ガソリンスタンドの従業員に助けを求めることもなく、一人で自動車を運転して出発していることからすると、この時点においてはA女自身未だ身の危険を感じていなかったものと認められる。そうすると、仮に警察が緊急通報先や担当者を教示していたとし

ても、A女がXの車を認めた上記の時点でT署等に通報したものと認めることはできない。そして、その後、A女は、Xの運転する車から追跡された時点で身の危険を感じてZに携帯電話で連絡し、警察への通報を要請していることからすると、警察が事前に緊急通報先を教示していれば、A女がこの時点で緊急連絡先に通報したであろうとは認められるものの、A女がその後の同日午前8時15分ころにXに殺害されていることに鑑みると、たとえA女が緊急通報先に連絡したとしても、Xに殺害されるまでの間に警察官が現場に到着し得たかどうか疑わしいし、仮に到着できていたとしても、思い詰めた上での覚悟の犯行と考えられる本件殺人事件を制止し得たかどうかは疑わしいといわざるを得ず、よってA女の死亡を回避できたであろう高度の蓋然性を認めることは困難である。」

これらを踏まえ、神戸地裁は「警察が上記規制権限を行使したとしても、高度の蓋然性をもって本件殺人事件を回避し得たとは認められないから、前記警察官の過失とA女の死亡との間に相当因果関係を認めることはできない。」と結論付けたのである。

イ　損害賠償責任の有無について

ところで、神戸地裁は、警察の規制権限不行使の過失は認められるとするも、同過失とA女の死亡という結果との間の相当因果関係を否定しつつ、「警察が適切な規制権限を行使していたならば、被害者がその死亡の時点においてなお生存していた相当程度の可能性が証明されるときには、国家賠償法1条1項に基づく損害賠償を求めることができると解するのが相当である。」との、生存可能性のもとで損害賠償責任を肯定する。

その理由として、「生命を維持することは人間にとって最も根元的な利益であるから、上記生存可能性は、法によって保護されるべき利益というべきであり、警察の規制権限不行使によってその法益が侵害されたと認められるからである。」とする。

その上で、「適切な権限が行使されたとしても、本件殺人事件の発生を阻止することができた高度の蓋然性までを認めることはできないものの、警察から厳重な警告を受け、又は肋骨骨折事件等について取調べを受けることによって、Xが本件殺人事件の実行を躊躇する相当程度の可能性についてはこれを認めることができるというべきであるし、また、警察がA女に対して緊急連絡先をあらかじめ告知していれば、本件殺人事件当日、A女がガソリン

スタンドでXを発見した時点で警察に緊急通報をし、警察官が現場に臨場することによって、本件殺人事件の発生に至らずA女が生存し得た相当程度の可能性は認めることができるというべきである。」と解し、「A女は、警察官の過失によって、本件殺人事件により死亡した時点においてなお生存し得た可能性を侵害されたことを理由に、被告に対して損害賠償を求めることは、認められる」と判断した。

　そして、県（県警）に1億円余の損害賠償を求めた本件訴訟について、捜査権限を行使しなかった違法があるが、その対応とA女の死亡（殺人）との間に因果関係はないとしつつも、A女に生じた損害（A女の生存可能性を侵害されたことによって被った精神的苦痛に対する慰謝料）を認め、それを相続した原告（実母ら）に併せて660万円の賠償を命じたのである。

(3)　**控訴審・大阪高裁（平成18年1月12日判決）**

　その後、原告らは、警察官らの過失とA女死亡との因果関係を否定したことを主たる不服の理由として、被告（県警）側は、警察官らの過失を肯認したことを主たる不服の理由として、それぞれ控訴した。

　これに対し、大阪高裁は、福崎事件、T警察署逃げ込み事案、肋骨骨折事件、ローソン事件及び押しかけ事案について、どのような判断をしたのであろうか。

ア　**警察官の対応に国家賠償法1条1項における違法性が認められるか**

　まず、大阪高裁は、具体的検討に入る前に、警察権の不行使と国家賠償法1条1項における違法性を導くための論理を、次のように展開する。

　「警察は、個人の生命、身体及び財産の保護に任じ、犯罪の予防、鎮圧及び捜査、被疑者の逮捕、交通の取締その他公共の安全と秩序の維持に当たることをもってその責務とするものであるから（警察法2条参照）、警察官は、犯罪がまさに行われようとするのを認めたときは、その予防のため関係者に必要な警告を発し、又、もしその行為により人の生命若しくは身体に危険が及び、又は財産に重大な損害を受けるおそれがあって、急を要する場合においては、その行為を制止することができるものとされている（警職法5条参照）。もとより、これは、警察の上記のような責務を達成するために警察官に与えられた権限であると解され、上記法令の文言や警察権の行使という事柄の性質上、この権限を発動するかどうか、また、どのような内容の警

察権を発動するのかについては、警察官に一定の範囲で裁量が与えられているものと解される。

　しかし、犯罪の予防、鎮圧及び捜査等公共の安全と秩序の維持に当たることが警察の責務であることからすると、犯罪等の加害行為、特に国民の生命、身体に対する加害行為が正に行われ、又は行われる具体的な危険が切迫しており、警察官においてそのような状況であることを知り、又は容易に知ることができ、警察官が上記危険除去のための警察権を行使することによって加害行為の結果を回避することが可能であり、かつ、その行使が容易であるような場合においては、上記警察権の発動についての裁量の範囲を超えて、警察官が上記危険除去のための警察権を行使することにつき職務上の義務が生じることもあり得ると解すべきである。

　そして、警察官が上記職務上の作為義務に違背して警察権を行使しなかったことにより、犯罪行為等の招来を防止できず、国民の生命、身体等に被害を生じさせたような場合には、上記警察権の不行使が国家賠償法1条1項との関係で違法な公権力の行使に該当し、損害賠償責任を負う場合もあり得るというべきである。」

　なお、この論理展開は、桶川事件の控訴審である東京高裁平成17年1月26日判決（判例時報1891号3頁）とほぼ同一であり、大変興味深い。

　では、具体的な検討に入る。

イ　各事件（案）の判断

　(ア)　福崎事件について

　一審原告らが、福崎事件について、警察は、Xを傷害罪だけでなく、少なくとも住居侵入罪でも検挙すべきであった旨主張したのに対し、

　「福崎事件では、建造物損壊罪、住居侵入罪、傷害罪の成立が考えられるとしても、警察官が、そのうちの最も重い犯罪である傷害罪のみで検挙し、住居侵入罪では検挙しなかったことが特に不合理なものであったとは認めがたい」とした。

　次に、一審原告らが、F署としては、Xを釈放した後も、被害者であるA女の住所地を管轄するH署、及びXの住所地を管轄するT署にそれぞれ福崎事件を報告し、今後同様の事件の再発を防ぐために連携を図りつつ、かつ、Xが再度A女に対して暴行等の攻撃に及ぶことがないか的確に情報交換できる態勢を作るべきであった旨主張したのに対し、次のように判断した。

「確かに、A女は福崎事件において暴行を受ける以前にも、Xから複数回にわたって暴力を受けていたことが認められる。しかし、A女は、福崎事件でXが逮捕され、その翌日釈放された当時、Xとの同居を再開しており、警察に対しXへの寛大な処分を求めていたこと、幸い犯行の結果も加療5日間の左肩、両下肢擦過創という比較的軽微なものであったこと等からすると、この時点で、XがDV型ストーカーであって、福崎事件発生後、XがA女の生命、身体に対する加害行為を行う具体的な危険が切迫していたと認めることは困難であるし、警察官らがそれを認識、予見することができたとも認め難い。そうすると、福崎事件を処理したF署の警察官らが、関係各署にこれを報告して連携を図る態勢をとらなかったことをもって、違法な不作為があったものということはできない。

したがって、一審原告ら主張の福崎事件に関する警察官らの行為（不作為）に違法性を認めることはできない。」

　(イ)　T署逃げ込み事案について

一審原告らが、T署逃げ込み事案について、T署は直ちにこの日の暴行について捜査に着手し、Xを逮捕するか、少なくともXに対して今後同様の行為を行わない旨の厳正な警告を発し、F署にもこの日の暴行事件が発生したことを報告して、福崎事件に関する起訴猶予の当否の判断に重要な事情として供し得るよう、同署経由で担当検察庁に連絡するべきであった旨主張したのに対し、次のように判断した。

「Xは軽トラックを用いてA女及びQが乗車する車両を追い回し、同車両のボンネットに上がりガラスを叩いたとはいうものの、XがA女らの車両に自車を衝突させたわけではなく、また、A女らの身体に対して直接加害行為を加えたわけでもないことからすれば、この時点で、直ちにXを逮捕しなければならなかったとまではいえないし、この事案とこれ以前に発生した福崎事件とを併せ考慮しても、XがDV型ストーカーであって、XがA女の生命、身体に対する加害行為を行う具体的な危険が切迫していたと認めることは困難であり、警察官らがそれを認識、予見することができたとも認め難い。

そうとすれば、確かに、警察官としてはXに対して厳正な警告を発し、A女から事情を聴取してF署及び福崎事件を担当する検察庁にこれを報告することが望ましかったとはいえるものの、これをしなかったことをもって、違法な不作為があったものということはできない。よって、一審原告ら主張の

T署逃げ込み事案に関する警察官らの行為（不作為）に違法性を認めること
はできないというべきである。」

　㈡　肋骨骨折事件について

　　①　一審原告らが、肋骨骨折事件について、Y警部補は、被害者である
A女の告訴を受理して直ちに捜査に着手し、Xが任意の事情聴取に応じない
場合は逮捕し、Xが事情聴取に応じた場合はXに対してA女への接近を禁止
し、暴行・脅迫等の犯罪行為を繰り返さない旨厳正な警告を発した上で、検
察庁に事件を送致すべきであったのに、受理すべき告訴を棚上げして、Xか
ら本件誓約書を取る処理で済ませたことは違法である旨主張したのに対し、
次のように判断した。

　「確かに、Xは福崎事件の後、平成10年7月15日のF署での取調べにおい
て『今後は二度とこのようなことは起こさないように誓います。』と供述し
ながら、T署逃げ込み事案を起こしたのみならず、福崎事件の約半年後に
は、A女に殴る蹴るの暴行を加えて約1か月間の通院加療を要する左側胸部
打撲、左第5・6肋骨骨折の傷害を負わせる肋骨骨折事件を惹起させたので
あり、かような福崎事件以後のXの一連の行動や、肋骨骨折事件における暴
行の程度や結果などの上記認定事実に照らすと、肋骨骨折事件発生時点で
は、XのA女に対する更なる加害行為の危険性が相当高まっていたというこ
とができる。

　しかしながら、他方で、上記認定のとおり、Xは、自ら実父Mらとともに
S交番に赴き、A女に対して謝罪し、治療費を支払うことを約束した上、今
後A女に二度とつきまとわない旨の本件誓約書も作成し、後日、A女に対し
20万円を支払って示談していること、被害者であるA女自身が肋骨骨折事件
の事件化を望んでいたことを認めるに足りる証拠はなく、むしろ、S交番に
到着当初から、肋骨骨折事件の事件化については消極的であったとさえ認め
られること、一審原告C（筆者補足：A女の伯父）も、S交番において、当
初厳しい態度で肋骨骨折事件の事件化を望んでいたが、X及びMの謝罪に
よってその態度を軟化させ、Y警部補からの話し合いによる解決の勧めを受
けたこと、Y警部補らは、一審原告Cらが退署した後、Xに対し今後A女に
つきまとわないことや暴力を振るわないことについて警告もしていること、
以上の諸事情がうかがわれる。」

　「これらの諸事情、特に、肋骨骨折事件後直ちに、XがA女に謝罪し、A
女や一審原告Cの処罰意思も収まり、同人らが話し合いによる解決を受け入

れたことや肋骨骨折事件の内容、程度に照らすと、Y警部補らが、肋骨骨折事件を直ちに事件化して捜査に着手することなく、わだかまりを残さずA女とXを別れさせようとして、誓約書という書面でその旨の約束をさせたことは、それ相当の方法というべきであり、同警部補らが、本件誓約書作成直後にも、Xに対し、今後A女につきまとったり電話したりしないよう警告していることを併せ考えると、同事件につき直ちに捜査を開始しなかったことが、警察活動として著しく不合理なものであったとまではいえないというべきである。」

　②　更に、一審原告らが、警察としては、誓約書による処理の後、本件誓約書の写しをA女とXの双方に交付するなどして、誓約内容を確認し、Xに誓約違反を行わないよう厳しく警告するとともに、A女に対しては、緊急時の連絡先と担当者を教示し、更にXを監視する態勢を警察内に作るために、T署に対して、肋骨骨折事件について報告するなどして、関係警察署間で緊密な連携態勢を整えるべきであった旨主張したのに対し、次のように判断した。

　「確かに、Y警部補らは、本件誓約書作成直後、S交番においてXに誓約違反を行わないように警告しているが、本件誓約書の写しをA女とXの双方に交付していないし、緊急時の連絡先と担当者を教示したり、更にXを監視する態勢を警察内に作るために、T署に対して、肋骨骨折事件について報告するなどして、関係警察署間で緊密な連携態勢を整えてはいない。しかし、本件誓約書の内容は明確であって、必ずしもその写しが必要とはいえないし、Y警部補らとしては、肋骨骨折事件に至るまでのXの一連の行動に照らし、Xが再びA女に対する危害を加えることを慮り、また、これに備えて、A女に緊急時の連絡先と担当者等を教示し、かつ、肋骨骨折事件とその処理内容をT署に報告するなどして、将来に向けて組織的、継続的な警察活動、警察対応ができる措置を講じた方がより適切であったとはいえるけれども、本件誓約書作成の経過に照らすと、これらの措置を講じなかったことが著しく不合理であり、違法であるとまでいうことはできない。」

　�　ローソン事件について

　一審原告らが、警察としては、肋骨骨折事件に引き続きローソン事件が発生した以上、直ちに肋骨骨折事件及びローソン事件を立件して捜査を開始し、Xに対しては、被疑者として事情聴取等を行い、両事件につき十分な嫌疑があり、A女や関係者に対する威迫など罪証隠滅のおそれもある以上、同

人を刑事訴訟に基づき逮捕するか、又はいかなる理由があってもＡ女に近づかず、暴行・脅迫等犯罪行為をしないよう厳正な警告を行い、その行動を監視して新たな犯罪が行われようとすれば直ちにこれを制止できるよう、関係警察署間で緊密な連携態勢を敷くべきであった旨主張したのに対し、次のように判断した。

　　①　「Ｘは、肋骨骨折事件において、二度とＡ女につきまとわず、暴力も振るわない、もしこれを破ることがあれば、同事件で訴えられても文句は言わないことを誓約し、書面まで作成したにもかかわらず、そのわずか約３週間後には、この誓約に反し、またもやローソン事件に及び、Ａ女に顔や膝が出血するほどの傷害を負わせていること、ローソン事件における犯行態様は執拗、大胆かつ悪質であり、たまたま近くにいた者に暴行を止められたことによって大事には至らなかったものの、誰にも止められなかったならば、Ａ女に対して更なる重大な傷害を加えたかも知れないこと、その他Ｘの福崎事件以降の一連の行動に照らすと、ローソン事件発生の時点においては、今後Ａ女の身体、自由等に対する加害行為が行われる具体的かつ切迫した危険性が存在していたというべきである。」

　　②　「ところで、Ｔ署署配のパトカーで現場に臨場したＶ巡査長及びＵ巡査部長は、Ａ女から事情聴取をし、Ｘとは暴力が原因で数か月前に別れたが度々復縁を迫られており、当日も連絡があり、待ち合わせ、再度の復縁を断ったところ、Ｘから顔面を殴られるなどの暴行を受けたとの説明を受け、Ａ女に被害申告をするよう何度か勧めたが、本件誓約書を提出するなどして示談が成立しているので、今回も事件にして欲しくないとか、その日は就職予定の会社に早く行かなければならないなどと言って、その勧めに応じなかったものであるから、同警察官らのその場での対応に格別問題があったとはいえない。しかしながら、同警察官らは、当日のうちに、Ｓ交番に赴いて肋骨骨折事件及び本件誓約書による処理の事実を確認したのであるから、Ｙ警部補らと連絡をとり、協議するなどして、ＸのＡ女に対する更なる加害行為を防止するために、Ｘを呼び出すなどして同人に対して厳重に警告すべきであったし（この警告が危険除去の警察権の行使として有効であることは、Ａ女死亡後であるが、平成12年５月24日に成立したストーカー行為規制法において、警察本部長等がつきまとい等の行為をした者に対して警告をすることができるとされていること（同法４条１項）等に照らしても明らかである。）、また、Ａ女が当日急いでおり、事件にして欲しくないとの意向が必ず

しも確定的なものであるか疑問の余地もあったというべきであるから、再度、A女の意向を確認すべきであったし、更に、T署幹部に対し肋骨骨折事件の発生及びその処理内容等について報告し、他方S交番の警察官らに対しローソン事件の発生及びその処理内容等について報告するなどして、T署においても、S交番においても、福崎事件からローソン事件に至るまでのXのA女に対する一連の犯行・行動を全体として把握し、上記A女の身体、自由等に対する具体的かつ切迫した危険性の存在を共通の認識とするなどして、今後の組織的、継続的な警察活動、警察対応ができるような措置を講ずるべきであったというべきである。」

　③　「しかるに、上記警察官らは、Xに対し今後の加害行為を止めるように厳重に警告することをしなかったのみならず、A女のXに対する処罰意思の再確認をしなかったものであり、更にT署幹部に対しては肋骨骨折事件の発生及びその処理内容等について報告をせず、S交番の警察官らに対してはローソン事件の発生及びその処理内容等について報告しなかったため、T署においても、S交番においても、福崎事件からローソン事件に至るまでのXの一連の犯行・行動を全体として把握することができず、XのA女に対する更なる加害行為の防止に向け、組織的、継続的な警察活動、警察対応ができるような措置を講ずることができなかったのであるから、A女の身体、自由等に対する具体的かつ切迫した危険性が存在していたことにかんがみると、上記警察官らのこれらの不作為は、ローソン事件から相当期間が経過した時点において、著しく合理性を欠き、職務上の作為義務に違反する違法なものであったというべきである（なお、上記の警察官ないし警察は、平成11年1月末日までに上記の全てでなくても、その一つの行為はすべきところ、その一つもしていないから、同年2月1日にはその不行使により違法になったとみるべきである。）。」

　㈠　押しかけ事案について

　一審原告らは、ローソン事件の後、更に押しかけ事案まで発生した以上、警察としては、直ちに肋骨骨折事件及びローソン事件を立件してX及びA女らから事情を聴取するなどの捜査を開始し、Xを逮捕するか、若しくはXに対してA女に暴行脅迫等犯罪行為を行わないよう厳正な警告を行うべきであったし、また、Xの警告違反行動に的確に対処できるよう、関係警察署間で緊密な連携の態勢を敷くべきであった旨主張した。

　また、一審原告らは、押しかけ事案発生の通報を受けて現場に赴き、肋骨

骨折事件等のＸの犯行について説明を受けたＪ警部補としては、自らこれらの事件の捜査を開始するか、若しくはＴ署ないしＳ交番に押しかけ事案について報告し、Ａ女が肋骨骨折事件の事件化を望んでいる事実を報告して、事件処理を促すべきであった旨主張した。

更に、一審原告らが、Ａ女の住所、稼働先周辺の警備態勢を強化し、今後同様の事件の再発を防ぐために、Ｔ署、Ｈ署の各警察署間で連携を図り、かつ、Ａ女との間で、Ｘの襲撃を受けた場合の緊急通報や対処について具体的に打ち合わせ、Ａ女の安全を確保する一方、Ｘの襲撃を制止し、厳しく対処できる態勢を採るべきであった旨主張したのに対し、次のように判断した。

①　「ローソン事件発生の時点において既にＡ女の身体、自由等に対する具体的かつ切迫した危険性が発生していたと認められる上に、Ｘは、同事件のわずか約２週間後に更に押しかけ事案に及び、Ａ女に会わせろなどと言って一審原告Ｃ方に押しかけてきたのであるから、Ａ女の身体、自由等に対する危険はますます具体化し切迫していたと認められる。

そして、当時、一審原告ＣがＪ警部補に対し、肋骨骨折事件の内容やこれを誓約書によって処理したこと、本件誓約書の内容に反し、Ｘが当日もＡ女に会わせるよう求めてきたことなどを説明したことにかんがみると、Ｊ警部補としても上記危険性を容易に認識し得たものと認められるから、Ｊ警部補としては、Ｘに対して更なる加害行為を絶対にやめるよう厳正な警告を行うとともに、一審原告Ｃから肋骨骨折事件についての事件化を相談され、Ｔ署に相談に行くよう教示したのなら、一審原告Ｃからの相談に対する対応が確実に行われるよう、Ｔ署ないしＳ交番に対し、押しかけ事案の発生及びＲ交番におけるＪ警部補らの対応、一審原告Ｃからの肋骨骨折事件の事件化の要請等の情報を的確に伝達するなどの措置を講ずるべきであったというべきである。」

②　「そして、一審原告Ｃはその後、Ｓ交番を訪れ、Ｙ警部補に対し、押しかけ事案を説明して、本件誓約書のコピーの交付を求めるなどしているのであって、同警部補としては、自らＸに本件誓約書を作成させるなどしてその処理を担当した肋骨骨折事件の発生後１か月余りのうちに、Ｘが本件誓約書の内容に反して押しかけ事案を惹起させたことが判明したのであるから、既にこのころには、いわゆるストーカー事案に対して、事案を認知した場合は、被害者の視点に立って、的確な事件化措置を講ずるよう全国の警察本部が警察庁から指示を受けていたことをも併せ考えれば、一審原告ＣやＡ

女、さらにはＸに対する事情聴取を始めるなどして、肋骨骨折事件やローソン事件について直ちに捜査を開始すべきであったというべきである。」

　③　「また、同警部補としては、更なるＸのＡ女に対する加害行為の発生を防ぐために、Ｔ署に一審原告Ｃから説明を受けた内容を報告するなどして、Ｔ署やＳ交番において、福崎事件から押しかけ事案に至るまでのＸのＡ女に対する一連の犯行・行動を全体として把握し、上記Ａ女の身体、自由等に対する具体的かつ切迫した危険の存在を共通の認識とするなどした上で、Ａ女との間で、今後Ｘの襲撃を受けた場合の緊急通報や対処の仕方について具体的な打ち合わせ等をするなどしてＡ女の安全を確保する一方、警察として、今後、組織的、継続的な活動、対応ができるような措置を講ずるべきであったというべきである。」

　④　「しかるに、Ｊ警部補は、Ｘに対し上記の厳重な警告を行わなかったし、Ｔ署ないしＳ交番に対し、押しかけ事案の発生及びＲ交番におけるＪ警部補の対応、一審原告Ｃからの肋骨骨折事件の事件化の要請等の情報を的確に伝達するなどの措置を講ずることもしなかった。

　また、一審原告Ｃから押しかけ事案の説明を受けたＹ警部補も、一審原告ＣやＡ女、さらにはＸに対する事情聴取を始めるなどして、肋骨骨折事件やローソン事件について直ちに捜査を開始しなかったし（なお、同警部補は数日後、一審原告Ｃからの本件誓約書のコピーの交付要求を拒絶しているが、Ｘが明らかにその誓約内容に違反した後であるのに、Ｘに厳重に警告するなどの手当をする姿勢を示さないで単に拒絶したものであり、その拒絶行為は多いに問題であったというべきである。）、Ｔ署に一審原告Ｃから説明を受けた内容を報告などもせず、Ａ女との間で、今後Ｘの襲撃を受けた場合の緊急通報や対処の仕方について具体的な打ち合わせ等もしないなど、ＸのＡ女に対する更なる加害行為の防止に向け、警察として、組織的、継続的な活動、対応ができるような措置を講ずることをしなかったものである。」

　⑤　「当時のＡ女の身体、自由等に対する具体的かつ切迫した危険性が存在していたことにかんがみると、上記警察官らは、少なくとも平成11年1月末日までに上記の全てでなくても、その一つの行為はすべきところ、その一つもしていないから、同年2月1日には、上記の警察官ないし警察のこれらの不作為は、著しく合理性を欠き、職務上の作為義務に違反する違法になったとみるべきである。」

⑷　控訴審・大阪高裁判決の論点

ア　捜査解怠等の違法行為とA女死亡との間に相当因果関係が認められるか

　次に、捜査解怠等の違法行為とA女死亡との間に相当因果関係が認められるかどうかについて、裁判所の判断をみることとする。

　㋐　一審原告らの主張

　つきまとい行為者に警察が警告ないし注意した事件の多くが解決していること、本件においても、Xが警察に対しては恭順の姿勢を示していたことから、警察がXに対して警告し、また、捜査を開始していれば、これらが効果的な抑止力になり、A女の死亡という最悪の結果を回避することができたのであるから、関係の警察官ないし警察の不作為行為とA女の死亡との間には相当因果関係がある。

　㋑　裁判所の判断

　これに対し、大阪高裁は、捜査懈怠等の違法行為とA女死亡との間に相当因果関係が認められるかについて、次のような判断を行った。

　一審・神戸地裁と同様に、最高裁昭和50年10月24日第二小法廷判決（民集29巻9号1417頁）が判示した訴訟上の因果関係の立証についての考え方を述べた上で、「国家賠償法上の規制権限不行使における因果関係の存否の判断においても、経験則に照らして全証拠を総合的に検討し、当該公務員が当該規制権限を行使しておれば、結果を回避し得たであろう高度の蓋然性が証明されれば、上記規制権限不行使と結果との間の因果関係が認められるというべきである。」と解した上で、具体的判断に入っている。

イ　具体的判断

　㋐　Xの一連の行動につき、「Xは福崎事件によって逮捕され、肋骨骨折事件においても警察からA女に近づかないように警告を受けて、本件誓約書まで提出したにもかかわらず、その後もローソン事件や押しかけ事案を引き起こしたのであって、遅くともこの時点ころには、A女の身体、自由等に対する更なる危険の切迫を認めることができる。また、つきまとい事案が殺人事件や殺人未遂事件につながったケースが、平成8年中に8件あり、平成9年1月から4月までの間にもつきまとい事件による殺人事件の検挙が3件あったことは上記認定のとおりであり、本件殺人事件当時、XによるA女の殺人が全く予想できなかったとまではいえない。更に、Xは、押しかけ事案以後に、友人のKに対し、A女のことを好きな間にA女を殺して自分も死

ぬ、A女のことでこれ以上悩みたくないなどと漏らしており、本件殺人事件が起きる可能性はあったというべきである。」としながらも、次の理由から、警察官らの不作為行為とA女の死亡との間につき、相当因果関係を認めることはできないとした。

○　関係の警察官ないし警察が、XがA女を殺す意思を有していたことの情報を得ていたとか、そのことを知っていたことを認めるに足りる証拠はないこと。

○　XのA女に対する一連の行為は、A女との関係の継続、復縁を求めての暴行、脅迫であって、それも凶器を利用したものではないことに照らすと、警察が、本件殺人事件を予想、予期しなかったとしても非難できないし、そのことにつき、責任があったとまではいえないこと（なお、Xは、ローソン事件の際、A女に対し、家を燃やしたるなどと捨てぜりふを吐いたことは上記認定のとおりであるが、この捨てぜりふが関係の警察官に伝えられたか否か明らかでない上、仮に伝えられたとしても、その場の状況等からして、Xに殺人の意思があったとまで予想、予期できなかったというべきである。）。

○　更に、本件殺人事件自体をみても、自動車を高速で正面衝突させるというもので、思い詰めた犯行か、偶発的な犯行かはさておき、それ以前のXのA女に対する加害行為の単なる延長とは言い難い犯行であったというべきであること。

㈠　大阪高裁は、警察官らの不作為行為とA女の死亡との間につき、上記のとおり相当因果関係を否定する結論に至るが、一審原告らの相当因果関係があるとの次の主張にも配慮して、更に判断を加えている。

一審原告らは、Xが、

①　衝突現場に至るまで6キロメートル、10分間も衝突行為に及ばないまま、A女の通勤経路をA女の会社へ向かって走行していること、

②　車で通勤するA女を殺す凶器としては不確実なものといえる自動車を殺害に使用していること、

③　車内に携行した刃物を自死以外に用いていないこと、

④　少なくともI交差点以降、A女の車の「後ろ」ではなく「前」を走行していたこと、

⑤　当日、少なくとも2回、A女の車を引き止め、その際、「会社に行く」「行かせない」という趣旨の言葉を交わしていること、

⑥　衝突現場手前のH交差点で信号待ちをし、青に変わった後、普通の速度で走行していること、

⑦　衝突後、A女の様子を見に行くなど、すぐに自殺を図っていないこと

等からすると、当時のXのA女の車両の追跡行為は、T署逃げ込み事件と同様に、いつものつきまとい行為で始まったことは明らかであり、最後の暴力となったXの衝突行為は、Xがつきまとい行為開始後の成り行きで思いつき、実行に至ったものであって、衝突によるA女の死亡も成り行きで発生してしまった結果であったから、当日のつきまとい行為は、XがA女殺害を決めて着手した「覚悟の上の犯行」などではないから、警察官らの不作為とA女の死亡との間には、相当因果関係がある旨主張した。

大阪高裁は、この一審原告らの主張に対し、次のように判断した。

「本件殺人事件の直前、少なくとも2回、A女車を引き止め、その際、会社に行く、行かせないという趣旨の言葉を交わしていることに照らすと、A女に対する明確な殺意は、その後に固まったというべきであるから、それを覚悟の上の犯行とみるべきか否かについては即断できないといわざるをえない。しかし、仮に、本件殺人事件が覚悟の犯行ではないとしても、上記の警察官らが、XのA女殺害の意思についての情報を得ておらず、本件殺人事件を予想、予期しなかったことにつき、責任があったとはいえないこと、本件殺人事件は、それ以前のXのA女に対する加害行為の単なる延長とは言い難い犯行であったというべきであるとの上記認定に照らすと、上記警察官らの不作為行為とA女の死亡との間については、やはり相当因果関係があるとはいえない。」

「なお、ローソン事件や押しかけ事案の時点において、警察が、Xに対し厳重な警告を行い、Xを逮捕勾留により身柄拘束していれば、本件殺人事件を回避することができた可能性を完全には否定できないが、上記の認定事実によると、上記警察官らの不作為行為による責任は、本件のようなストーカー行為がエスカレートするものであることを考慮しても、殺人事件についてまでは及ばないといわざるをえない。」

(ｳ)　こうして、裁判所は最終的に、警察官らの不作為とA女の死亡との間には相当因果関係を認めることはできないと結論付けたのである。

ウ　損害賠償責任の有無について

(ｱ)　損害賠償責任を認める根拠

　大阪高裁は、警察の不作為（規制権限不行使）による責任は、「本件のようなストーカー行為がエスカレートするものであることを考慮しても、殺人事件についてまでは及ばないというべきである。」としつつも、警察責務から導かれる「市民の期待及び信頼は法律上の保護に値する利益」であるとの視点から損害賠償責任を認めている。

　この点、大阪高裁は、一審・神戸地裁が、不作為（規制権限不行使）とA女の死亡という結果との間の相当因果関係を否定しつつも、「警察が適切な規制権限を行使していたならば、被害者がその死亡の時点においてなお生存していた相当程度の可能性が証明されるときには、国家賠償法1条1項に基づく損害賠償を求めることができる」と解し、生命を維持することは人間にとって最も根元的な利益であるから、生存可能性は、法によって保護されるべき利益であるとの理解のもとで損害賠償責任を肯定したものとは異なる論理構成から、次のように損害賠償責任を肯定する。

　「一般に、市民は、現に犯罪の被害を受け、又は被害を受けるおそれがあるなど切迫した状況に置かれた場合に、警察に対してその保護等を求めたときは、警察において捜査を開始するなどしてその市民の受けた被害の回復ないし今後受けるおそれのある犯罪被害の防止を図るであろうことについて期待及び信頼を有しているのであって、警察がこのような期待及び信頼に誠実にこたえるべきことは、警察法2条1項及び警職法1条1項の定めからも明らかなように警察の責務であり、上記のような状況における市民の期待及び信頼は法律上の保護に値する利益というべきであるから、この点の損害を全く無視することはできない。」として、具体的に以下の理由を挙げる。

　①　押しかけ事案が発生した夜、A女が友人のRに対し、電話でその経緯を報告するとともに、警察の対応について、警察は何度話しても何度行っても何もやってくれないと不満を述べていたことからしても、A女が当時警察に対し、Xからの犯罪被害防止のための措置を講じてほしいとの期待を有していたことがうかがわれること。

　②　ローソン事件及び押しかけ事案に関係した警察官らは、当時A女の身体、自由等に対する更なる危険が切迫した状況にあったにもかかわらず、A女が警察に対し有していた上記期待を裏切り、上記各事件発生後にXに対し厳重な警告をしないなど、加害防止に向けた組織的、継続的な警察活動、警察対応を行わなかったため、A女は、近親者であるC（A女の伯父）らとともに、適切な警察活動、警察対応を受けることによって、上記危機的状況を

乗り越え自己の身の安全のために万全を期する機会と可能性を奪われたまま、Xに殺害されてしまったものというべきであること。

　③　そして、A女の上記のような期待は、生命に関する根元的な欲求であり、法的保護に値する利益というべきであるから、この点も精神的損害として考慮すべきであること。

　その上で、大阪高裁は、国家賠償法1条1項に基づき、警察官らの違法な不作為行為によってA女が受けた損害を賠償する責任を負うとして、一審判決を支持し、A女に生じた精神的損害を認め、それを相続した原告（実母ら）に併せて660万円の賠償を命じたのである。

(5)　神戸地裁、大阪高裁が示した権限不行使と国家賠償法1条1項との関係についての理解

ア　神戸地裁の判断

　神戸地裁は、原告らが、F署、T署及びH署の警察官がXの犯罪防止のための各種規制権限を行使しなかったことが国家賠償法1条1項における違法と主張したことにつき、被害者（A女）に対し負担する職務上の法的義務（最高裁昭和60年11月21日第一小法廷判決・民集39巻7号1512頁）となり得るか否かについて、次のような判断を示した。

　㈠　職務上負担する法的義務を警察法及び警察官職務執行法から導く

　警察の責務（警察法2条1項）及び警察官の権限法規である警察官職務執行法を根拠として、職務上負担する法的義務となることがあり得ることを明らかにした。

　すなわち、警察法2条1項の警察の責務を果たすために、警職法1条1項が、「警察官が警察法に規定する個人の生命、身体及び財産の保護、犯罪の予防、公安の維持並びに他の法令の執行等の職権職務を忠実に遂行するために、必要な手段を定めることを目的とする。」と規定し、具体的に警職法2条以下にその行使し得る手段を規定していることから、警察は、犯罪の防止、鎮圧を目的として、警職法が規定する各種の権限のほか、そのために必要かつ相当な規制権限を行使する一般的権限を有するものと認められる。そうとすれば、「特定の個人等に対して、犯罪による加害行為がまさに行われ、あるいは行われる危険が切迫しているような場合で、その権限行使が容易にできるような場合にあっては、警察による犯罪の予防、鎮圧のために必

要な規制権限の行使は、警察に与えられた公益上の義務の行使であると同時に、当該個人等に対する法的義務としての権限の行使でもあると解される場合もある」として、一定の危険切迫状況等をその要件に掲げる。

　㈑　犯罪捜査と反射的利益との関係に言及

　次に、判例の引用こそないものの、最高裁平成2年2月20日第三小法廷判決で示された反射的利益論に再度言及する。

　「犯罪捜査権限は、直接的には、具体的な個々の犯罪の発生の予防、鎮圧を目的としたものではなく、過去の犯罪の事実関係を明確にし、犯人に対する適切な刑罰権を行使することによって、将来の犯罪の一般的予防を図り、もって国家及び社会の秩序維持という公益を図ることを主たる目的として付与されたものであって、既に発生した犯罪被害者の損害の回復を目的とするものではなく、犯罪捜査によって犯罪被害者の受ける被害感情の慰謝等は、公益上の見地に立って行われる捜査によって反射的にもたらされる事実上の利益というべきであることからすれば、原則として、警察が、犯罪被害者との関係において、法的義務として、当該犯罪についての捜査義務を負うことはないというべきである。」

　㈒　反射的利益論を克服する考えを展開

　次に、反射的利益論を克服する考え方を展開する。

　「しかしながら、犯罪捜査は将来発生するおそれのある犯罪の具体的な予防、鎮圧を直接目的とするものではないとしても、犯罪の一般的予防がその目的中に包摂されていることは前記したとおりである。そして、当該被疑者が将来において特定の被害者に対して犯罪を遂行するおそれが高度に認められる場合に、既に発生した犯罪を捜査することにより、当該被疑者に対して単なる警告以上の心理的影響を及ぼし、将来の犯罪遂行を抑制し得る効果があることも事実である。そうとすれば、それにもかかわらず、警察が何らの捜査もせずに当該被疑者において漫然と犯罪を遂行させたような場合には、これにより侵害された被害者の利益はもはや事実上の利益というべきではなく、まさに法的保護に値する具体的利益というべきである。したがって、上記のように当該被疑者が特定の被害者に対して更に犯罪を遂行するおそれが高度に認められるような場合には、犯罪の予防、鎮圧の目的のために認められた行政警察権に基づく規制権限の行使と並んで、司法警察権に基づく捜査権限の行使についても、その行使が、当該被害者が更なる犯罪被害に遭うことを防ぐ手段の一つとして、当該被害者との関係において法的義務となる場

合もあるというべきである。」

　なお、判決は、最後の括弧書きで、「ただし、司法警察権に基づく捜査権限の行使が、犯罪の予防、鎮圧名下に濫用されてはならないことは当然であり、とりわけ、被疑者の逮捕といった身柄拘束を伴うような強制捜査権限が、犯罪の予防、鎮圧名下に濫用的に行使されるようなことは絶対にあってはならない。したがって、捜査権限の不行使に関しては、それが適正な捜査権限の行使として当然に要請されていたものかどうかがまず検討されなければならず、その上で、その行使が、犯罪の予防の見地からも法的義務として要請されていたものといえるかが検討されなければならない。」と、犯罪の予防、鎮圧名下の濫用的な捜査権限の行使を戒めている。

　(エ)　では、どのような規制権限不行使が国家賠償法上、違法の評価を受けるか

　判決は、「犯罪防止のために警察に認められた各種規制権限の不行使は、特定の個人等に対して犯罪による加害行為がまさに行われ、あるいは行われる危険が切迫し、かつ、その権限行使が容易にできるにもかかわらず、これを行わないといったその権限の不行使が著しく不合理と認められる場合には、当該個人に対する関係で、国家賠償法1条1項の違法評価を受けるというべきである。」とし、その上で、警察官の規制権限不行使が著しく不合理であるかどうかは、「①被侵害利益に対する侵害の危険性ないし切迫性、②当該警察官における当該危険性の認識ないし認識可能性、③被侵害利益の重大性、④当該規制権限行使による結果回避可能性、⑤当該規制権限行使に対する期待可能性等の各事情を総合考慮して判断すべきである。」として、①から⑤の要件を列挙している。

イ　大阪高裁の判断

　(ア)　規制権限の行使と行政便宜主義

　行政便宜主義とは、具体的な根拠法規に「……することができる」と規定する、いわば"できる"規定にみられるように、行政庁が法令上与えられている権限を行使するかしないかは行政庁の裁量に委ねられている（効果裁量）から、権限を行使しないからといって、直ちに違法となるわけではないという考え方である。

　大阪高裁は、警察法2条及びその作用法である警察官職務執行法5条を参照しつつ、規制権限の行使と行政便宜主義との関係について次のように言及

する。

「警察は、個人の生命、身体及び財産の保護に任じ、犯罪の予防、鎮圧及び捜査、被疑者の逮捕、交通の取締その他公共の安全と秩序の維持に当たることをもってその責務とするものであるから、警察官は、犯罪がまさに行われようとするのを認めたときは、その予防のため関係者に必要な警告を発し、又、もしその行為により人の生命若しくは身体に危険が及び、又は財産に重大な損害を受けるおそれがあって、急を要する場合においては、その行為を制止することができるものとされている。もとより、これは、警察の上記のような責務を達成するために警察官に与えられた権限であると解され、上記法令の文言や警察権の行使という事柄の性質上、この権限を発動するかどうか、また、どのような内容の警察権を発動するのかについては、警察官に一定の範囲で裁量が与えられているものと解される。」

　(イ)　行政便宜主義を克服する考え方

　続いて、どのような場合に、規制権限の不行使が国家賠償法1条1項上、違法との評価を受けるかについて、行政便宜主義を克服する論理を展開する。

　「犯罪の予防、鎮圧及び捜査等公共の安全と秩序の維持に当たることが警察の責務であることからすると、犯罪等の加害行為、特に国民の生命、身体に対する加害行為が正に行われ、又は行われる具体的な危険が切迫しており、警察官においてそのような状況であることを知り、又は容易に知ることができ、警察官が上記危険除去のための警察権を行使することによって加害行為の結果を回避することが可能であり、かつ、その行使が容易であるような場合においては、上記警察権の発動についての裁量の範囲を超えて、警察官が上記危険除去のための警察権を行使することにつき職務上の義務が生じることもあり得るものと解すべきである。

　そして、警察官が上記職務上の作為義務に違背して警察権を行使しなかったことにより、犯罪行為等の招来を防止できず、国民の生命、身体等に被害を生じさせたような場合には、上記警察権の不行使が国家賠償法1条1項との関係で違法な公権力の行使に該当し、損害賠償責任を負う場合もあり得るものというべきである。」

ウ　神戸地裁、大阪高裁の考え方の考察

　警察権の不行使が国家賠償法1条1項との関係で違法の評価を受けるかに

ついて、神戸地裁は反射的利益論の克服を通じて判断しているのに対し、大阪高裁は行政便宜主義の克服を通じて判断しているのは、大変興味深い。

　規制権限の不行使が国家賠償法上、違法との評価を受けるかにつき、裁量権収縮論、裁量権消極的濫用論の考え方があることは、既に述べてきたところである。

　裁量権収縮論は、行政便宜主義を克服し、行政の作為義務を導くための理論であり、一定の要件が具備された場合には、裁量が零に収縮し、いわば「できる」規定が「しなければならない」規定として、作為義務が生ずるというものである。その要件としては、

　　○　国民の生命、身体に対する侵害の危険性やその切迫性
　　○　危険の認識（予見）可能性
　　○　規制権限行使による結果回避可能性
　　○　規制権限行使の容易性
　　○　規制権限行使に対する国民の期待

等を挙げている。

　これに対して、最高裁は、裁量権消極的濫用論（裁量権限の不行使が裁量の逸脱又は濫用に当たるとき違法となる）に立つものといわれる。

　最高裁は、規制権限の不行使が国家賠償法 1 条 1 項の違法とされるか否かの判断をするに当たっては、「その権限を定めた法令の趣旨、目的や、その権限の性質等に照らし、具体的事情の下において、その不行使が許容される限度を逸脱して著しく合理性を欠くと認められるときは、これにより被害を受けた者との関係において、国賠法 1 条 1 項の適用上違法となる」との判断を枠組みとして採用している。

　この判断枠組みを適用したものに宅建業者に対する知事の監督権限不行使事件判決（最高裁平成元年11月24日判決）、クロロキン薬害事件（最高裁平成 7 年 6 月23日判決）、筑豊じん肺訴訟（最高裁平成16年 4 月27日判決）、関西水俣病訴訟（最高裁平成16年10月15日判決）があり、最高裁は、裁量権消極的濫用論に立つものといわれ、裁量権収縮論について明言しておらず、その態度は明らかでない。

　これに対して、大阪高裁は、「犯罪等の加害行為、特に国民の生命、身体に対する加害行為が正に行われ、又は行われる具体的な危険が切迫しており、警察官においてそのような状況であることを知り、又は容易に知ることができ、警察官が上記危険除去のための警察権を行使することによって加害

行為の結果を回避することが可能であり、かつ、その行使が容易であるような場合において」は、「警察権の発動についての裁量の範囲を超えて」、警察官が危険除去のための警察権行使につき職務上の義務が生じることもあり得るとしていることからすると、裁量権収縮論に拠ったものといえる。

いずれにしても、警察活動における規制権限の不行使につき、国家賠償法1条1項の適用上違法となるかどうかの判断手法における裁判例をみると、具体的事案を判断するに当たり、警察法、警察官職務執行法の趣旨解釈から作為義務を導き、その判断基準（考慮要素）の明確性から裁量権収縮論に拠ったものが多いことも頷けるといえる。

⑹ 訴訟上の因果関係の立証上の考え方

訴訟上の因果関係の立証上の考え方につき、神戸地裁、大阪高裁とも、次のような考え方を示している。

ア 神戸地裁の判断

神戸地裁は事実関係を踏まえた具体的判断に際して、捜査懈怠等の違法（過失）行為とＡ女死亡との間に相当因果関係が認められるかどうかについて、次のような規準を示した。

「訴訟上の因果関係の立証は、一点の疑義も許されない自然科学的証明ではなく、経験則に照らして全証拠を総合検討し、特定の事実が特定の結果発生を招来した関係を是認し得る高度の蓋然性を証明することであり、その判定は、通常人が疑いを差し挟まない程度に真実性の確信を持ち得るものであることを必要とし、かつ、それで足りるものである（最高裁昭和48年（オ）第517号同50年10月24日第二小法廷判決・民集29巻9号1417頁参照）。したがって、国家賠償法上の規制権限不行使における因果関係の存否の判断においても、経験則に照らして全証拠を総合的に検討し、当該公務員が当該規制権限を行使しておれば、結果を回避し得たであろう高度の蓋然性が証明されれば、上記規制権限不行使と結果との間の因果関係が認められるということができる。」

なお、本件事案の具体的判断については既に紹介したように、神戸地裁は「警察が規制権限を行使したとしても、高度の蓋然性をもって本件殺人事件を回避し得たとは認められないから、警察官の過失とＡ女の死亡との間に相当因果関係を認めることはできない。」と結論付けている。

　ここで神戸地裁判決が相当因果関係を判断するに当たり、参照した最高裁判例は、ルンバール訴訟（東大ルンバール事件）といわれた医療過誤事件で採用した訴訟上の因果関係の立証の考え方である。

　この事件は、化膿性髄膜炎の治療のために東大病院に入院していた当時3歳の男児患者（原告）に対して、医師がルンバール施術（腰椎穿刺による髄液採取とペニシリンの髄腔内注入）をしたところ、その直後に、患者にけいれんの発作等が生じて、右半身けいれん性不全麻痺、知能障害、運動障害等の後遺症が残ったことから、医師の使用者である国に対し損害賠償を請求したもので、ルンバール施術と後遺症発生との因果関係の存否が問題となったものである。

　最高裁は、ルンバール施術と後遺症発生との因果関係の存否を判断するに当たり、まず、「訴訟上の因果関係の立証は、一点の疑義も許されない自然科学的証明ではなく、経験則に照らして全証拠を総合検討し、特定の事実が特定の結果発生を招来した関係を是認し得る高度の蓋然性を証明することであり、その判定は、通常人が疑を差し挟まない程度に真実性の確信を持ちうるものであることを必要とし、かつ、それで足りるものである。」と判断した。

　その上で、重篤な化膿性髄膜炎に罹患した3歳の幼児が入院治療を受け、その病状が一貫して軽快していた段階において、医師が治療としてルンバール（腰椎穿刺による髄液採取とペニシリンの髄腔内注入）を実施したのち、嘔吐、けいれんの発作等を起こし、これに続き右半身けいれん性不全麻痺、知能障害及び運動障害等の病変を生じた場合、右発作等が施術後15分ないし20分を経て突然に生じたものであって、右施術に際しては、もともと血管が脆弱で出血性傾向があり、かつ、泣き叫ぶ右幼児の身体を押さえつけ、何度か穿刺をやりなおして右施術終了まで約30分を要し、また、脳の異常部位が左部にあったと判断され、当時化膿性髄膜炎の再燃するような事情も認められなかったなど判示の事実関係のもとでは、他に特段の事情がない限り、右ルンバールと右発作等及びこれに続く病変との因果関係を否定するのは、経験則に反するとして、本件を原審に差し戻した。

　このように最高裁は、「高度の蓋然性」論という考え方を採用し、訴訟上の因果関係の証明は、自然科学の場合のように完全に疑いがないというレベルの証明が必要なのではなく、あくまで通常人を基準として、通常人が疑いを差し挟まない程度に真実との確信を持ち得る程度の「高度の蓋然性」を証

明すれば足りるとすることにより、立証責任の程度を軽減して、被害者の保護救済を図ったことに、重要な意義を有するのである。

　その後も最高裁は、医師の不作為と患者の死亡との間の因果関係の存否の判断につき、次のように判断している（平成11年 2 月25日第一小法廷判決・民集53巻 2 号235頁）。

　「訴訟上の因果関係の立証は、一点の疑義も許されない自然科学的証明ではなく、経験則に照らして全証拠を総合検討し、特定の事実が特定の結果発生を招来した関係を是認し得る高度の蓋然性を証明することであり、その判定は、通常人が疑いを差し挟まない程度に真実性の確信を持ち得るものであることを必要とし、かつ、それで足りるものである（最高裁昭和48年（オ）第517号同50年10月24日第二小法廷判決・民集29巻 9 号1417頁参照）。」とした上で、「医師が注意義務に従って行うべき診療行為を行わなかった不作為と患者の死亡との間の因果関係の存否の判断においても異なるところはなく、経験則に照らして統計資料その他の医学的知見に関するものを含む全証拠を総合的に検討し、医師の右不作為が患者の当該時点における死亡を招来したこと、換言すると、医師が注意義務を尽くして診療行為を行っていたならば患者がその死亡の時点においてなお生存していたであろうことを是認し得る高度の蓋然性を証明されれば、医師の右不作為と患者の死亡との間の因果関係は肯定されるものと解すべきである。」と判断した。

　このように医師の不作為と患者の死亡との間の因果関係について、高度の蓋然性論が採用され、患者側の立証責任が一定程度軽減されるに至っている。

　ここで特に注目すべきことは、このような医療事故における高度の蓋然性論が、本件のような捜査懈怠等の違法とＡ女死亡（捜査権限の不行使と、生じた重大な結果）との間に相当因果関係が認められるかどうかの判断に際して引用されていることである。

イ　大阪高裁の判断

　大阪高裁も、捜査懈怠等の違法行為とＡ女死亡との間に相当因果関係の有無の判断につき、前記最高裁判決を引用しないまでも、次のように、神戸地裁と同様な判断を行った。

　「訴訟上の因果関係の立証は、一点の疑義も許されない自然科学的証明ではなく、経験則に照らして全証拠を総合検討し、特定の事実が特定の結果発

生を招来した関係を是認し得る高度の蓋然性を証明することであり、その判定は、通常人が疑いを差し挟まない程度に真実性の確信を持ち得るものであることを必要とし、かつ、それで足りるものである。したがって、国家賠償法上の規制権限不行使における因果関係の存否の判断においても、経験則に照らして全証拠を総合的に検討し、当該公務員が当該規制権限を行使しておれば、結果を回避し得たであろう高度の蓋然性が証明されれば、上記規制権限不行使と結果との間の因果関係が認められるというべきである。」と解した上で、具体的判断については、既に紹介したように、警察官らの不作為とA女の死亡との間には相当因果関係を認めることはできないとした。

　こうしてルンバール訴訟（東大ルンバール事件）において、最高裁が採用した高度の蓋然性論の判例の射程範囲は、国家賠償法上の警察権限不行使における因果関係の存否の考え方にまで及んでいるといえるのである。

ウ　相当因果関係が否定されても、損害賠償責任を肯定
　(ア)　神戸地裁の判断（生存可能性のもとで損害賠償責任を肯定）
　神戸地裁は、警察の権限不行使の過失は認められるが、同過失とA女の死亡という結果との間に相当因果関係は認められないとしながらも、次の理由により損害賠償責任を肯定した（なお、アンダーライン付与は筆者）。

　「警察が適切な規制権限を行使していたならば、被害者がその死亡の時点においてなお生存していた相当程度の可能性が証明されるときには、国家賠償法1条1項に基づく損害賠償を求めることができると解するのが相当である。なぜなら、生命を維持することは人間にとって最も根元的な利益であるから、上記生存可能性は、法によって保護されるべき利益というべきであり、警察の規制権限不行使によってその法益が侵害されたと認められるからである。」

　神戸地裁は、生存可能性のもとで損害賠償責任を認めたが（660万円）、この法理はどこに由来するものであろうか。

　法理を引用する判例上の根拠に触れていないので明らかでないが、この法理は、以下に解説する、因果関係が証明されない場合の医師の損害賠償責任を認めた、心筋梗塞死亡事件における損害賠償請求事件判決（最高裁平成12年9月22日第二小法廷判決・民集54巻7号2574頁）の判例法理に依拠したものと考えられる。

　　○　事案

　甲は早朝自宅で突然の背部痛を感じ、夜間救急外来で医師の診察を受けた。甲の主訴は、上背部痛と心か部痛であったが、触診所見では心か部に圧痛が認められたものの、聴診所見では、特に心雑音、不整脈等の異常は認められなかった。実際には当時、狭心症から心筋梗塞に移行し、相当に増悪した状態にあったが、医師は、第一次的に急性すい炎、第2次的に狭心症を疑い、看護師に鎮痛剤を注射させ、急性すい炎に対し点滴を静注させた。診察開始から約10分後、点滴のため診察室から別室に移動してから約5分後に、点滴中に致死的不整脈を生じ、容体の急変を迎え、切迫性急性心筋梗塞から心不全を来して死亡した。医師は、診察に当たり、胸部疾患の可能性のある患者に対する初期治療として行うべき基本的義務（脈拍等の測定や心電図検査、ニトログリセリンの舌下投与等）を果たしていなかった。

　医師が甲に適切な医療を行った場合には、救命し得たであろう高度の蓋然性までは認めることはできないが、これを救命できた可能性はあった。

　第一審は死亡との因果関係を否定して遺族（相続人）の請求を棄却したが、原審は医師の基本的義務の懈怠と死亡との間に相当因果関係を肯定できないとしたが、医療水準にかなった医療を行うべき義務を怠ったことにより、適切な医療を受ける機会を不当に奪われ、精神的苦痛を被ったとして、病院の使用者責任を認め請求を一部認容した。これに対し病院側が上告。最高裁は、次のように判断して上告棄却した。

　　○　判決要旨（なお、アンダーライン付与は筆者）

　「本件のように、疾病のため死亡した患者の診察に当たった医師の医療行為が、その過失により、当時の医療水準にかなったものでなかった場合において、右医療行為と患者の死亡との間の因果関係の存在は証明されないけれども、医療水準にかなった医療が行われていたならば<u>患者がその死亡の時点においてなお生存していた相当程度の可能性の存在が証明されるとき</u>は、医師は、患者に対し、不法行為による<u>損害を賠償する責任</u>を負うものと解するのが相当である。けだし、<u>生命を維持することは人にとって最も基本的な利益であって、右の可能性は法によって保護されるべき利益</u>であり、医師が過失により医療水準にかなった医療を行わないことによって患者の<u>法益が侵害された</u>ものということができるからである。原審は、以上と同旨の法解釈に基づいて、K医師の不法行為の成立を認めた上、その不法行為によって甲が受けた精神的苦痛に対し同医師の使用人たる上告人に慰謝料支払の義務があるとしたものであって、この原審の判断は正当として是認することができ

る。」

　本判決は、立証責任の程度を軽減して、被害者の保護救済を図ったことに、重要な意義を有するものといえる。

　前述したとおり、高度の蓋然性が証明されなければ相当因果関係が否定されることは、訴訟上の因果関係の立証上の考え方であるが、最高裁は更に進んで、治療の結果と死亡との因果関係が、高度の蓋然性をもって立証できない場合であっても、「相当程度の生存可能性」が証明できれば、生存の可能性侵害という法益侵害を理由として、医師・病院の損害賠償責任を認めたものである。

　この判例法理は、規制権限不行使の場合であっても、同様に解した神戸地裁の判断に採用されているとみることができる。ちなみに、神戸地裁の生存可能性を導く論理と、最高裁の論理との比較を容易にするために、上記のアンダーラインで明示したとおり、両判決とも共通の理解に立っていることが読みとれる。

　神戸地裁は、「適切な権限が行使されたとしても、本件殺人事件の発生を阻止することができた高度の蓋然性までを認めることはできない」としつつも、生存可能性を導く論理を事案に当てはめて、「警察から厳重な警告を受け、又は肋骨骨折事件等について取調べを受けることによって、Xが本件殺人事件の実行を躊躇する相当程度の可能性についてはこれを認めることができるというべきであるし、また、警察がA女に対して緊急連絡先をあらかじめ告知していれば、本件殺人事件当日、A女がガソリンスタンドでXを発見した時点で警察に緊急通報をし、警察官が現場に臨場することに、本件殺人事件の発生に至らずA女が生存し得た相当程度の可能性は認めることができるというべきである。」と解し、「A女は、警察官の過失によって、本件殺人事件により死亡した時点においてなお生存し得た可能性を侵害されたことを理由に、被告に対して損害賠償を求めることは、認められる」としたのである。

　(イ)　大阪高裁の判断（市民の期待・信頼のもとで損害賠償責任肯定）

　これに対し、大阪高裁は、生存可能性の論理でなく、「市民の期待及び信頼は法律上の保護に値する利益」とする、いわゆる期待権から損害賠償責任を導いている。

　この点、医療行為と患者の死亡との間に因果関係が認められない場合について、良永和隆『不法行為法　基本判例解説』（日本加除出版、平成22年）

52頁が「学説では、従来から、こうした因果関係が認められない場合については、それは『適切な治療を受ける機会の喪失』ないし患者の『期待権』の侵害であるとして、慰謝料を認める見解が有力であったが（本件の原審はこの期待権法理を採用した。）、本判決^(注)は、『相当程度の生存可能性』侵害という構成を採用した。」と説示されているように、学説では患者の期待権侵害を根拠に慰謝料請求を認める見解が有力といえる。

　大阪高裁は、この期待権侵害を根拠に、次のように損害賠償責任を肯定している。

　「一般に、市民は、現に犯罪の被害を受け、又は被害を受けるおそれがあるなど切迫した状況に置かれた場合に、警察に対してその保護等を求めたときは、警察において捜査を開始するなどしてその市民の受けた被害の回復ないし今後受けるおそれのある犯罪被害の防止を図るであろうことについて期待及び信頼を有しているのであって、警察がこのような期待及び信頼に誠実にこたえるべきことは、警察法2条1項及び警職法1条1項の定めからも明らかなように警察の責務であり、上記のような状況における市民の期待及び信頼は法律上の保護に値する利益というべきであるから、この点の損害を全く無視することはできない。」

　そして、その期待権侵害の具体的内容は、以下のような理由を挙げて、最終的に、国家賠償法1条1項に基づき、違法な不作為行為によってA女が受けた損害の賠償責任を負うとして、一審判決を支持し、A女に生じた精神的損害を認め、それを相続した原告（実母ら）に併せて660万円の賠償を命じたのである。

　○　押しかけ事案が発生した夜、A女が友人のEに対し、電話でその経緯を報告するとともに、警察の対応について、警察は何度話しても何度行っても何もやってくれないと不満を述べていたことからしても、A女が当時警察に対し、Xからの犯罪被害防止のための措置を講じてほしいとの期待を有していたことがうかがわれるというべきである。

　○　ローソン事件及び押しかけ事案に関係した警察官らは、当時A女の身体、自由等に対する更なる危険が切迫した状況にあったにもかかわらず、A女が警察に対し有していた上記期待を裏切り、各事件発生後にXに対し厳重な警告をしないなど、加害防止に向けた組織的、継続的な警

　（注）　最高裁平成12年9月22日第二小法廷判決・民集54巻7号2574頁における心筋梗塞死亡事件

察活動、警察対応を行わなかったため、Ａ女は、近親者であるＣ（Ａ女の伯父）らとともに、適切な警察活動、警察対応を受けることによって、危機的状況を乗り越え自己の身の安全のために万全を期する機会と可能性を奪われたまま、Ｘに殺害されてしまったものというべきである。

○　そして、Ａ女の上記のような期待は、生命に関する根元的な欲求であり、上記のとおり法的保護に値する利益というべきであるから、この点も精神的損害として考慮すべきである。

このように裁判所は、かかる視点を通じて、被害者（遺族・相続人）の救済等を図っているといえるのである。

第3章　初動捜査活動（警察相談）に関するもの

1　神戸事件
（神戸地裁平成16年12月22日判決・判例時報1893号83頁）

　この事件は、平成14年3月4日午前2時30分頃、大学院生Aが友人Bと飲食し、Bの車で団地の自室に送ってもらい、その車両から降りた直後、すれ違った暴力団組長から些細なことで因縁を付けられ、暴行を受け組員らに車で拉致され、その後、長時間にわたり執拗な集団暴行を受けた末に殺害された事件であり、被害者の母親がAの殺害は警察官の違法な対応に原因があるとして、兵庫県（県警）に対し1億3,700万円余の損害賠償を求めた国家賠償請求事件である。

　本事件につき、控訴審である大阪高裁平成17年7月26日判決（公刊物未登載）は、県に9,700万円余の賠償を命じた一審・神戸地裁判決を支持し、県の控訴を棄却している。

　その後、平成18年1月19日、最高裁第一小法廷が県側の上告棄却を決定し、9,700万円余の支払いを命じた一、二審判決が確定したもので、最高裁において捜査権限の不行使と殺人との因果関係を認定し、確定したのは初めての事案である。

　そこで、神戸地裁平成16年12月22日判決において認定された事実関係を踏まえて紹介する。

■■事案の概要

　本事件につき、神戸地裁が認定した事実経過は次のようなものであった。

①　110番第一通報までの経緯
　1．　X（暴力団T組組長）は、S女（Xの愛人）とともに、平成14年3月3日午後9時頃から翌4日午前2時30分頃までの間、焼鳥屋やカラオケ店などで飲酒し、午前3時頃、ベンツを運転してC団地1号棟×××号室のS女宅に戻った。
　2．　Xは、C型肝炎と糖尿病の治療のために病院に入院する予定であったので、

午前３時６分頃、Ｓ女宅から妻に電話をかけ、入院中はＳ女に付き添ってもらうと告げた。その際、Ｘは妻から体裁が悪いなどの不満を述べられたことに立腹し、「こっちはえらい目しとんのや。」、「そこで待っとけ。」、「今すぐ行ったるから。」などと怒鳴りつけて電話を切り、妻のいる自宅に向かうためＳ女宅から出て行った。

　Ｓ女は、Ｘが妻に対してひどい暴力を振るうのではないかと考え、Ｘを止めるために後を追った。

　３．　一方、神戸商船大学の大学院生であったＡ（本件被害者、当時27歳）は、平成14年３月３日午後９時頃から翌４日午前１時頃までの間、Ｂ（Ａの友人）とともに、沖縄料理店で飲酒し、その後、Ｂの運転するカムリ（普通乗用車）に乗車してＢ宅に立ち寄った。

　Ｂは、午前２時30分頃、Ａを自宅のあるＣ団地まで送るため、助手席にＡを乗せてＢ宅を出発し、午前３時10分頃、Ｃ団地に到着し同団地前の路上にカムリを停車させた。

　４．　Ａは、自宅へ帰るためにカムリから降りた際、Ｃ団地１号棟から出てきたＸ及びＳ女と出くわした。そして、Ｘは、カムリが目の前に停車していたことが気に入らず、「どこ停めんとんや、こら。」と怒鳴りながら、Ａの顔面を手拳で殴打した。

　５．　Ｂは、ＡがＸから殴られたことに気付き、カムリから降りて両者の間に割って入ろうとしたが、Ｘから顔面を殴られ、かけていた眼鏡を飛ばされた。

　そして、Ｂは、Ｘから更に殴打されそうになったので、Ａに対し警察に電話するよう告げ、その後、Ｘを押さえ付けようとしてもみ合いとなった（以下、Ｃ団地１号棟前路上における本件事案の現場を「第１現場」という。）。

　６．　Ａは、直接、警察官に助けを求めようと考え、第１現場から60メートルほどの距離に所在するＤ交番を訪れた。しかし、同交番勤務員（戊野巡査部長及び丁山巡査）は、午前３時から交番に設置された休憩室で仮眠をとっていたので、Ａが訪れたことに気付かなかった。そこで、Ａは第１現場に戻り、Ｂとともに暴れようとするＸを押さえ付けた。

　７．　Ｓ女は、Ｘを助けるためにＴ組の組員を呼び出そうと考え、Ｃ団地１号棟×××号室の自室に戻り、午前３時18分から同19分の間、Ｚ（Ｔ組組長秘書）とＹ（Ｔ組幹部）に電話をかけ、ＸがやられているのでＣ団地に急いで来るように伝え、その後、携帯電話を持って再び第１現場に戻った。

　８．　Ｙは、Ｓ女の電話に出たものの、その内容を聞き取ることができなかったので、Ｓ女からの電話の内容を確認するため、Ｚに電話をかけた。Ｙは、ＺからＴ組の他の組員をＣ団地に集合させるよう指示を受け、午前３時21分、Ｗ（Ｔ組若頭）に電話をかけ、Ｃ団地に向かうよう伝えた。

　９．　午前３時19分頃、女性からＮ警察署に電話があり、丁野巡査部長（地域第一課司令担当主任）がこれを受けた。そして、同女性は、丁野巡査部長に対し、「喧嘩。早く来てほしい。Ｃの県住３号棟と４号棟の間で喧嘩をしている。」などと告げた（以下「本件電話通報」という。）。

　10．　同署地域第一課長の乙原警部は、丁野巡査部長から、本件電話通報の内容を

聞き、第１現場に警察官を派遣する必要があると考え、丁野巡査部長に対し、Ｃ団地から６キロメートルの位置にあるＥ交番にいる丁田巡査部長と丙野巡査を現場に臨場させるよう指示した。丁野巡査部長は、乙原警部の指示に基づき、午前３時20分頃、Ｅ交番に電話をかけ、これを受けた丁田巡査部長に対し、「Ｃ団地３号棟と４号棟の間で喧嘩事案が発生したので、すぐに現場に向かうように。」との指令を出した。

11.　丁田巡査部長は、丁野巡査部長の指令を受けたので、丙野巡査に対し、喧嘩をしているのでＣ団地に向かうと告げ、Ｃ団地の所在地を地図で確認するなどして出発の準備をした。

12.　Ｘは、ＡとＢに押さえ込まれていたので、第１現場に戻ったＳ女に対し、「若い衆呼ばんかい。」と告げた。そこで、Ｓ女は、午前３時20分から21分の間、Ｖ（Ｔ組若頭補佐）とＵ（Ｔ組本部長）に電話をかけ、ＸがやられているのでＣ団地に急いでくるよう告げた。

13.　Ｂは、第１現場に警察官が訪れる様子がなかったので、Ａに対し、もう一度警察に電話するよう頼んだ。

そこで、Ａは、午前３時20分から同23分の間、携帯電話で110番通報をし、これを受けた通信指令課に対し、息の切れた声で、「Ｄ交番呼んでもね、誰も出ないんですよ。」、「Ｃの高層住宅。」、「やくざのおっちゃんが暴れてるんです。」、「070－（以下番号略）」、「Ａです。」、「あともう１人、女の人。」、「脅かされている。」などと伝えた（以下「110番第一通報」という。）。

14.　Ｓ女は、Ｘから「ナンバー控えとけ。」と言われ、携帯電話にカムリのナンバーの一部を入力し、また、Ｘを押さえつけていたＡとＢに対し、「あんたら、いい加減にしとけよ。」、「ほんまに殺されるよ。」、「のかんかいこら。」などと怒鳴りつけた。

Ｓ女の怒鳴り声は、Ａの携帯電話を通じて通信指令課に伝わったので、通信指令課は、Ａに対し、「女の人が暴れとんの。女の人やね。」と確認した。すると、Ｓ女は、Ａが110番通報をしていることに気付き、Ａの手から携帯電話機を取り上げてＣ団地１号棟の方向に投げた。

②　110番通報後、警察官らが第１現場に到着するまでの経緯

1.　通信指令課は、110番第一通報を受け、午前３時23分頃、Ｎ警察署に対し、無線で、「喧嘩、口論、（住所略）高層住宅１号棟前で、暴力団、男１人と女の人」、「被害者、Ａ、男性、070－（番号略）」と伝えた。

2.　丁野巡査部長（地域第一課司令担当主任）は、上記無線連絡を受け、再度、Ｅ交番に電話をかけ、これを受けた丁田巡査部長に対し、「喧嘩の当事者がＣ団地１号棟の方へ移動したらしい。」と伝えた。しかし、丁野巡査部長は、被害者の名前がＡであること及びＡの携帯電話番号などは伝えなかった。

そして、丁田巡査部長及び丙野巡査は、ミニパトに乗車してＥ交番を出発し、Ｃ団地に向かった。

　３．　乙原警部は、上記無線連絡を受け、Ｎ警察署１階にある自動車警ら班の勤務員の席に向かって、「Ｃの団地で喧嘩をしているとの110番通報が入っている。伊川谷のブロック員を行かせているが、パトカーも１台現場臨場してくれ。」との指示を出した。しかし、乙原警部も、被害者の名前がＡであること及びＡの携帯電話番号などは伝えなかった。

　そこで、乙川巡査部長及び丙原巡査長は、パトカー（Ｎ３号）に乗り込み、Ｃ団地に向かった。乙原警部は、この時点では、通報に係る喧嘩事案の内容が暴力団風の男が女性に絡んでいるものと考え、Ｄ交番勤務員が仮眠時間中であることを考慮し、同交番勤務員に現場臨場の指示を出さなかった。

　４．　午前３時29分、女性から110番通報があり、同女性は、これを受けた通信指令課に対し、「喧嘩しているみたいなんですけど。」、「神戸市〈番地略〉の、あのうＤ交番ありますでしょ。」、「あの裏の県住の敷地なんですけど。」、「３人くらいです。」などと伝えた（以下「110番第二通報」という。）。通信指令課は、同女性に対し、「５分くらい前に当事者の方から電話ありまして、今現在パトカーが向かっておりますので。」と伝えた。

　５．　Ｖ（Ｔ組若頭補佐）は、午前３時30分頃、チェイサーを運転して第１現場に到着し、カムリの西側に停車させ、Ｘ（暴力団Ｔ組組長）の足を押さえ付けていたＢ（Ａの友人）の顔面を蹴り上げた。その後、Ｖは、Ｘの上半身を押さえ付けていたＡの顔面を右手拳で２回殴打し、さらにその衝撃でＸから手を放したＡの襟首辺りをつかんで引きずり、乗ってきたチェイサーの近くまで移動させた。

　６．　Ｚ（Ｔ組組長秘書）は、セルシオを運転して第１現場に到着し、チェイサーの西側に停車させ、Ａの頭部を右手拳で１回殴り、その後Ｘとともにｂの顔面等を数回蹴り上げた。

　また、Ｚは、再びＡのもとへ行き、「わしらをなめとったらあかんぞ。」などと怒鳴りながら、Ｖとともに、四つん這いの状態になっていたＡの顔面などを数回蹴り上げ、その後、Ｘとともに、Ｂに暴行を加え続けた。

　そして、Ｖは、Ｘから「もっといわさんかえ。」と怒鳴りつけられ、Ａに暴行を加え続けた。

　７．　午前３時32分頃、Ｃ団地の５号棟に住む男性から110番通報があり、通信指令課に対し、「Ｄのね、交番の裏の団地やけどね。」、「７から８人でつかみ合いの喧嘩しょるで。」などと伝えた（以下「110番第三通報」という。）。そして、通信指令課は、Ｎ警察署に対し、午前３時33分頃、無線で、「喧嘩、口論。（住所略）。１号棟。７から８人。５号棟から見える。匿名男性。」と伝えた。

　８．　丁田巡査部長らのミニパトと乙川巡査部長らのパトカー（Ｎ３号）は、Ｃ団地に向けて出発した当初は、サイレンは鳴らさずに赤色灯だけをつけて走行していたが、通信指令課からの上記無線連絡を傍受し、至急現場に臨場する必要があると判断し、サイレンを鳴らす緊急走行に切り替えてＣ団地に向かった。

　９．　乙原警部は、通信指令課からの上記無線連絡を受け、先行させた４名の警察官だけでは現場の対応ができないと考え、仮眠中のＤ交番勤務員も出動させること

し、D交番の丁山巡査の携帯電話に電話をかけ、「交番の裏の団地で大きい喧嘩が起きてるみたいや。110番通報も入っているから、とりあえず現場へ行ってくれ。」と指示した。

　そして、丁山巡査は、上記指示内容を戊野巡査部長に伝え、戊野巡査部長とともに、制服等を着用してC団地に向かった。

　10.　VとZは、午前3時34分頃、Xから、「おい、そいつをそれに乗せとけ。さろてまわんかい。」などと言われ、倒れて気絶していたAを、Vが乗って来ていたチェイサーの後部座席に押し込んだ。

　11.　110番第三通報をした男性は、午前3時34分頃、再度、110番通報をし、これを受けた通信指令課に対し、「もう連れて行かれよるで。」、「はよパトカー呼ばな。」、「はよ来たらな。時間かかりすぎやわ。」などと伝えた（以下「110番第四通報」という。）。また、同男性は、通信指令課から「車か何かに乗せられよるんですか。」と尋ねられ、「そうそうそう。」と答えた。

　12.　そして、通信指令課は、N警察署に対し、午前3時36分頃、無線で、「喧嘩、口論。（住所略）。連れて行かれる。車で。早く来てやってほしい。」と伝えた。

　13.　乙原警部は、通信指令課からの無線連絡を受け、甲山警部補と乙田巡査長に対し、「Cの喧嘩やけど、派手にやっとるようやから行ってくれ。」と指示した。

　そこで、甲山警部補と乙田巡査長は、午前3時38分頃、パトカー（N1号）に乗り込み、同署を出発してC団地に向かった。

　14.　Y（T組幹部）は、午前3時35分頃、カリブを運転して第1現場に到着し、Xのもとに駆け寄った。そして、Xは、Yに対し、「あいつ、捕まえてこい。」と命じ、四つん這いになって逃げようとしていたBを捕まえさせ、Bをカムリの後部座席に押し込もうとした。

　15.　ミニパト（丁田巡査部長ら）及びパトカー（N3号（乙川巡査部長ら））が、午前3時36分頃、第1現場に到着した。ミニパトはセルシオの西側に停車し、N3号はミニパトの後方に停車した。

③　警察官らが第1現場に臨場していた間の経緯

　1.　S女（Xの愛人）は、第1現場に警察官らが到着したので、チェイサー後部座席のA（本件被害者）の存在に気付かれないようにするため、Z（T組組長秘書）とY（T組幹部）に対し、「車はよけて。」と言って、チェイサーを第1現場から移動させるよう指示した。

　2.　そこで、Yは、チェイサーの移動通路を確保するため、チェイサーの前に停車していたセルシオを移動させた。

　3.　B（Aの友人）は殴打され、四つん這いになって逃げようとしていたところ、Yらにカムリの後部座席に押し込まれようとしていたため、警察官に助けを求めるため、カムリの後部座席からミニパト及びパトカー（N3号）に向かって走り出した。

そのとき、V（T組若頭補佐）は、X（暴力団T組組長）から「捕まえろ。」と怒鳴られ、Bの後方を追いかけて行った。

4.　また、ZとYも、チェイサーに警察官らを近づけないようにするため、警察官らのもとに近寄っていった。

5.　Bは、ミニパト及びパトカー（N3号）に向かって走っていた際、上半身が裸であり、顔面から血を流している状態であった。そこで、N3号の勤務員であった丙原巡査長は、Bが110番通報に係る事案の被害者であると考え、N3号のパトカー後部座席のドアを開け、「こっちに来なさい。」と言ってBを誘導した。

6.　S女は、警察官らに気づかれないため、「パパ、上へ上がろう。」と言ってXの腕を引っ張り、Xとともに、C団地1号棟×××号室のS女宅に戻った。

7.　U（T組本部長）は、アリストを運転して第1現場に到着し、カムリの北東にアリストを停車させ、Vからそれまでの事情を聞いた。Uは、第1現場においてチェイサー（移動前）の傍らを通りかかった際、チェイサーの外側から、後部座席に人影を認め、A（本件被害者）がズボンを履いた状態で、顔を腫らし仰向けに寝ころんでいるのを認めた。

8.　Vは、「われ、出てこんかい。」と怒鳴りながら、パトカー（N3号）の後部座席のドアノブを引っ張って揺すり、Bを車外に引き出そうとした。また、Uも、N3号の運転席のドアを開けて後部座席のドアロックを解除し、Bを車外に引き出そうとした。

そこで、E交番のミニパトで現場到着していた丁田巡査部長及び丙野巡査、パトカー（N3号）乗務員の乙川巡査部長及び丙原巡査長は、「なにしとんや、やめんかい。」などと言って、V、U、Y及びZをN3号から引き離し、同人らをミニパトとC団地1号棟の間まで移動させた。

9.　丁田巡査部長及び乙川巡査部長は、Vに対し、「何があったんや。聞かせてくれ。交番に行って話を聞かせてくれ。」と言って職務質問を開始した。しかし、Vは、「単なる口論や。関係ないから帰れ。強制か、これは。任意やろ。任意とちがうんか。」と言って事情を説明せず、任意同行にも応じようとしなかった。

10.　また、丙野巡査は、Uに対し、「何があったんや。」などと言って職務質問をしたが、同人も「知らん。今来たところや。」と言って質問に応えようとしなかった。

そして、丙野巡査は、乙川巡査部長からの指示を受け、パトカー（N3号）に戻り、Bからの事情聴取を開始した。

11.　D交番勤務員の戊野巡査部長と丁山巡査は、午前3時40分頃、第1現場に到着した。そして、戊野巡査部長は、Vのもとへ行き、「何があったんや。」などと言って職務質問をしたが、Vは質問に答えようとしなかったので、Bから事情聴取をしようと考え、N3号のパトカーの中に入っていった。

12.　Uは、丁山巡査から名前を尋ねられたが、「もう他のもんに聞かれて名前を言うた。わしら関係ない。」と言って答えなかった。

13.　乙川巡査部長は、Vらが職務質問に答えようとしなかったので、警察官の人数を増やす必要があると考え、パトカー（N3号）の無線で、本署に対し、警察官の

増員及び救急車の派遣を要請した。

14. その無線連絡を受けた乙原警部は、丁野巡査部長に対し、救急車を要請するよう指示し、また、戊山警部補、甲沢巡査部長、甲原巡査長に対し、第1現場に向かうよう指示した。戊山警部補ら3名は、午前3時45分頃、N11号のパトカーに乗車し、同署を出発して現場に向かった。

15. Bは、N3号のパトカー車内で、戊野巡査部長と丙原巡査長から事情を聞かれ、「私の車で友人を送って来た。トヨタのカムリです。友人が助手席から降りたところ、突然乱暴された。私はすぐに車から降り、止めたが私も殴られた。友人は、まだその付近にいると思います。車に乗せられているのかも。」と告げ、また、戊野巡査部長らから、「その友人というのは誰ですか。」と聞かれ、C団地1号棟を指さし、「Aです。年は28歳くらいと思います。この団地に住んでいます。あの棟の一番上の階です。」と答えた。

16. そして、Bは、戊野巡査部長から、「Aさんは、逃げた可能性もあるか。」と聞かれた際、「わかれへん。」と答え、また、丙原巡査長から、「あんな中で、あんたを殴った男はだれかいな。」と聞かれた際には、「眼鏡がないので、よく見えません。」と答えた。そして、午前3時50分ころ、救急車が第1現場に到着したので、戊野巡査部長及び丙原巡査長は、Bを救急隊員に引き渡した。

17. W（T組若頭）は、午前3時50分頃、セドリックを運転してC団地付近に到着し、C団地の西側の入り口から中に侵入しようとした。

Yは、Wの運転するセドリックが到着したことに気付き、Wを事件に巻き込ませないために、セドリックの助手席に乗り込み、Wに対し、C団地の北側に所在するローソン（コンビニ）までセドリックを移動させるよう求めた。

Wは、ローソンの駐車場にセドリックを駐車させたが、Xから電話があり、「今どこぞえ。なにしよんぞえ。はよこんかえ。」と怒鳴られたので、YとともにC団地に向かった。

18. Vは、職務質問を受けるうちに、「ちょっとしたことで口論になり、揉めた。」と答えるようになった。丁田巡査部長は、Vから詳細な事情を聞く必要があると考え、VをD交番に任意同行しようと説得を続けた。しかし、Vは、「ちょっと待ってえな。後で行くから。約束する。」と言って、丁田巡査部長の説得に応じなかった。

19. 戊野巡査部長は、Bを救急隊員に引き渡したので、Vに対する職務質問に加勢しようと考え、パトカー（N3号）を降りて丁田巡査部長のもとへ行き、丁田巡査部長に対し、Vに対する職務質問状況を尋ねた。

丁田巡査部長は、戊野巡査部長に対し、Vが後でD交番を訪れると言っていること、Bのけがに関して知らないと言っていることなどの職務質問状況を伝えた。

そして、Vは、戊野巡査部長から「お前がやったん違うか。」と尋ねられたが、「知らん。やってない。」と答え、Bに対する暴行を否認した。

戊野巡査部長は、丁田巡査部長から、Vの人定事項を確認していないと聞き、Vに対し、運転免許証を提示するよう求めた。

20.　Vは、チェイサー後部座席のAの存在に気付かれないうちに、警察官らを第1現場から引き上げさせようと考え、戊野巡査部長らに対し、「詳しいことは後で交番に出頭して話をする。」と告げ、また、警察官らを信用させるため、求めに応じて運転免許証を提示した。そこで、戊野巡査部長は、Vが提示した運転免許証を確認し、手帳にVの身上事項を記載した。

21.　甲山警部補と乙田巡査長は、C団地に向かう途中、現場は落ち着いたという内容の無線連絡を受け、午前3時50分頃、D交番の北側にあるF会館の駐車場にN1号のパトカーを駐車し、そこから徒歩でC団地に向かい、午前3時51分頃、第1現場に到着した。

22.　そして、甲山警部補は、Vに職務質問をしている丁田巡査部長から、Bが上半身裸の状態で走ってきたこと、Bの後ろを4、5人の男が追いかけてきたこと、その追いかけてきた男の1人がVであること、Vの人定事項は運転免許証で確認したことなどの報告を受けた。Vは、甲山警部補からD交番に同行するよう説得されたが、「わしは逃げも隠れもせえへん。免許証も見せとるやないか。後で必ず行くから。」と言って同行を拒否した。

23.　丙野巡査は、午前3時55分頃、乙川巡査部長からの指示を受け、C団地1号棟の前に駐車していた喧嘩の関係者のものと思われる自動車のナンバーチェックを行い、チェックした自動車のナンバーをメモ用紙に記載した。

丙野巡査がチェックした自動車及びそのナンバーは、①白色セルシオ（ナンバー略）、②黒色チェイサー（ナンバー略）、③白色アリスト（ナンバー略）、④銀色カムリ（ナンバー略）であった。

24.　戊山警部補、甲沢巡査部長、甲原巡査長は、午前3時57分頃、D交番の北側にあるF会館の駐車場にN11号のパトカーを駐車し、D交番に入った。

そして、D交番で待機していた兵庫県警察本部所属の丙谷警部補は、戊山警部補に対し、「現場は落ち着いている。D交番の勤務員から、交番で待機するよう言われているので待機している。」と告げた。

しかし、戊山警部補は、C団地に向かう必要があると考え、甲原巡査長とともに、走って第1現場に向かった。

25.　Bを乗せた救急車が、午前3時59分頃、第1現場を出発し、最寄りの病院に向かった。そこで、乙川巡査部長は、N警察署に対し、無線で、警察官を病院へ派遣するよう要請した。そして、N警察署の乙林巡査部長は、Bの事情聴取をするため病院に向かった。

26.　Zは、S女からAを乗せたチェイサーを移動するよう指示を受けていたので、午前4時頃、チェイサーの東方に停車していたアリスト及びカムリを移動させて通路を確保し、約100メートル離れたC団地敷地内の東の端までチェイサーを移動させた。

27.　丙原巡査長は、Bを乗せた救急車が第1現場から出発した後、Aを探すためカムリの車内を確認し、また、カムリの運転席側のドリンクホルダーに立てかけてあったBの携帯電話を持ってパトカー（N3号）に移動し、その中からAの電話番号

を探そうとしたが、Ａの電話番号を見つけることはできなかった。

28. そのころ、甲原巡査長は、パトカー（Ｎ３号）に乗り込み、丙原巡査長から、Ｂから事情聴取した事案の概要及びもう１人の被害者がＡであることなどを聞いた。

29. Ｎ警察署における４日の宿直中の業務を統括する責任者は、古澤警部であったことから、乙原警部は、午前４時頃、仮眠中であった古澤警部を起こし、同警部に対し、Ｃ団地で喧嘩が発生し、現場に警察官を向かわせていることを報告した。また、乙原警部は、午前４時３分頃、Ａの携帯電話に電話をかけたが、応答はなかった。

30. 戊野巡査部長は、通信指令課及びＮ警察署に対し、午前４時４分頃、パトカー（Ｎ３号）の車内の無線から、「被害者２名が車で帰ってきたところ、いきなり見知らぬ者が殴った。現場には約６名いるが、犯人かどうかの特定はできない。被害者が110番通報したものと思われるが、１名は現場から立ち去り、１名は既に病院に搬送した。」と報告した。そして、通信指令課は、戊野巡査部長の報告を受け、戊野巡査部長に対し、「喧嘩の件、被害者Ａなる男性から携帯で入っていた。」と伝えた。

31. また、戊野巡査部長は、甲山警部補からＶの犯歴照会をするよう指示され、午前４時６分頃、Ｎ警察署の丁田巡査部長にＶの前科、前歴等の照会を依頼したところ、Ｖが暴力団乙沢組傘下Ｔ組の組員であり、４回の犯歴を有することが判明した。

32. 戊野巡査部長は、甲山警部補と丁田巡査部長に対し、午前４時10分頃、Ｖが暴力団組員であることを告げ、また、Ｖに対し、「とりあえず交番まで来てくれ。」と言って任意同行に応じるよう説得した。Ｖは、警察官らを現場から引き上げさせるため、戊野巡査部長らに対し、「警察官やパトカーを引き上げてくれ。免許証まで見せとるから、逃げたりしませんがな。警察官がパトカーを引き上げてくれたら、後で必ず交番に出頭する。」と告げた。

33. 甲山警部補は、Ｖが任意同行の説得に応じようとしなかったので、戊野巡査部長と丁田巡査部長と相談し、第１現場から引き上げることを決め、Ｖに対し、「分かった。そのかわり、すぐ交番へ出てきてくれ。」と告げた。

34. 戊野巡査部長は、第１現場を引き上げる前に、Ｃ団地１号棟前に停車していたＢのカムリの車内を確認したところ、キーが差し込まれ、ドアも施錠されていない状態であったので、カムリをその状態で放置するのは不用心であると考え、キーを抜き取ってドアを施錠した。

35. Ｎ警察署以外に所属する警察官も、要請を受けて第１現場に臨場しており、最終的には、合計18名の警察官が第１現場に臨場していた。そして、甲山警部補らの指示により、午前４時13分頃、第１現場を引き上げた。

④ **警察官らが第１現場を撤収した後のＸらのＡに対する暴行等**

警察官らが現場から撤収した後、Ｖ（Ｔ組若頭補佐）が乗ってきていたチェイサー後部座席に押し込まれていたＡ（本件被害者）が殺害されて発見されるまでの間の経

緯は、次のとおりである。

　1．　X（暴力団T組組長）、S女（Xの愛人）、V（T組若頭補佐）、Y（T組幹部）、Z（T組組長秘書）、W（T組若頭）、U（T組本部長）は、午前4時13分頃に甲山警部補らの指示により現場を撤収した後に、C団地1号棟×××号室のS女宅に集合した。

　2．　Xは、他の6人に対し、「団地を出たところで、相手の2人と喧嘩になった。こんな目に遭うのは初めてや。あのガキら。パトカーに逃げたやつはしゃあないけど、もう1人の男はどうなっとんや。」と言った。そこで、VとUは、Xに対し、「もう1人は車に積んでまっせ。」と答えた。

　3．　Vは、XらがAに暴行を加えることを気付かれないようにするため、1人で交番に出頭して警察官らの対応をしようと考え、Xに対し、「さっきのポリに後で絶対に出頭するからと言って約束してますから、とりあえず交番に行ってきますんで。」と告げた。

　4．　そして、Vは、Xから「ほな頼むわ。いらんこと言うなよ。」と言われ、×××号室を出てD交番（C団地の一角に所在し、現場から60メートルほどの距離に所在する交番）に向かった。

　5．　Xは、Aに更なる暴行を加えるため、午前4時25分頃、「ほな、行くぞ。」と言って、Y、Z、W、Uとともに×××号室を後にした。S女も、Xに対し、「私もついて行く。」と言ったが、Xから制止され、×××号室に残った。

　6．　そして、Xらは、チェイサー（Vが乗ってきていた車両で、Aは同車後部座席に押し込まれていた。）、セルシオ及びアリストに乗り込み、移動し、車で約10分走行したところにある空き地（以下「第2現場」という。）に到着し、午前4時35分頃、Aをチェイサーの後部座席から引きずり出し、「ヤクザをなめとったらあかんぞ。けじめとったろか。ぶっ殺したろか。」などと怒鳴りながら、Aの顔面などを多数回蹴り上げた。

　7．　Yは、Xからユンボを持ってくるよう指示され、午前4時40分頃、アリストを運転してG建設に向かった。

　8．　その後も、Xらは第2現場において、バケツでAに水を掛けたり、ロープを使ってAをフェンスに縛り付けるなどの暴行を加え、Bの名前を聞き出そうとしたが、Aはうめき声をあげるだけで、Xらの問いには答えなかった。

　9．　Xは、午前5時10分頃、Z、W、Uに対し、「山へ連れてけ。」と指示した。そして、Xらは、チェイサーのトランクにAを押し込み、チェイサー及びセルシオに乗り込んでG建設に向かった。

　10．　Yは、ユンボを運転してG建設から第2現場である空き地に戻っていた途中、Xらに出会い、G建設に向かうよう指示されたので、ユンボを反転させて引き返した。

　11．　Xらは、午前5時15分頃、G建設の建物内（以下「第3現場」という。）に到着し、同建設内の風呂場にAを運び、浴槽に入れた。

　そして、Xは、Aの髪をわしづかみにし、「お前、名前なんて言うねん。名前言わ

んかえ。お前の連れ、なんて言うんや。」などと怒鳴りながら、右手拳でＡの顔面を
２、３回殴打し、またＡの顔を押さえ付けて湯の中に浸けた。

　　12.　　Ｙは、Ｗから、Ｘの服が濡れたので着替えを持ってくるよう指示され、午前
５時30分頃、アリストに乗って×××号室にＸの着替えを取りに行き、午前６時頃、
再び第３現場に戻った。

　　13.　　Ｖは、午前５時30分頃、Ｄ交番から帰宅することを許され、午前６時頃、第
３現場に合流した。

　　14.　　Ｗは、風呂場を掃除するためのデッキブラシでＡの頭部を殴打し、その後、
デッキブラシの柄の部分でＡの頭部から肩口にかけて殴打した。また、Ｙも、Ｗから
受け取ったデッキブラシの柄の部分で、Ａの上半身を２、３回殴打した。

　　15.　　Ｘは、午前６時30分頃、「もう引き上げ。そこへ寝かせとけ。」と言い、Ｙ及
びＵとともに、Ａを浴槽から引きずり出し、洗い場に寝かせた。

　この時、Ａは、後頭部から出血し、顔面は腫れ上がっており、片目は開けられず、
上半身はあざだらけであった。

　　16.　　そして、Ｕは、Ｘから「ほかしてこい。○○付近はあかんぞ。人目の付くと
こにほかせ。人に見られんなよ。」と言われたので、Ｙ及びＺとともに、タオルで目
隠しをしたＡをチェイサーのトランクに押し込み、午前６時50分頃、第３現場を出発
した。

　　17.　　Ｕらは、Ａを放置する場所を探し回り、午前７時頃、Ａをトランクから出し
て、株式会社Ｈの北方約700メートル先の道路に放置した。

⑤　**第１現場を撤収した後のＮ警察署の対応等**

　　1.　　戊野巡査部長は、Ｄ交番に戻ったものの、Ａ（本件被害者）の所在が気にな
り、午前４時14分頃、先にＡが110番通報した際に把握されていたＡの携帯電話の番
号を確認し、Ａの携帯電話に架電したが、応答はなかった。

　そこで、戊野巡査部長は、Ａの携帯電話の着信音を頼りにＡを探そうと考え、丙野
巡査、丁山巡査を第１現場に出向かせ、再度、Ａの携帯電話に架電したが、Ａの携帯
電話は応答せず、丙野巡査、丁山巡査も、Ｃ団地付近でその着信音を聞くことができ
なかった。

　　2.　　また、戊野巡査部長は、丙原巡査長に対し、Ｄ交番備付けの巡回連絡簿でＡ
の自宅の電話番号を調査させ、Ａが帰宅しているかどうかを確認するよう指示した。

　　3.　　他方、Ｖ（Ｔ組若頭補佐）は、午前４時25分頃、Ｄ交番を訪れ、丁田巡査部
長及び戊野巡査部長から取調べを受け、「わしがやりましたんや。わしが一人でやり
ましたんや。駐車のことで揉めて喧嘩になったんや。」と話した。

　丁田巡査部長は、Ｂ（Ａの友人でＸらから暴行を受けたカムリの運転者）の顔面が
血だらけであったにもかかわらず、Ｖの着衣に返り血が認められなかったため、Ｂに
暴行を加えたのはＶではないと考え、Ｖに対し、「おまえと違うやろ。おまえ一人で
やったらもっと血が付くはずや。誰がやったんや。」と言って追及したが、Ｖは、か

たくなに自分一人の犯行である旨の供述を繰り返した。また、Ｖは、戊野巡査部長から喧嘩の相手の人数について尋ねられた際も、「覚えていない。興奮していて分かりませんわ。」などと曖昧な返事をしていた。

　　4.　丙原巡査長は、Ｄ交番備付けの巡回連絡簿からＡの自宅の電話番号を調査し、午前4時30分頃、Ａの自宅に電話をかけ、これを受けたＡの母親に対し、Ａが帰宅しているかどうか尋ねたが、Ａは帰宅しておらず、このため、Ａの母親に対し、Ａが帰宅した際にはＮ警察署に連絡を入れるよう告げて電話を切った。

　　5.　乙原警部は、Ｖが暴力団組員であることが判明したので、自ら現場の状況を把握して指揮をとる必要があると考え、Ｄ交番に向かい、午前4時30分頃、同交番に到着した。

　　6.　そこで、丙原巡査長は、乙原警部に対し、Ｂから事情聴取した内容や第1現場の状況、もう1人の被害者であるＡの所在が不明であること等を報告した。

　また、戊野巡査部長と丁田巡査部長も、乙原警部に対し、Ｂから事情聴取した内容や第1現場の状況、Ｂは救急車で病院に搬送されたこと、Ｂのほかに被害者がもう1人いること、現場にいた者のうちＶ1人が任意出頭に応じたこと、Ｖが1人でＢに暴行を加えたと供述していること、Ｖには返り血が認められないことなどを報告した。

　　7.　この時点では、丙野巡査も、第1現場からＤ交番に戻っていたので、乙原警部に対し、第1現場において関係者のものと思われる自動車のナンバーチェックをしたことを報告した。

　　8.　Ｖは、乙原警部から、「1人でやったんか。」と尋ねられた際は、「そうです。」と答え、「救急車で運ばれたほかに、もう1人はどうした。」と尋ねられた際には、「知らん。」と言うだけで、それ以上は答えようとしなかった。

　　9.　丙原巡査長は、Ｖが着用していたズボンの左足部分に直径約5ミリメートルの血痕が付着していたので、午前4時40分頃、乙原警部の指示により、ポラロイドカメラでＶの写真撮影をした。

　　10.　戊山警部補、丁山巡査、丙原巡査長、甲原巡査長及び丙野巡査は、午前4時50分頃から午前5時30分頃にかけて、乙原警部の指示により、Ａの所在確認及び遺留品の調査のため、Ｃ団地の敷地内を捜索した。

　　11.　そして、戊山警部補らは、カムリから北東に約5メートル離れた通路で10センチメートル四方の血痕を、カムリの西側に停車されていた白色の軽四自動車の左前方のタイヤ付近で黒色の革靴の片方を、カムリと白色軽四自動車の間の通路の南側の縁石付近でレンズが茶色の眼鏡をそれぞれ発見した。

　　12.　乙原警部は、甲山警部補、戊野巡査部長及び丁田巡査部長とともに、Ｖを緊急逮捕できるかどうか検討し、また、Ｎ警察署の古澤警部にも電話をかけて相談したが、犯人であることを特定する証拠が不十分であり、実行犯をかばって出頭した可能性が高いと考え、Ｖを一旦帰宅させることとした。

　　13.　そこで、乙原警部は、午前5時30分頃、連絡をした際には必ず出頭するように告げ、Ｖを帰宅させた。

　　14.　乙原警部は、第1現場の捜索を終えてＤ交番に戻った戊山警部補らから、Ｂ

のカムリが現場に停車したままであると告げられ、戊山警部補らに対し、Bが運ばれた病院までカムリを届けるよう指示した。

15.　そして、カムリ及び第1現場で発見された遺留品をBに届けるため、甲原巡査長は、午前5時30分頃、甲野巡査部長から鍵を受け取ってカムリを運転し、パトカー（N11号）に乗車した戊山警部補及び甲沢巡査部長とともに病院に向かった。

16.　乙林巡査部長は、Bの事情聴取をするために病院を訪れ、午前5時30分頃から事情聴取を開始した。そして、Bは、乙林巡査部長に対し、Xから暴行を受けた際の状況や、Aが白かシルバーの乗用車に連れ込まれた可能性があると告げた。

17.　戊山警部補、甲沢巡査部長及び甲原巡査長は、午前5時40分頃、病院に到着し、カムリ、携帯電話、革靴、眼鏡をBに渡した。

18.　また、戊山警部補は、乙林巡査部長から、Aも暴力団員風の男から殴られ、相手方のシルバーの自動車の中に連れ込まれたと告げられたので、N警察署に電話をかけ、丙田警部補（地域課の指令担当係長）に対し、Aが乗せられて拉致されている可能性があると報告した。

19.　そして、丙田警部補は、午前5時50分頃、乙原警部に電話をかけ、Aがシルバーのセダンタイプの自動車に乗せられた可能性があると伝えた。

20.　戊山警部補、甲沢巡査部長及び甲原巡査長は、丙田警部補から組事務所やC団地周辺を検索するよう指示を受け、午前5時50分頃から、パトカー（N11号）でシルバーの自動車の検索を開始したが、これを発見することはできなかった。

21.　乙川巡査部長は、乙原警部から、Vのポラロイド写真を使ってBから犯人の面割をするよう指示を受け、午前6時15分頃、病院を訪れた。

そして、乙川巡査部長は、乙林巡査部長から、B以外にも被害者がいること及びその被害者は行方不明になっていることを聞いた。

22.　乙川巡査部長は、Bの治療が終わった午前6時40分頃、Bに対し、Vのポラロイド写真を見せ、暴行を加えた相手がVかどうか尋ねた。

すると、Bは、乙川巡査部長に対し、「後で加勢にきた人の中にいたように思う。」と述べた。

23.　そして、乙川巡査部長は、午前7時過ぎ頃、同署に戻り、乙原警部に対し、その面割結果について報告した。

24.　甲山警部補及び乙田巡査長は、午前7時頃、乙原警部から、もう一度C団地に行ってAの安否を確認するよう指示され、パトカー（N1号）に乗車してC団地に向かった。そして、甲山警部補らは、午前7時15分頃、Aの自宅の呼び鈴を押したが、Aの母が外出していたので、応答がなかった。

25.　その後、甲山警部補らは、C団地周辺で遺留品の捜索を開始し、C団地1号棟前の植え込みの中からAの携帯電話を、C団地1号棟前の通路上でネクタイピンをそれぞれ発見し、乙原警部に電話をかけ、捜索の結果を報告した。

26.　乙原警部は、午前7時30分頃、古澤警部及び蓑田警部補と協議し、いくつかの遺留品が発見されたものの、被疑者の特定が進まないことから、Vを再度呼び出し、Vの事情聴取を先行するという方針を決定、同署で捜査書類を作成していた戊

野巡査部長に対し、Vに電話をかけて出頭するよう指示した。

27. そして、蓑田警部補及び戊野巡査部長は、午前7時40分頃、Vの携帯電話に電話をかけ、Aを連れて直ちにN警察署に出頭するよう要請したところ、Vは持病の治療のため病院に行く必要があるので、直ちに出頭することはできないと言って拒絶した。

28. N警察署の田中署長は、午前8時30分頃出勤し、乙原警部及び古澤警部から、事件の概要について報告を受けた。

そして、田中署長は、乙原警部に対し、Vの逮捕、組関係者からの事情聴取、Aの所在捜査をするよう指示した。

29. 戊山警部補及び福井巡査長は、乙原警部の指示により、午前8時30分頃から、近隣の病院に電話をかけ、Aが治療に訪れていないか確認したが、Aはいずれの病院も訪れていなかった。

30. Vは、午前8時49分頃、N警察署に電話をかけ、丁海巡査部長に対し、病院に行くので午後3時頃に同署に出頭すると告げた。

31. 戊川警部補（同署刑事課）は、午前9時頃、Bの入院する病院を訪れ、Bに対し、事件の内容及びAが立ち寄りそうな場所を尋ねた。

32. Xは、午前9時30分頃、丁海巡査部長に電話をかけ、「わしは癌で病院に入院しております。今日はVが迷惑をかけてすんません。Vは昼過ぎに出頭させますので。」と告げた。

33. 戊野巡査部長は、Aの所在を確認するため、午前9時30分頃、Aの母が人工透析治療のため病院にいることを聞き、病院に電話をかけ、電話に出た看護師を通じて、Aが帰宅しているかどうかの確認を依頼したところ、いまだ帰宅していないとのことであった。

34. 乙原警部は、午後1時50分頃、Aが通学している大学に電話をかけたが、Aの所在を確認することはできなかった。

35. Vは、午後3時8分、N警察署に出頭し、戊川警部補に対し、「事件は、自分1人がやったもので、相手も1人だった。現場にはUもいたが、暴力は振るっていない。」と告げた。

そして、Vは、午後4時48分、N警察署において通常逮捕された。

36. 乙原警部は、午後4時45分頃、A宅に電話をかけ、これを受けたAの母に対し、「まだA君は帰っていないですか。実はA君拉致されているかもしれないんです。半日もたってるんで、ちょっと尋常じゃないんで、お母さん、N署の方に来てもらえますか。」と伝えた。

そして、Aの母は、N警察署を訪れ、午後5時45分頃、Aの捜索願を提出した。

37. 戊川警部補及び丁海巡査部長は、午後5時40分頃、Xの入院先の病院を訪れXに対し、「事件当時、Uがその現場にいたことははっきりしていることだから、U本人から早急に電話するよう伝えてくれ。所在の分からないもう1人のAを、今すぐにでも返すようにせえ。」などと伝えた。

38. Uは、午後11時58分、戊川警部補に電話をかけ、「あの事件は、Vが言って

いるとおり、Ｖ１人の犯行で、喧嘩の相手の男も１人しかいなかった。」と告げた。

そして、戌川警部補は、Ｕに対し、「被害者のもう１人の男を警察まで連れてきて返せ。事件のことについては、それからのことや。Ｖ１人で終わらすことはできんから、明日お前も警察まで出頭してこい。」などと伝えた。

39. すると、Ｕは、戌川警部補に対し、「分かりました。そしたら、明日の昼１時頃に出頭させてもらいます。」と告げた。

戌川警部補は、Ｕが翌５日午後１時を過ぎても出頭してこなかったので、同日午後２時10分頃、同人に電話をかけ、早急に出頭するよう要求した。

40. Ｕは、５日午後４時１分、戌川警部補に電話をかけ、「Ｃ団地の事件は、わしがやったもんや。警察で捜しているもう１人の男は、事件後、わしが１人で車で運んで捨てた。事件の後、わしが１人でチェイサーで運んで、前開から布施畑（いずれも地名）へ行く途中のＭ組の前辺りに捨てた。」などと告げた。

41. ５日午後４時35分頃、第４現場の道路脇にある川の中において、Ａの死体が通行人により発見され、Ａの死因は、加害者らの暴行により頭部挫裂創、急性硬膜下血腫、胸郭多発骨折、腸間膜出血及び後背膜出血、顔面・頸部・胸部・腹部・右上下肢・胸腰背部の打撲擦過傷等の各傷害を負い、遺棄された数時間後に各傷害に基づく低体温症により凍死したものであることが判明した。

□裁判所の判断

本件の争点は、Ｎ警察署の対応、つまり①現場における加害者らに対する警察官らの対応に国家賠償法１条１項の違法性が認められるかどうか、さらに、②被害者の死亡との間に因果関係が認められるかどうかである。

まず、当事者の主張に対する裁判所の判断を見ることとする。

神戸地裁平成16年12月22日判決は、その判断に際して、「警察官の規制権限不行使と国家賠償法１条１項の違法性」の判断基準を次のように導いた上で、個々の状況について判断している。

(1) 警察官の規制権限不行使と国家賠償法１条１項の違法性

「警察法２条１項は、『警察は、個人の生命、身体及び財産の保護に任じ、犯罪の予防、鎮圧及び捜査、被疑者の逮捕、交通の取締その他公共の安全と秩序の維持に当ることをもってその責務とする。』と規定しており、また、警職法は、その１条１項において、『警察官が、警察法に規定する個人の生命、身体及び財産の保護、犯罪の予防、公安の維持並びに他の法令の執行等の職権職務を忠実に遂行するために、必要な手段を定めることを目的とする。』とし、同法２条以下においてその行使し得る手段を規定している。

　そうすると、警察官は、特定の個人が犯罪等の危険にさらされている場合において、その危険を除去するために、法律上許容される範囲内で警察法2条1項所定の職務に関して必要かつ相当な措置を採る一般的な権限を有していることは明らかであり、警察官によるかかる規制権限の行使は、警察官に与えられた公益上の義務であるとともに、特定個人に対する法的義務としての権限の行使にもなると解される。

　ところで、犯罪捜査権限は、事実関係を解明して、犯人を検挙し、適切な刑罰権を行使することによって、将来の犯罪の発生を予防するという公益を図るためのものであり、犯罪捜査に伴って犯罪による被害が回復されたり、同種の犯罪が防止されたりすることによって犯罪の被害者等の特定の私人が受ける利益は、公益を図る過程で実現される事実上の利益であるにすぎないとも考えられる。

　しかし、警察官による犯罪捜査権限の行使は、犯罪等の危険除去等のための権限行使と重なる場合があることも自明のことであるから、犯罪捜査権限の行使が、更なる犯罪等の危険にさらされている特定個人の危険除去のために必要とされる場合には、特定個人に対する法的義務としての権限の行使にもなると解すべきである。

　したがって、犯罪等の加害行為がまさに行われ又は行われる危険が切迫しているか否か、警察官においてそのような状況であることを知り又は知ることができるか否か、上記危険除去のための権限を容易に行使することができるか否か、その権限を行使することによって加害行為の結果を回避することが可能であるか否か等の事情を総合勘案して、当該権限の不行使が著しく不合理と認められる場合には、その不作為は、国家賠償法1条1項上違法であるとするのが相当である。」

【判決のポイント】

　警察権の発動について、警察権行使の職務上の義務が生じるための要件としては、

　　○　犯罪等の加害行為がまさに行われ又は行われる危険が切迫しているか否か（危険切迫性の存在）

　　○　警察官においてそのような状況であることを知り又は知ることができるか否か（危険切迫性の認識）

　　○　その危険除去のための権限を容易に行使することができるか否か（権限行使の容易性）

○　その権限を行使することによって加害行為の結果を回避することが可能であるか否か（権限行使による結果回避可能性）

等の事情を総合勘案して、その権限の不行使が著しく不合理と認められる場合には、その不作為は、国家賠償法1条1項上違法であると解されるとする。

(2)　警察官らが第1現場に到着するまでの対応について

ア　本件事件の最初の通報がされた時点の危険の切迫状況

(ア)　県（県警）側の主張

　X（暴力団T組組長）が、第1現場において、凶器を持っていたという事実はなく、V（T組若頭補佐）が第1現場に到着するまでの間は、A（本件被害者）とB（Aの友人）がXを押さえ付けるなどして優勢であったので、A殺害の危険性が切迫していなかった旨主張した。

(イ)　判断

　Aは、午前3時10分頃、C団地1号棟前でカムリから降りた際、T組の組長であるXから顔面を殴られるという暴行を受けたこと、S女（Xの愛人）は、午前3時18分から19分の間、Xへの加勢を求めるため、Xの配下であるZ（T組組長秘書）及びY（T組幹部）に電話をかけ、C団地に急いでくるように告げたことの事実経過を踏まえて、判決は、「N署に本件電話通報（筆者補足：事案の概要①110番第1通報までの経緯　9．女性からの喧嘩、早く来てほしい旨の通報）がされた午前3時19分の時点で、Aには、X及びS女から呼出しを受けた加害者らによる身体的加害行為の危険性が切迫していたものと認められる。」と判断した。

　加えて判決は、「確かに、Aは、BとともにXを押さえつけていたが、T組組長の配下であるZ及びYによって暴行を受ける危険性も迫っていたことを考慮すると、AがXを押さえつけて一時的に優勢であったとしても、Aに対する身体的加害行為の危険性を否定することはできない。また、身体的加害行為の危険性は、素手による暴行によっても生じるものであり、しかも、複数の暴力団員が加わることによって加害の危険性もより高いものになることは容易に想像できるから、加害者が凶器を所持していないことをもって、これが否定されることにはならない。」とした。

　さらに、判決は、「生命に対する侵害は、身体に対する侵害の結果として生じるものであるから、両者を区別する必要はなく、また、身体に対する加

害の危険性が認められれば、警察官の規制権限行使を期待すべき状況にあるといえる。したがって、警察官の権限不行使の合理性を判断する考慮要素としての危険の切迫を肯定するためには、生命に対する危険性が切迫していることまで要求されるものではない。」として、県（県警）側の主張を退けた。

イ　Aへの危険の切迫に対する警察官らの認識及び認識可能性

（ア）　県（県警）側の主張

Aにより110番第1通報は、酒に酔った調子であり、具体的現実的危険がまさに切迫していることを思わせる状況ではなく、その内容は、通報の対象となっている事案が、暴力団組員風の男性が女性に絡んでいると理解されるものであった旨主張した。

（イ）　判断

危険の切迫に対する警察官の認識及び認識可能性について、判決は、「警察官は、午前3時19分ころ、第1現場で喧嘩が発生したという本件電話通報を受け、その後、午前3時20分ころから23分にかけて、暴力団風の男が暴れているとのA自身による110番第一通報を受理したのであるから、この時点で、Aに対する身体的加害行為の危険性を認識したものと認められる。もっとも、各通報では、S女が他の加害者らを呼び出していることは触れられていないので、警察官らは、各通報から直ちに第1現場に他の加害者が合流してAに加害行為を加える危険性があることまで認識することはできなかったものと認められる。」としつつも、「A自身による110番第1通報中には、『やくざのおっちゃんが暴れている。』との内容がある上、その携帯電話を通じて、S女の『あんたら、いい加減にしとけよ。』、『ほんまに殺されるよ。』、『のかんかいこら。』などの怒鳴り声が伝わっていたのであるから、警察官らは、各通報の内容から、事案が暴力団員風の男が暴れている喧嘩闘争であり、したがって、身体に対する加害を招来する危険性の極めて大きい、切迫したものであると認識することができたものと認められる。」と判断した。

加えて、判決は、「110番第1通報は、まさに切迫した状況を思わせるものであり、その内容は、暴力団風の男性と女性が暴行をふるっている状況ととらえるのが自然である上、110番第1通報を受けた通信指令課も、N署に対し、加害者が暴力団員の男性1名と女性1名であり、被害者はAという男性であると報告したことが認められることに照らし、被告の主張を採用することはできない。」として、県（県警）側の主張を退けた。

ウ 乙原警部がD交番勤務員に第1現場臨場の指示をしなかった点について

(ア) 県(県警)側の主張

通報に係る事件が、関係者が凶器を振り回しているような危険性の高い事案でないと理解し、D交番が現場近くに所在していたものの、仮眠時間中であるD交番勤務員を出動させず、あらかじめ定められた勤務体制に従い、E交番勤務員及び自動車警ら班(パトカー)に現場への出動指示をしたが、その後の通報で喧嘩事案が悪化し、関係者も増えたことから、その時点になって乙原警部は、D交番勤務員に現場臨場の指示を出したのであり、現場への臨場指示の内容は、何ら不合理なものではない旨主張した。

この点につき、原告側は、乙原警部が、N警察署の勤務体制によりD交番勤務員が仮眠中であったとして、D交番勤務員に出動要請をしておらず、客観的にD交番勤務員が早期に現場臨場することが可能であった以上、N警察署の勤務体制をもって、警察官の現場への遅延を正当化できないとした。

(イ) 判断

a) 権限行使の容易性

乙原警部は、午前3時19分頃に最初にN警察署への通報(女性が同署丁野巡査部長に対し、「喧嘩。早く来てほしい。Cの県住3号棟と4号棟の間で喧嘩をしている」との内容)、続いて午前3時20分から23分の間にA(本件被害者)から110番通報(110番第1通報)に対する対応につき、C団地(現場)の一角にあるD交番(現場から約60メートル離れたところにある。)勤務員が仮眠中であったことから、当該交番勤務員に現場臨場の指示をせず、現場から約6キロメートル離れたE交番から警察官を臨場させたが、現場に最も近いD交番勤務員を臨場させるよう権限行使をすべきであったか否かにつき、判決は、乙原警部が午前3時33分頃、110番第3通報を受け、D交番勤務員の戊野巡査部長及び丁山巡査に対し、第1現場臨場の指示を出していることを踏まえ、「N署の当日の勤務体制によれば、本件事件が発生した時間帯は、D交番勤務員は仮眠時間中であったことが認められる。しかし、そのことをもって、D交番勤務員を第1現場に臨場させることに格別の支障があったとは考えられない。」とした上で、「乙原警部が、本件電話通報又は110番第一通報を受けた時点で、D交番勤務員である戊野巡査部長及び丁山巡査に対し、第1現場臨場の指示を出すことは、比較的容易であったと認められる。」として、権限行使の容易性を認めた。

b) 結果回避可能性

乙原警部が現場に近接するD交番勤務員に現場臨場をさせていれば、Aが車両に押し込められるのを事前に回避できたか否かにつき、判決は、第1現場から60メートルほどの距離にD交番が所在していたこと、乙原警部が丁野巡査部長からN警察署への最初の電話通報の内容を聞いたのは午前3時19分頃であり、続いて通信指令課から110番第1通報の内容を聞いたのは、午前3時23分頃であったこと、S女から午前3時20分頃に電話連絡を受け第1現場に来たV及びZがAをチェイサーの後部座席に押し込んだのは午前3時34分頃であった事実経過を踏まえて、「乙原警部が、本件電話通報又は110番第1通報の内容を聞いた時点で、D交番勤務員である戊野巡査部長及び丁山巡査に対し、第1現場に急行するよう指示をしていれば、戊野巡査部長らが、Aがチェイサーに押し込まれる前に第1現場に臨場し、Aを保護することができた可能性は十分にあったものと推認される。」として、結果回避可能性を認めた。

さらに判決は、Aが直接に助けを求めようとしてD交番を訪れたにもかかわらず、同交番勤務員が仮眠をとっていたため、Aが助けを求めにきたことに気付かなかったことを指摘し、管轄地域における緊急事態に迅速な対応が要求される交番の勤務体制として適切なものかとの疑問を投げかけ、「乙原警部が、本件電話通報及び110番第一通報を受けた時点で、通報にかかる喧嘩事案の危険性がそれほど大きなものではないと考え、D交番勤務員が仮眠中であったことを考慮し、C団地から6キロメートルも離れたE交番の勤務員及びN署内にいた警察官に現場臨場の指示をしただけで、第1現場から60メートルほどの距離に所在するD交番の勤務員に第1現場臨場の指示をしなかったことは、不適切、不合理であるというほかない。」として、乙原警部がD交番勤務員に現場臨場の指示をしなかった行為を不適切、不合理と結論付けた。

エ　ミニパトの第1現場への臨場について

（ア）　県（県警）側の主張

緊急自動車であっても、赤信号などの法令の規定により停止しなければならない場合は、他の交通に注意して徐行しなければならず、ミニパト及びパトカー（N3号）は途中から緊急走行に切り替えているが、交差点では低速で徐行しなければならず、出発から現場到着まで約15分が経過したとしても、到着が著しく遅れたと評価されるべきものではない旨主張した。

　なお、原告側は、警察車両の緊急自動車としての優先通行権が付与されているから、午前3時19分に事件発生を受理した時点で、第1現場への急行が可能になったが、17分を経過した午前3時36分まで現場臨場せず、警察白書による平成13年度のリスポンスタイムは全国平均6分22秒であるところ、本件現場まで走行上何らの障害もなく、E交番から第1現場までの距離は約6キロメートルであり、仮に時速40キロメートルで走行しても、約9分で現場到着できるところ、E交番のミニパトが第1現場に到着するのに事件通報から17分という長時間を要したことは全く不可解であり、現場到着が著しく遅延したことは明らかである。また、第1現場から徒歩1分も要さない場所にあるD交番勤務員2名がいたことに鑑みると、平均的なリスポンスタイムよりも大幅に早く第1現場に到着し得たことは明らかであったと主張した。

　(イ)　判断

　判決は、ミニパトの現場への臨場について、緊急自動車の道路交通法上の優先通行を挙げ、ミニパトが第1現場に急行することは比較的容易であるとして権限行使の容易性を認めるとともに、「E交番は、C団地から6キロメートルほどの距離に所在するので、ミニパトは、時速40キロで走行しても、約9分間で第1現場に臨場することができたものと認められる。そうすると、丁田巡査部長及び丙野巡査が、丁野巡査部長から第1現場臨場の指示を受けた午前3時20分の時点で、直ちに第1現場に向けて出発していれば、Aがチェイサーに押し込まれる午前3時34分までに、第1現場に臨場し、Aを保護することは可能であったと推認される。」として、ミニパトの現場への早期臨場による結果回避可能性を認めた。

　これらを総合し、判決は、「丁田巡査部長らは、丁野巡査部長から2度も連絡を受けているのにもかかわらず、ミニパトを途中までサイレンを鳴らすことなく、赤色灯を点けるだけで走行させ、その後の緊迫した通報を傍受してようやく、緊急走行に切り替えるなどしたため、当初に通報を受けてから第1現場に到着するまでに17分を要している。これは、平成13年度の全国平均リスポンスタイム（6分22秒）と比べると、約3倍程度であることが認められる。かかる第1現場へ臨場するまでの経過は、早期に犯罪を防止する警察活動の目的に照らし、不適切であるとともに、合理性を欠くことは否めない。」と指摘した。

⑶　**警察官らの第１現場での対応について**

ア　危険の切迫状況

　㋐　県（県警）側の主張

　Ａは加害者らによってチェイサーに乗せられたが、チェイサーの周囲を加害者らが見張っているとか、Ａが身動きがとれないように身体を縛られていたわけではなく、物理的にチェイサーから外へ逃げられない状態にあったわけではないこと（主張①）、加害者らによってＡ殺害の謀議がなされたという事実もないこと（主張②）から、Ａがチェイサーに乗せられた時点でも、同人に殺害に至る現実的かつ具体的な身体的加害行為が時間的に切迫していたとはいえず、加害者らがＡを第２現場に移動し、同人に対する暴行が開始された時点になって、Ａに対する身体的加害行為が切迫した状況に至った旨主張した。

　なお、原告側は、危険の切迫について、Ａには、午前３時過ぎ頃、Ｘによる身体的加害行為による危険が切迫し、Ｓ女が他の加害者らに加勢を求めた午前３時15分頃には、複数の暴力団員によって重大な身体的加害行為を受ける危険が差し迫っていたもので、現実にＡは午前３時25分以降は、Ｘに加勢した加害者らから現実に執拗な暴行を受けて意識を失い、午前３時33分頃には、場所を変えて暴行を加えることを企図した加害者らによってチェイサーに監禁されて生命侵害の危険が切迫したものである旨主張した。

　㋑　判断

　危険の切迫状況について、判決は、Ａは、午前３時30分頃から第１現場にかけつけたＶ及びＺから、顔面等を多数回殴打される暴行を受けており、身体的加害行為が現実化したこと、Ａは午前３時34分頃には、継続的に暴行を加えることを企図したＴ組の組長であるＸの指示により、チェイサーの後部座席に押し込まれ、その後第２現場まで連れていかれ、暴行を継続されたことの一連の経過を踏まえ、「午前３時34分ころには、Ａの生命身体に対する重大な加害行為の危険性が切迫した状況に至り、その後かかる状況が継続したものと認められる。」と認定した。

　そして判決は、県（県警）側の①の主張について、「Ａは、Ｖ及びＺから相当強度な暴行を加えられたため、チェイサーに乗せられてから気絶した状態にあったのであるから、自力でチェイサーから脱出することは困難であったものと推認される。そうすると、Ａが身体を縛られておらず、チェイサーの周囲を加害者らが見張っているという状況になかったとしても、Ａに対す

る身体的加害行為の切迫性を否定することはできず、したがって、被告の上記①の主張を採用することはできない。」と判断した。

　次いで、県（県警）側の②の主張について、判決は、「確かに、Aは、Bとともにxを押さえつけていたが、T組組長の配下であるZ及びYによって暴行を受ける危険性も迫っていたことを考慮すると、AがXを押さえつけて一時的に優勢であったとしても、Aに対する身体的加害行為の危険性を否定することはできない。また、身体的加害行為の危険性は、素手による暴行によっても生じるものであり、しかも、複数の暴力団員が加わることによって加害の危険性もより高いものになることは容易に想像できるから、加害者が凶器を所持していないことをもって、これが否定されることにはならない。」し、「生命に対する侵害は、身体に対する侵害の結果として生じるものであるから、両者を区別する必要はなく、また、身体に対する加害の危険性が認められれば、警察官の規制権限行使を期待すべき状況にあるといえる。したがって、警察官の権限不行使の合理性を判断する考慮要素としての危険の切迫を肯定するためには、生命に対する危険性が切迫していることまで要求されるものではない。」との前提に立ち、「警察官らの権限不行使の違法性を肯定するには、必ずしも具体的な殺害の危険性が切迫していることまで要求されるものでなく、したがって、加害者らによるA殺害の謀議を要求する被告の上記②の主張も採用できない。」として、県（県警）側の主張を退けた。

イ　危険の切迫に対する警察官らの認識及び認識可能性
　(ｱ)　県（県警）側の主張
　110番第三通報、同第四通報によっても、被害者の人数や被害者が乗せられそうになっている自動車の車種等については不明であったから、警察官らが、Aに対する殺人事件発生の具体的危険の切迫を予見可能であったというのは不合理である（①）、戊野巡査部長らは、Bから、半信半疑の状態でAが車に乗せられたかもしれないと告げられただけであり、また、Aが現場から逃げた可能性があるとも告げられたので、Aが第1現場から逃げた可能性が高いと判断したものであり、その判断には合理性がある（②）旨主張した。

　(ｲ)　判断
　判決は、危険の切迫に対する警察官らの認識及び認識可能性について、
　○　午前3時32分頃、110番の第三通報者が通信指令課に対し、7から8

　　人が現場でつかみ合いの喧嘩をしていると伝えたこと
○　同通報者は、午前3時34分頃にも、110番の第四通報をし、これを受けた通信指令課に対し、「もう連れていかれよるで。」、「はよパトカー呼ばな。」、「はよ来たらな。時間がかかりすぎやわ。」などと喧嘩の被害者が車で連れていかれそうになっている切迫した状況を伝えたこと
○　通信指令課は、Ｎ署に対し、無線で「喧嘩、口論。……連れて行かれる。車で。」などと、110番第四通報の内容を伝えたこと
○　Ｂは、パトカー（Ｎ3号）内で、戊野巡査部長及び丙原巡査長から事情聴取を受けた際、Ａが被害者の一人であり、加害者らによって車に乗せられた可能性があると告げたこと
の事実関係を前提に、「警察官らは、第1現場に臨場した時点で既に、Ａが加害者らによって車の中に乗せられ、その後継続的に暴行を受けるという重大な身体的加害行為の危険性が切迫していた状況にあったことを認識し得たものと認められる。」と判断した。

　次いで、判決は、乙原警部（同署地域第1課長）は、通信指令課から上記110番第三通報及び同第四通報の内容を知らされていたにもかかわらず、“Ｃの喧嘩やけど、派手にやっとるようやから行ってくれ”と指示したにとどまり、現場に臨場した警察官らに対し、喧嘩当事者の人数や喧嘩の被害者が車で連れて行かれそうになっている状況を何ら伝えていなかったこと、また、戊野巡査部長らも、第1現場でＢから事情聴取した内容を、現場に臨場していた他の警察官らに対し知らせていなかったことを踏まえて、「第1現場に臨場していた多くの警察官は、Ａに対する身体的加害行為の危険性が切迫した状況にあることを認識するに至らなかったものと認められる。しかし、喧嘩事案の被害者に関する情報は、本来、捜査に当たる警察官らの間で当然に共有されるべきものであり、それがなされていないのは、指揮命令を含めた警察官相互の情報伝達に問題があったといわざるを得ない。」と断じた上で、「組織としての情報伝達に問題がある以上、第1現場に臨場していた各警察官が現実に被害者に危険が切迫している状況を認識していなかったとしても、危険の切迫に対する警察官らの認識可能性を否定することはできない。」と判断した。

　その上で、県（県警）側の①の主張に対し、判決は、「110番第三通報、同第四通報の内容は、警察官らが被害者に対する身体的加害行為の危険性を認識するには十分なものであり、被告が主張するような詳細な情報まで必要で

あるとは考えられない。」、また、「違法性の判断要素となる認識可能性の対象としては、殺害の危険性まで要求されるものではない。したがって、被告の①の主張は採用できない。」として、県（県警）側の主張を退けた。

　次に、県（県警）側の②の主張に対し、判決は、「Bは、戊野巡査部長から、『Aさんは、逃げた可能性もあるか。』と尋ねられた際、『わからへん。』と答えたこと、戊野巡査部長は、通信指令課及びN警察署に対し、被害者の1名は既に現場から立ち去ったと報告したことが認められる。しかし、Bは、戊野巡査部長から事情聴取された際に、Aが車に乗せられた可能性があると明確に述べていることや、被害者が加害者らによって車で連れて行かれそうになっている状況にあるとの110番第四通報がなされていたことに照らすと、戊野巡査部長らが、Aが逃げた可能性が高いと判断したことが合理的であるとは到底いえない。」とし、また、「Bから事情聴取した戊野巡査部長は、110番第四通報の内容を知らされていなかったが、そのことをもって、警察官らの認識及び認識可能性を否定することはできない。したがって、被告の上記②の主張も採用できない。」として、県（県警）側の主張を退けた。

ウ　権限行使の容易性

　判決は、警職法3条1項2号の「負傷者等の保護」、同法5条の「犯罪の予防及び制止」、同法6条1項の「危険時の立入り」等の規定を列挙しつつ、「Aは、V及びZから強度な暴行を受け、チェイサーの後部座席に押し込まれており、自力でチェイサーから脱出できる状況になかったのであるから、警職法第3条第1項第2号所定の負傷者に該当し、警察官らは、Aを発見したときは、同人を保護する義務を負うものと認められる。本件においては、Aは、生命身体に対する重大な加害行為の危険性が切迫した状況にあったのであるから、警察官らには、同法第5条及び第6条第1項に基づき、チェイサーの車内に立ち入り、Aを救助する権限が与えられていたものといえる。」ことから、「18人もの多数の警察官が第1現場に臨場していたことからすると、警察官らが、Aの所在探索をして同人を保護することは、容易であったものと認められる。」と判断した。

　また、「警察官らが第1現場に到着するまでに、通信指令課は、N署に対し、無線で、本件事件の関係者が7から8名であると伝えていた上、警察官らは、Vらが、第1現場において、傷害を負ってパトカーの後部座席に逃げ込んできたBに対し、警察官らの制止にもかかわらず、『われ、出てこんか

い。』と怒鳴りながら、その後部座席のドアノブを引っ張って揺するなどして B を車外に引きずり出そうと異常なまでに粗暴性を示す行動をしている状況を現認していたのであるから、V、Z、Y 及び U に対し職務質問したり、任意同行を求めることは容易であったものと認められる。」として、いずれも権限行使の容易性を認定している。

エ　結果回避可能性

　判決は、「チェイサーは C 団地 1 号棟前のカムリとミニパトの間に停車されていたのであるから、警察官らが、A が加害者らの自動車に押し込まれている可能性を認識していれば、第 1 現場に所在する自動車内を調べ、チェイサー後部座席にいる A を発見して同人を保護することは可能であったと認められる。このことは、内野巡査が、喧嘩の関係者の自動車と判断し、チェイサーのナンバーチェックをしていることからも裏付けられる。」として、

　「Z が 100 メートルほど離れた C 団地の東の端までチェイサーを移動させた後においても、未だチェイサーは C 団地の敷地内に所在したのであるから、警察官らが、A の所在探索を丹念に行えば、同人を発見して保護し得る可能性はあったものと認められる。」と認定した。

　しかも、「警察官らは、V、Z、Y 及び U がパトカーに保護された B に対して攻撃的な行動をとることを現認していたのであるから、事態の重大性を認識し、同人らに対して継続的に適切な職務質問をしたり、E 交番に任意同行を求めていれば、本件への関与の糸口を早期に発見し得た可能性が高く、その結果、Z らが、勝手に現場を離れてチェイサーを移動させるなどの行動をとることはできず、A を発見することが可能であったものと認められる。」として結果回避可能性を認定している。

オ　第 1 現場での対応状況についての結論

　判決は、次の点を指摘した上で、「警察官らは、第 1 現場において、加害者らに対する職務質問の際に A の所在を問い質し、また、A の所在探索をして同人を保護すべき義務を有していたものと認められ、これを怠った警察官らの行為は、不適切、不合理なものであることは明らかである。」と結論づけた。

　　○　乙原警部及び丁野巡査部長は、通信指令課から、午前 3 時 23 分ころ、被害者の名前が A であること及び同人の携帯電話番号、午前 3 時 33 分こ

ろ、喧嘩の人数が７、８人であること、午前３時36分ころ、被害者が自動車に連れ込まれそうな状況にあることを聞いていたにもかかわらず、警察官らに第１現場臨場の指示をした際、かかる詳細な情報を一切伝えていない。

○　また、戊野巡査部長及び丙原巡査長も、Ｂから、Ａが自動車に乗せられた可能性があると聴取していたにもかかわらず、第１現場に臨場していた他の警察官らにそのことを伝えていない。

○　しかし、Ａに関する上記情報は、第１現場に臨場した警察官らが共有すべき最も重要なものであり、乙原警部、丁野巡査部長、戊野巡査部長及び丙原巡査長が、これを他の警察官らに伝達することを怠ったことにより、第１現場に臨場した多くの警察官は、Ａを探索し保護する必要があったことを認識することができなかった。

○　しかも、戊野巡査部長においては、Ａが第１現場から逃げた可能性が高いと判断し、パトカー（Ｎ３号）の車内無線から、通信指令課及びＮ署に対し、Ａは現場から立ち去った旨の報告までしており、このような戊野巡査部長の短絡的な思い込みが、警察官らの的確な状況判断を困難にしたことは否めない。

○　そして、警察官らは、Ａや喧嘩当事者の人数に関する上記情報を共有できず、的確な状況分析もできないままでいたために、パトカー（Ｎ３号）に保護されているＢを奪回しようと異常な行動をとったＶ、Ｚ、Ｙ及びＵに対する職務質問の際にも、Ａの所在を一切尋ねていないばかりか、関係者の人数、女性の存在等について言及することもなく、職務質問自体が事件の内容を解明するにはほど遠いものであった。

○　また、警察官らは、同人らをＥ交番等に任意同行することもなく、Ｖの後に出頭するとの言葉を安易に受け入れて帰宅させた。

○　さらには、警察官らは、第１現場に停車されていた自動車に格別の注意を払っていなかったために、Ｚがチェイサーを移動させたことにすら気づいていなかった。その結果、警察官らは、Ａの所在を確認しないまま第１現場を撤収している。

⑷　**本件事案認知から第１現場での対応についての判断（総括）**

　裁判所は、事案の認知から第１現場への臨場、そして、第１現場での一連の対応につき「警察官らの第１現場へ到着するまでの対応に加え、警察官ら

が、第1現場で、加害者らに対する職務質問を適切に行わず、Aの探索及び
保護を怠ったことなどの諸事情を総合して考慮すると、上記一連の警察官ら
の権限不行使は、組織としての対応の拙さを如実に物語るものであり、著し
く不合理であって違法性を帯びるものと解さざるをえない。」と厳しい姿勢
で判決に臨んだのである。

(5)　警察権限の不行使とAの死亡との間に因果関係が認められるか

　裁判所は、警察権限の不行使の違法性とAの死亡との間には因果関係が認
められるか否かについて、「各場面で規制権限を適切に行使していれば、A
を暴力団である加害者らの手から救い出すことができ、その結果、高度の蓋
然性をもってAの死亡という結果を回避できたものと認められる。そして、
警察官らが、一連の通報内容及びBからの事情聴取の結果を適切に共有する
態勢をとっていれば、Aが加害者らによって自動車の中に乗せられ、その後
継続的に暴行を受けるという重大な身体的加害行為の危険性が切迫した状況
にあることを認識することができたこと、警察官らが第1現場において、V
らが、傷害を負ってN3号の後部座席に逃げ込んできたBに対し、警察官ら
の制止にもかかわらず怒鳴りながら、N3号の後部座席のドアノブを引っ
張って揺するなどし、Bを車外に引きずり出そうとする攻撃的な行動に及ん
でいた状況を現認していたこと等の本件における事情を考慮すると、警察官
らは、Aが、暴力団である加害者らに連れ去られることによって更なる暴行
を受け、その結果、死亡に至ることも十分予見し得たものと認められる。し
たがって、本件における警察官らの規制権限の不行使とAの死亡との間には
因果関係が認められる。」と判断した。

判決の検討、評価

　この事件は、被害者Aの母親が、Aの殺害は警察官の違法な対応に原因が
あるとして兵庫県（県警）に対し1億3,700万円余の損害賠償を求めた国家
賠償請求事件である。

　本件は、事案の概要及び裁判所の判断を踏まえても、被害者を救出する幾
多の機会が存したが、幹部の指揮命令を含めた捜査員相互の情報共有に問題
があったことは否定しようがないであろう。

　この点につき、全国紙社説（平成14年3月22日付け読売新聞）は、「組員
に追いかけられていた大学院生の知人を保護したが、院生の所在を確認する

捜索を周辺で行っていない。強制か任意かとすごまれ、職務質問をためらった。車に連れ込まれたとの情報を事前に受けていたにもかかわらずだ。警察官が現場到着した時には、まだ生存していたはずだ。院生が押し込められた車は近くに止まっていたという。当直のＮ警察署幹部らも、拉致情報を真剣に受け止めなかった。現場のごく近くに交番がありながら仮眠中なのを理由に、遠く離れた交番から現場に向かわせている。交番に出頭してきた組員の１人を簡単な事情聴取だけで、いったん帰した。緊張感の欠如、としか言いようがない。」などと当時の対応について厳しく言及しているが、この指摘は甘受せざるを得ないであろう。

　なお、平成17年７月27日付け報道（読売新聞）によれば、第二審大阪高裁は、同年７月26日、"現場でＡさんの捜索を怠るなど捜査権限の不行使は不合理で違法。行使していれば救出できた"などとして、改めて捜査ミスと殺人事件との因果関係を認定。県に9,700万円余の賠償を命じた一審神戸地裁判決を支持し、県の控訴を棄却した旨報じた。

　その後、平成18年１月19日、最高裁第一小法廷が県側の上告棄却を決定し（同年１月20日付け読売新聞）、捜査権限の不行使と殺人の因果関係を認定し、9,700万円余の支払いを命じた一、二審判決が確定した。

　捜査上の権限を適切に行使しなかった怠慢と殺人の因果関係を認定した判決が、最高裁で確定したのは初めてのことである。

　本件事案については、学校教養などを通じて、初動対応のあり方について、反省・教訓として周知を図るべきものと考える。

　ところで、本件の「神戸商船大学院生殺害国賠請求事件」に対する神戸地裁判決は平成16年12月22日であるが、これより先に「桶川事件」にかかる、さいたま地裁平成15年２月26日判決がなされており、警察活動の権限の不行使における違法性判断の基準をどのように考えるかについて、本件の神戸地裁判決は、「桶川事件」判決を念頭においたものと考えられる。

　ちなみに、両者を対比すると、同様な論理構成がなされており、大変興味深い。

【桶川事件・さいたま地裁平成15年２月26日判決】

　「犯罪捜査は、事実関係を解明して、犯人を検挙し、適切な刑罰権を行使することによって、将来の犯罪の発生を予防するという公益を図るためのも

のであり、犯罪捜査に伴って犯罪による被害が回復されたり、同種の犯罪が防止されたりすることによって犯罪の被害者等の特定の私人が受ける利益は、公益を図る過程で実現される事実上の利益であるにすぎない。しかしながら、警察法2条1項は『警察は、個人の生命、身体及び財産の保護に任じ、犯罪の予防、鎮圧及び捜査、被疑者の逮捕、交通の取締その他公共の安全と秩序の維持に当ることをもってその責務とする。』としており、また、警察官職務執行法は、警察官が個人の生命、身体及び財産の保護、犯罪の予防等の職務を遂行するために必要な手段を定めていること（同法1条1項参照）からすると、警察官は、特定の私人が犯罪等の危険にさらされている場合において、その危険を除去するために、同法5条に基づき、関係者に必要な警告を発したり、その行為を制止することができるほか、法律上許容される範囲内で警察法2条1項所定の職務に関して必要かつ相当な措置を採る一般的な権限を有していることは明らかである。

　そして、警察官による犯罪捜査は、これらの犯罪等の危険除去等のための権限行使と重なる場合があることも自明のことである。

　したがって、犯罪等の加害行為がまさに行われ又は行われる危険が切迫しているか否か、警察官においてそのような状況であることを知り又は知ることができるか否か、上記危険除去のための権限を行使することによって加害行為の結果を回避することが可能であるか否か、その権限を容易に行使することができるか否か等の事情を総合勘案して、同権限の不行使が著しく不合理と認められる場合には、その不作為は、国家賠償法1条1項上違法であるとするのが相当である。」

【神戸事件・神戸地裁平成16年12月22日判決】

　「警察法2条1項は、『警察は、個人の生命、身体及び財産の保護に任じ、犯罪の予防、鎮圧及び捜査、被疑者の逮捕、交通の取締その他公共の安全と秩序の維持に当ることをもってその責務とする。』と規定しており、また、警職法は、その1条1項において「警察官が、警察法に規定する個人の生命、身体及び財産の保護、犯罪の予防、公安の維持並びに他の法令の執行等の職権職務を忠実に遂行するために、必要な手段を定めることを目的とする。」とし、同法2条以下においてその行使し得る手段を規定している。

　そうすると、警察官は、特定の個人が犯罪等の危険にさらされている場合において、その危険を除去するために、法律上許容される範囲内で警察法2

条1項所定の職務に関して必要かつ相当な措置を採る一般的な権限を有していることは明らかであり、警察官によるかかる規制権限の行使は、警察官に与えられた公益上の義務であるとともに、特定個人に対する法的義務としての権限の行使にもなると解される。

　ところで、犯罪捜査権限は、事実関係を解明して、犯人を検挙し、適切な刑罰権を行使することによって、将来の犯罪の発生を予防するという公益を図るためのものであり、犯罪捜査に伴って犯罪による被害が回復されたり、同種の犯罪が防止されたりすることによって、犯罪の被害者等の特定の私人が受ける利益は、公益を図る過程で実現される事実上の利益であるにすぎないとも考えられる。

　しかし、警察官による犯罪捜査権限の行使は、犯罪等の危険除去等のための権限行使と重なる場合があることも自明のことであるから、犯罪捜査権限の行使が、更なる犯罪等の危険にさらされている特定個人の危険除去のために必要とされる場合には、特定個人に対する法的義務としての権限の行使にもなると解すべきである。

　したがって、犯罪等の加害行為がまさに行われ又は行われる危険が切迫しているか否か、警察官においてそのような状況であることを知り又は知ることができるか否か、上記危険除去のための権限を容易に行使することができるか否か、その権限を行使することによって加害行為の結果を回避することが可能であるか否か等の事情を総合勘案して、当該権限の不行使が著しく不合理と認められる場合には、その不作為は、国家賠償法1条1項上違法であるとするのが相当である。」

　このように本判決は、ストーカー事案に限らず初動活動においても、裁量権収縮論（危険切迫性の存在、危険切迫性の認識、権限行使の容易性、権限行使による結果回避可能性等）が妥当することを示したものであることが注目される。本判決を是認した大阪高裁平成17年7月26日判決（公刊物未登載）も同様な考え方ではないかと推測される。

　また、最高裁平成18年1月19日第一小法廷も大阪高裁判決を支持し、県側の上告棄却を決定しているが、最高裁は他の行政活動の国家賠償訴訟において裁量権消極的濫用論の立場とみられるため、最高裁の裁量権収縮論の見解の採否は明らかでない。

2　石橋事件 (注)

（東京高裁平成19年 3 月28日判決・判例時報1968号 3 頁）

　事案は、栃木県内の自動車会社の工場で勤務する被害者A（以下「A」という。）が、平成11年 9 月に少年ら 3 名に連れ回され、その間に凄惨な暴行を受け、同年12月に県内の山林で殺害されたことから、Aの遺族ら（両親）がAの行方不明後、Aの勤務先である自動車会社工場を管轄する I 警察署に捜索願を提出するとともに、度々捜査要請をしていたにもかかわらず、相談を受けた警察官において、Aの生命等が少年らによって危険にさらされていることを十分認識し、又は認識し得たにもかかわらず、捜査権限を適切に行使しなかったとして、国家賠償法に基づき、栃木県（県警）に対し、加害少年とその両親らに連帯して、総額 1 億5,000万円余の損害賠償を求めたものである。

　一審・宇都宮地裁（平成18年 4 月12日判決）は、加害少年に対する請求の一部を認容し、栃木県（県警）側に対して9,600万円余の支払いを命じ、加害少年の両親に対する請求を棄却した。

　これに対し、栃木県（県警）側が控訴し、原告らも加害少年の両親に対する請求につき控訴した。

　東京高裁は、加害少年の両親に対する請求については、これを棄却した原審判決を維持したが、警察権の行使につき、対応した警察官に過失（捜査依頼の失念）を認めることができるものの、当該過失とAの死亡を回避できなかったこととの間の相当因果関係を認めるには足りず、Aの死亡を回避し得た可能性を侵害された限度（当該過失がなければ 3 割程度の犯罪の結果回避可能性があった。）において損害を認めることができるとして、1,100万円の限度で請求を認容した（なお、判決の判断基底となる事実認定につき、宇都宮地裁、東京高裁とで異なる点があるため、事案の概要は、東京高裁の認定による。）。

（注）　一審・宇都宮地裁平成18年 4 月12日判決における判例時報1936号40頁、及び本判決における判例時報1968号 3 頁では、「栃木リンチ殺人事件国家賠償訴訟」と呼称しているが、警察刷新会議における緊急提言の中での表記に合わせ、「石橋事件」として紹介する。

■事案の概要

　以下は、全て平成11年中の事実である。なお、対応した警察官に関する部分は、【警察側の対応】としてその内容を明らかにしている。

①　9月29日頃から11月1日頃までの加害少年ら（X、Y及びZ）及び被害者Aの行動等

　1.　加害少年ら（以下「Xら」という。）は、9月頃から3人で行動しており、3人の中では、Xがリーダー格であり、Aから強取した金員は同人が管理し、他の2人の仲間の行動を決定していた。

　2.　Xは、Y及びZに消費者金融会社から借金をさせて、自己の生活費や3人の遊興費として使っていたが、さらにYに金を引き出す相手を探すよう要求し、Yは勤務先の同僚であるAに目を付けた。

　9月29日、YはAを電話で呼び出した。Xらは、Aに対し、暴力団員の車と交通事故を起こし、暴力団員から金員を要求されているなどとうそを言って借金を申し入れ、これを信じたAから、預金7万円を払い戻させて、これを騙し取った。その後、怯えて抵抗できないAに対し、同人の頭髪をカミソリ等で剃り上げ、無理矢理スキンヘッドにするなどし、そのままAを帰さず、車中に泊まらせた。

　3.　9月30日、Xらは、Aに消費者金融会社2社から各15万円合計30万円の借金をさせたうえ、これを取り上げた。

　Aは、以後、10月5日から8日までの間、一時的に勤務先のN自動車株式会社（以下「N自動車」という。）K工場に出勤したものの、その後はXらから、出社を止められ、殺害されるまでの約2か月間にわたり、Xらの監視下に置かれ連れ回された。Aはその間、Xらからの暴行、威迫により精神的に逃走する気力を喪失した状態となっていたため、Xらと一緒に飛行機やバスの交通機関を利用したり、銀行に赴いたり、Xらのうち1人のみと外出するなどの機会においても、逃走を図ったり、Xらからの被害を訴えて助けを求めたりすることはなかった。

　Xらは、Aから強取した金員を使って、Aを伴い、10月15日から18日まで、飛行機を使って北海道に旅行をした。

　4.　9月30日、XらはAに、携帯電話でN自動車K工場の同僚である甲沢一郎（以下「甲沢」という。）を宇都宮市内の書店にて呼び出させた上、同人に対し、ヤクザの車と物損事故を起こしたので、今日中に100万円を支払わないといけないなどと虚偽の事実を告げさせて金員を無心させ、Xらからもに貸すよう言い添えるなどして、甲沢から金員を借りさせた。甲沢は、Aの話に疑念を抱きつつも、リーダー格のXの脅迫的な言辞や、Xらと共にXの車に乗せられ、ドアをロックされて逃げられない状態にされていたことなどから、暴力をふるわれるかもしれないと恐怖を感じ、金員を貸すことに同意した。

　甲沢には手持ちの金員がなかったため、Xらは、甲沢を消費者金融会社に連れて行き、無人契約機を通じて20万円の借入れをさせた。

　このとき、甲沢は、Aがスキンヘッドで、まゆも剃った状態になっており、生気のない暗い表情をしていることに気付いた。

　5.　10月2日、XらはAに、携帯電話でN自動車K工場の先輩である丙野六夫（以下「丙野」という。）に対し、友達が運転していた車がいかがわしい者と物損事故を起こして金が必要となった等と虚偽の事実を告げさせて、丙野を栃木県壬生町の病院の駐車場に呼び出させ、同人から金員を借りさせた。丙野は、Aとの電話のやりとりの状況や、丙野が良い印象を持っていなかったZがいきなり電話に出て名乗るなどしたことから、不審を抱きながらも待ち合わせ場所に赴き、Aがスキンヘッドになって眉毛が剃られている異様な様子であることなどから、事故の話自体に疑念を抱いたが、Aに2万円を手渡した。丙野は、Zから、更に消費者金融会社からの借入れを求められたが、これを拒否した。

　6.　10月6日、XらはAに、携帯電話でN自動車K工場の同僚である乙野三郎（以下「乙野」という。）を同工場近くのコンビニエンスストアに呼び出させた上、同人に対し、ヤクザの車と物損事故を起こしたので、500万円要求され、坊主にしたら100万円で許してやるなどと言われたなどと虚偽の事実を告げさせて金員を無心させ、Xにおいても「俺も貸している、貸してやれよ」などと言い添えて、乙野から金員を借りさせた。

　乙野は、Xらの風体や、スキンヘッドにしていたAの様子に違和感を持ちながらも、それ以前に同僚の甲沢から、同じように20万円を貸したという話を聞いていたこともあって、本当にAがヤクザから金員を要求されて困っているかもしれないと思い、真岡市内の消費者金融会社の無人契約機から20万円を借りてAに貸した。Aは、乙野に対して、後日借用書を作成する旨を約束した。

　7.　10月14日、XらはAに、携帯電話でN自動車K工場の先輩である丁沢四郎（以下「丁沢」という。）を宇都宮市内の書店まで呼び出させた上、同人に対し、友人であるヤクザの息子から借りた車を運転中、電柱と民家の塀にぶつける物損事故を起こし、友人が自分で修理代を出したが、その友人は明日から旅行に行くので、今日中に支払わないといけないなどと虚偽の事実を告げさせて、金員を無心させた。丁沢は、Aが告げた内容を信じ、近くの消費者金融会社の無人契約機から30万円を借り出し、Aに交付した。

　さらに、Xが「X谷一男」と偽名を名乗りながら、上記友人を装って、丁沢の面前において、Aに対し、車をぶつけて壊した民家の塀の修理代80万円を立て替えたので払うよう要求し、これを受けて、Aが丁沢に対して更に金員を無心したうえ、XもAに対して「おまえのせいで金なしで旅行に行ってもつまらない。」「金がねえなら借りるように丁沢さんに頼めよ。」などと怒鳴るなどし、さらに、Aがその場に土下座までして懇願するなどしたため、丁沢は、Aを哀れに感じて更に金員を貸すことにし、新たな消費者金融会社に赴いて50万円を借りてAに貸し、その後も更に芝居を続けさせられていたAから無心されて、更に20万円を借り入れてAに貸した。Aは、丁沢に借用書を差し入れた。

　このとき、Aの顔は、顔全体が腫れ上がっており、スキンヘッドで眉も剃り上げら

れた状態であった。丁沢が、Ａに顔のことを尋ねると、Ａは「飲みに行った帰りに酔っぱらいとけんかした。」などと答えた。

　Ｘは、同月15日にも丁沢に電話をかけ、更に金員を巻き上げようとしたが、丁沢はこれに応じず、同日までに勤務先上司に、Ａに計100万円を貸すに至った経緯を報告した。

　8.　10月25日、ＸらはＡに、甲沢一郎（以下「甲沢」という。）に携帯電話をかけさせ、返金すると申し述べさせて、甲沢を宇都宮市内の書店まで呼び出させた。甲沢は、Ａと行動を共にしているであろうＸらのことを想起して、同僚の乙野と相談した上で、２人で同所に赴いたところ、用件はＡからの金員の無心であり、甲沢、乙野共に一度は断った。しかし、乙野は、Ｘらから取り囲まれる形になり、ＡがＹから「おまえがきちんと頼まないので貸してくれないんだ。」などと言われて頭を平手で叩かれ、土下座するなどして引き続き金員を無心し、Ｘらからも「貸してやれよ。」などと言われるうち、Ａは顔が腫れ上がるなどけがをしていたことから、自分も暴力をふるわれかねないとのおそれから貸すことに同意し、現金自動預払機から10万円の自己の預金を下ろしてＡに貸した。Ａは、乙野に借用書を差し入れた。

　Ａは、つばのない帽子を深めにかぶっていたが、顔全体が腫れ上がり、寒くもないのに右手には軍手のような白い手袋をはめており、目はどろんとして生気のない状態であった。

②　10月４日から11月１日までのＡの両親とＮ自動車関係者の行動等

　9.　10月４日、Ａの両親は、Ｎ自動車Ｋ工場におけるＡの直接の上司である甲村和夫（以下「甲村」という。）から、Ａがうそをついて欠勤している旨の連絡を受け、初めて本件事件にかかわる事実を認識した。

　Ａは、10月５日、Ｎ自動車Ｋ工場に出勤した際には、頭はスキンヘッドになっており、眉も剃られていて、顔にはいわゆるアオタンができ、血が何か所か小さく付いていてけがをしている状態であった。甲村が、スキンヘッドにした理由、けがの原因及び欠勤した理由などを尋ねると、Ａは、頭についてはごまかし、傷跡については、転んだと言い訳をし、Ｙと一緒にいたことについては明らかにしたが、その他の欠勤の経緯等についてはうそを述べた。そして、同月12日以降、Ａの欠勤が続いた上、Ａが勤務先の同僚や先輩数名に金員を貸して欲しいと申し入れ、実際に丁沢が100万円を消費者金融会社から借りて貸したことなどが判明したことなどから、甲村がＡの母親に電話連絡した上、同月18日、母親を勤務先に呼び出して（このとき、父親は支障があり同行できなかった。）、Ａがスキンヘッドになり眉毛を剃り落とした状態で出社していたことや、うそをついて欠勤していると判断したこと等の社内における事情調査の結果を知らせ、丁沢を紹介し、Ａが事件に巻き込まれているように感じるとして警察に家出人捜索願を出すよう進めた。

　なお、Ｎ自動車Ｋ工場においては、Ａを出勤状況が不良で数回にわたり注意を受けても改めず、他の従業員に借金を申し込んで消費者金融会社から借金をさせる等同社

にとって好ましくない影響を及ぼす行為を継続している従業員として問題視しており、警察に対して、暴行や恐喝等の被害者としてＡの救済を求めることはなかった（Ｎ自動車Ｋ工場の文書には、Ａがうそをついているとする上司の判断が記載されている一方で、Ａに対する暴行、恐喝の事実が記載されていないこと、10月29日の時点でもＡを従業員から金員を喝取したりする「４人組」の一員とみていること、またＡを最終的に11月24日付けで出勤状況不良を理由として諭旨退職扱いとしていることから推認することができる。）。

10.　　【警察側の対応】

10月18日、Ａの母親は、Ａの直接の上司である甲村とＮ自動車の総務部付で警察官ＯＢの乙村一夫（以下「乙村総務部付」という。）に同伴されて、Ｎ自動車Ｋ工場を管轄するＩ警察署を訪れた。

Ａに金員を貸した丁沢四郎から事情聴取した際、同人の説明に、ヤクザに関係する内容があったため、乙村総務部付の手配により、最初、暴力団事件を担当する刑事課の甲原係長が相談を受けることとなり、Ａがヤクザのような人の車を借りて壊してしまい金員を要求されている旨、また、Ａが欠勤し、寮にも自宅にも戻らない旨の相談をした。

これに対して同係長は、Ａから事実関係の確認ができておらず、車を借りた事実や車を損傷した事実、金員の要求の事実とその相手方を確認できない状況にあることを踏まえ、事案の進展によっては恐喝事件とも認められるが、現時点では暴力団の関わる事件として確定できないと判断し、今後の推移を見ることとし、母親にトラブルが発生した場合は即時に申告するよう指導した。

そして、相談は同署生活安全課に引き継がれ、同課の乙原六郎（以下「乙原主任」という。）が担当して、甲村が持参した社内で作成したＡの欠勤状況についての調査資料の提出を受け、母親及び甲村から事情を聴取し、丁沢に来署を求めて同人からも事情聴取を行い、母親からの家出人捜索願の届出を受理した。

乙原主任は、相談の内容から、Ａと一緒にいた「Ｘ谷」なる人物が丁沢に対し更に金員を借りようと考えて電話をかけている節があり、丁沢が貸すのを渋った場合、恐喝等の犯罪に及ぶ可能性も考慮し、丁沢から事情聴取を行い、「Ｘ谷」がヤクザっぽい口調で話す怖い男で、丁沢が金員を貸した後も丁沢の携帯電話に何度か電話をしてきていることや、丁沢の携帯電話の着信履歴から「Ｘ谷」が使用していた携帯電話番号を聞き知った。

さらに、乙原主任は、上記調査資料及び事情聴取において、前日にＡから母親に連絡があり、Ａが「おみやげを送った、だからそんでよかんべ。」と言って電話を切ったことなどの事実を総合した上で、Ａが恐喝の被害を受けている可能性は低く、「Ｘ谷」らと一緒に同僚から借金して遊び回っているだけであり、親にも連絡があり通常の家出人とも異なっているという判断をした。

そして、上司の丙原七郎課長（以下「丙原課長」という。）の判断を求めた上で、家出人捜索願受理票の家出人の原因動機欄に「借金苦」「遊び癖」と記載した。

11.　　【警察側の対応】

　乙原主任は、上記丁沢からの事情聴取結果に基づき、更に電話会社に対する携帯電話の所有者に関する調査等を行い、10月19日までに、「Ｘ谷」使用の携帯電話の契約者がＸの母親で、電話料金の請求書がＸあてに送付されていること、Ｘが現職の警察官の次男であり、恐喝罪による逮捕歴を含む非行歴を有していること等を確認した。そして、Ｘの写真を入手して丁沢に再度来署を求めて、いわゆる面割り捜査を行ったところ、丁沢は示された写真の中から、Ｘの写真を選んで「Ｘ谷」に似ている旨指摘した。

12.　【警察側の対応】

　10月19日、Ａの両親は、Ａを早期に探し出してほしいという希望を伝えるため、Ｉ警察署を訪れ、乙原主任に面会した。Ａの両親は、乙原主任に対して、Ａが他人から100万円も借金をすることは想像できず、数人の男たちがＡの周りにいるので、Ａが何らかの犯罪に巻き込まれているのではないかなどと訴え、また、Ａが前日に母親との電話の中で、家出人捜索願の取り下げを要求していたことを述べ、Ａが帰ってこないうちは、Ａから警察に要求があっても、家出人捜索願の取り下げの取扱いをしないよう依頼した。

　このとき乙原主任は、家出人捜索願提出の効果としては、今後、職務質問、交通違反や事件事故などでＡの居所が判明することがあり得ることを説明し、Ａが借金をして他の仲間と遊んでいるのではないかとする事案への見解を述べた。

　その後、午後２時19分にＡから同警察署に電話があり、応対した乙原主任に対し、Ａは、自分は家出人ではないので家出人捜索願を取り下げるよう強い口調で要求したが、乙原主任はこれを拒んだ。

13.　10月21日、Ａの父親は、Ａの携帯電話に電話をして、家に帰るよう説得した際に、他の人間の声を殺した笑い声が聞こえたように感じ、側にＹがいるのかと質問すると、Ａは誰もいないと否定した。しかし、父親は、その発言の内容に不自然さを感じ、Ａが何者かに監禁されているのではないかとの疑念を抱いた。

14.　【警察側の対応】

　10月22日、Ａの両親は、Ｉ警察署を訪れ、昨日電話でＡと話ができたが、電話の周りから変な笑い声が聞こえた旨述べて、Ａの背後に誰かいるようであり、Ａが軟禁あるいは監禁状態にされているのではないかとの懸念を訴えた。また、Ａが以前、彼女がいると言っていたので、人質にとられたりしたら、Ａも逃げられないのではないかとの発言をした。

　これに対し、乙原主任は、19日にＡと電話で話をした際の印象からＡは自分の考えで発言していると感じていたことから、その懸念は憶測に過ぎないなどと述べ、また、19歳になっており、携帯電話も持っているＡが、監禁等されているのであれば、逃げたり助けを求めたりしないことは不合理であるとの意見を述べ、Ａが薬物を使用しているのではないかといった趣旨の発言を行った。

15.　Ａの父親は、10月27日、Ａの同級生ら数人に電話してＡが借金を申し込んでいないかを確認したところ、中学の同級生であった甲崎太郎（以下「甲崎」という。）が合計で31万円をＡに貸したことや、同日Ａがその返却に来る予定であることが分か

り、同日甲崎宅を訪れた。しかし、甲崎は、逆恨みを恐れて父親が立ち会うことを承諾しなかったため、Ａの父親は離れた場所で待ち、甲崎から、ＡはＹと一緒に来たこと、借金の一部の３万円を返済したこと、Ａは右腕に包帯を巻いており、ラーメンを作る際に火傷をしたと説明していたこと等を聞いた。

翌28日、Ａの父親は、Ｙの母親にＡの居場所をＹが知っているはずであるので、本人に確認してほしい旨依頼すると共に、Ｎ自動車Ｋ工場人事課にも電話し、ＡがＹと一緒にいることを伝え、10月５日以降Ａと会っていないとするＹの発言を信用できるとした社内調査をやり直してほしいと伝えるなどした。

16.　　同日、Ｎ自動車Ｋ工場人事課は、甲沢及び乙野と面談し、ＹがＡと一緒に行動していることや、同人らがＡに金員を貸していることを聴取した。これにより、甲沢及び乙野は、Ａが自分たち以外の同僚や友人らから借金をしていることや、ずっと欠勤していることを知った。Ａの父親は、同日、Ｎ自動車Ｋ工場から、社内で再調査したところ、Ｙがうそをついていることが分かり、Ａが丁沢以外にも社内の同僚２名（甲沢及び乙野）から借金をしていたことも分かった旨の連絡を受けた。

翌29日、Ｎ自動車Ｋ工場人事課は、Ｙ及びＹの母親と面談を行い、ＡのことについてＹに問いただすなどしたが、ＹはＡの所在を知らないと言い続けた。Ｎ自動車Ｋ工場は、10月18日の時点において信用できると判断していたＹの供述についてうその供述であり信用できないとの判断に至り、ＹがＡと行動を共にしていることを認識したものの、ＡがＸらによって監禁され暴行を受けている被害者の立場にあると認識するまでには至らなかった。

そして、Ａが借金をしていた従業員の範囲が更に広範であったこと、この日Ｙから事情を聴取したことで「４人組」（Ｎ自動車Ｋ工場の担当者において、Ｘら及びＡの４人をこのように記述している。）が何らかの行動を起こすおそれがあると考え、これに対処するため、警察に対し、立件が可能であるとの警察の判断が得られれば、甲沢及び乙野が「４人組」によりＡへの貸付名目で金員を詐取又は喝取されたとして被害届を提出することにした。

また、このころ、甲沢及び乙野は、Ｘらが金員を要求してＮ自動車Ｋ工場の寮まで押し掛けて来る事態をおそれて、寮の部屋から引っ越しをした。

17.　【警察側の対応】

11月１日、甲沢及び乙野は、Ｎ自動車Ｋ工場の上司や同社の警察官ＯＢの乙村総務部付など４名に伴われて、10月25日にＡに金員を貸すことになった件について恐喝等による被害届の提出などを念頭に置いてＩ警察署を訪れた。

甲沢と乙野は、Ｉ警察署乙原主任により、両名が詐欺又は恐喝の被害者として事件を立件できるかどうかの観点から事情を聴取され、乙原主任に対して、甲沢は９月30日に、乙野は10月６日と同月25日に、それぞれＡに金員を貸すことになった経緯について説明し、車の中に連れ込まれたこと等、同人らが威迫を受ける状況が存在したことについては説明がされたが、Ａが被害者であるかどうかについて話題が及ぶことはなく、Ａがけがをしていた事実について、甲沢又は乙野が述べたことはあったが、Ａを被害者とする監禁又は暴行行為の存在を示唆するまでの内容ではなく、乙原主任

は、これを聞いてもＡが監禁又は暴行行為の被害者となっている事実を認識すること
はなく、甲沢及び乙野についても、同人らの説明した事実関係のみでは、Ａが土下座
をして借金を頼んでいたことなどの状況も考慮すると恐喝等の被害に遭ったとは判断
できなかった。

　そして、途中から同席した丙原課長が指示したこともあって10分程度で事情聴取は
打ち切られ、被害届は提出されなかった。

> 注記：なお、これらの状況について裁判所の認定をみると、「甲沢及び乙野は、上記機会に事
> 情聴取に当たった警察官に対して、Ａが負傷していた旨を伝えたと供述するが、採用し難
> い。同人らが、Ａの負傷を認識したことは真実であると解されるが、Ａが被害者の立場にあ
> るとの趣旨で、この事実を社内で明言していたとすれば、Ａに対するＮ自動車の認識も前記
> と異なるものとなり、Ａが諭旨退職となることもなかったと考えられるうえ、司法警察員に
> 対する供述は、被害届の趣旨に従って聴取される可能性が高く、恐喝被害を離れてＡの負傷
> を積極的に申述したとの事情もうかがえないから、甲沢及び乙野が本件犯行期間（９月29日
> から12月２日まで）当時に栃木県警察官に対してＡの負傷について申述を行ったとは認め難
> い。また、Ａ殺害に係る刑事事件において、甲沢、乙野らほかＡの同僚が、捜査機関に対し
> て、Ａに呼び出されて金員を貸した際に、Ａの顔面が明確に腫れ上がっていたとする供述を
> しているが、上記刑事事件においては、前記のＮ自動車による相談や被害届の提出の場面と
> は異なり、被害者とされるのはＡであり、同人の被害状況を焦点として事情聴取が行われた
> ものであること、そして、当該事情聴取の時点においては、Ａの殺害について報道され、そ
> の影響によって、Ａの負傷状況等同人の被害に係る事実について、記憶が強化されていた可
> 能性があることに照らせば、上記同僚らの供述によって、前記認定が妨げられることはな
> い。」としている。

③　11月２日頃からＡ殺害まで

　18.　　11月２日、甲崎太郎（Ａの中学の同級生）の父親が、Ａの父親を訪ね、甲崎
が同日、Ａの借金の依頼を断ったこと、その際にＡが乗ってきた車両の登録番号、Ａ
のほおにまだ新しい傷があったことなどを伝えた。

　19.　　【警察側の対応】
　11月３日、Ａの父親は、Ｉ警察署に電話をかけ、応対に出た生活安全課の丁田八郎
主任（以下「丁田主任」という。）に対し、Ａが乗っていた車両の登録番号を告げて
持ち主の調査を依頼するとともに、Ａが中学の同級生のところに借金に来た際、右腕
の肘から先に包帯が巻かれており、右ほおには新しいあざがあったことを伝えた。

　丁田主任は、車両の使用者がＺの父親であることを調べて、その住所と共にＡの父
親に伝えた。

　丁田主任は、Ａが両親と電話連絡が取れているのに助けを求めていないこと、同級
生のもとに２人で借金に来ているのに逃げもしないし、助けも求めていないことか
ら、上記事実を聞いても、Ａが犯罪の被害に遭っているとは判断しなかった。丁田主
任は、Ａの父親がＡの安否を心配している様子であったことから、Ａのけがが誰かに
負わされたものであるとすれば、Ａは救いを求めるはずであるから、誰かにけがを負

わされた事実はないとの認識を示して安心させようとして、父親に対し、誰かにけが
をさせられたのであれば、金員を借りに来たときなどに救いを求めることができると
思う旨を述べた。

　丁田主任は、同日中に、Ａの父親から前述の電話があり、自動車の登録番号から所
有者を調査して住所を教えた旨、Ａがけがをしているらしい旨を丙原課長等に報告し
たが、同課長もＡのけがについて犯罪によるものとは認識しなかった。

　20.　　Ａの両親は、Ｎ自動車から弁護士の紹介を受け、その事務所を訪れて、従前
の経過を説明してＡの救出のための方策について相談した。弁護士からは、傷害事件
や恐喝事件などが考えられるとして、以後のＡからの金員の振込み要求への対応の仕
方や、これまでにまとめたメモを警察官に見せて相談すれば、何らかの調査をしてく
れるのではないかといった助言を受けた。

　21.　　**【警察側の対応】**

　11月9日、Ａの両親はＩ警察署を訪れて、「Ａの動き」及び「Ａの借金」と題す
る、それまでの本件にまつわる経過等を記載した書面を、Ａの捜索の参考にしてほし
い旨述べて、事情を知っている生活安全課所属の警察官が全員不在であったため、同
署少年補導嘱託員に手渡して提出した。

　上記「Ａの動き」には、Ａの負傷の状況については、10月27日の項に、甲崎からの
伝聞として、Ａが同日右腕に包帯を巻いていたこと、11月2日の項に、甲崎からの伝
聞として、Ａの頬に同日まだ新しい傷があった旨の記載がある。また、Ａの同級生や
先輩からの伝聞として、借金の電話を断ると、電話の相手が次々と変わり、相手に脅
されたと言っているとの記載がある。

　外出から帰署した丙原課長は、これを一読した後、同嘱託員に指示してＡの家出人
捜索願と一緒に綴らせた。

　22.　　11月22日、Ａは、Ｘらに伴われて東京都千代田区所在の株式会社Ｂ銀行東京
支店を訪れ、自己名義の預金30万円を払い戻した。また、同月24日、Ａは、Ｙに伴わ
れて再び同支店を訪れ、店頭窓口で20万円の預金を払い戻したが、その際、応対した
同支店行員が確認したところによれば、Ａはフード付きジャンパーを着ており、店内
でもフードをかぶっていたが、顔全体が腫れ上がり、顔の右側や右手の小指側がひど
く赤く皮膚がむけており、火傷の跡であると容易に確認できる状態であった。

　Ａ及びＹは、翌25日にも同支店を訪れ、Ａは自己の預金14万5,000円を払い戻した。
同支店の次長は、Ａ及びＸらの服装や格好が同支店の一般顧客と異なるものであった
ことから、通帳の盗難等を疑い調査を行った結果、払い戻された預金がいずれも払戻
日当日にＡの父親から振り込まれたものであることや、前日の24日にＡに応対した行
員の供述により、Ａの顔や手などに火傷や傷跡があったこと等を把握したため、それ
自体を犯罪の結果として地元警察に連絡することはしなかったが、不審を感じ、入金
者について調査するために入金先である同銀行黒羽支店に対して連絡を取ったとこ
ろ、入金者（Ａの父親）から黒羽支店に対して、Ａがどこで払戻しを行っているか調
べてほしい旨の相談があったことを聞き及び、Ａの父親に連絡を取ってもらうよう黒
羽支店に手配した。なお、24日に来店したＡ及びＹの様子は、同銀行東京支店の防犯

カメラに撮影されていた。

　Aの父親は同月25日、同銀行黒羽支店支店長から連絡を受け、同銀行東京支店でAが預金を引き下ろしたこと、Aが顔に明らかな火傷をしていたこと、後ろに男たちが付いていること、これらが防犯カメラに撮影されていることを聞き、警察から要求があれば撮影した画像を証拠として提出するとの申出を受けた。

　Aの父親がその画像の提出を受けることが可能か確認したところ、警察に対してでないと出せないと言われ、このことを妻に伝えた。

23.　【警察側の対応】

　11月25日夕刻、Aの母親は、Aの安否を心配してI警察署に電話をかけ、Aの父親が聞いた上記内容を伝え、防犯カメラの画像の取り寄せとAのけがの状況の確認をしてくれるよう依頼したが、電話を受けた丁田主任は、別件の令状請求のため小山簡易裁判所に出かける直前であり、電話を受けた後、急いで令状請求に出かけたため、電話があったこと自体を失念し、上司や他の警察官に報告しなかった。

24.　11月26日、Aの父親は、Aが火傷を負っていると聞いて安否を強く心配し、Aを捜すため、Aと行動を共にしているとみられたY、Zの親と一堂に会して事情を説明し、協力を求めることとし、Y及びZの親に連絡を取り、同月30日に会うこととした。

　11月30日、Aの両親は、Yの伯父、Zの両親と宇都宮市内のファミリーレストランで話合いを持ち、「Aの動き」及び「Aの借金」と題する書面を示しながら、Aが2か月余り行方不明となっており、その間消費者金融会社や友人らから400万円、500万円もの多額の金員を借りていること、Aの身辺にはYとZがおり、更にもう1人名前が知れないやくざ風の男が付いていること、東京の銀行で顔に火傷をしていることが確認され、防犯カメラに撮影されていること等を説明の上、どちらでもよいからY又はZ本人から事情を聞いてもらいたいこと等を訴えた。そして、Y及びZの親からの発言により、YとZがAと行動を共にしていること、もう1人の男はXであると考えられること、Xは、度々恐喝事件を起こし、少年院に入所したことがあること等が確認された。その結果、早速、一緒に警察に行き、子らを捜してもらおうということにした。

25.　【警察側の対応】

　11月30日、Aの両親、Zの両親は、まず宇都宮H警察署を訪れ、同署で、Aの家出人捜索願を提出しているI警察署に行くよう指導を受けて、I警察署を訪れた。I警察署において、Aの父親は、乙原主任に対し、AがB銀行東京支店で預金を引き下ろしに訪れ、その際、顔に火傷をしていたこと、その様子が防犯カメラに撮影されていたことを説明し、銀行が警察に対してであれば撮影された画像を証拠として提出できると言っているので取り寄せて調べてほしい旨依頼し、また、Aらが移動に使用しているとみられるZ運転車両の捜索手配についても依頼した。

　Aの父親が乙原主任と応対している際、Aから父親の携帯電話に電話が入り、帰宅するための電車賃が必要であるとの口実により相当額の振り込みの依頼があったが、これを拒絶しつつ帰宅するよう説得した。その間、Aの母親は、Aの父親の側で、A

を叱りつける発言もした。Aは、更に涙ながらに振り込みを求め続けたことから、Aの父親はAの異常さを理解してもらいたいという意識から、「友達に代わるから。」などと言って、乙原主任に電話を代わった。乙原主任は、Aに早く帰宅するよう呼びかけたところ、Aから誰かと質問され、Iの警察だと名乗った。これに対してAは、父親に代わるよう要求するなどしていたが、Xの命令を受け、電話を切った。

乙原主任は、Aの父親からの撮影画像の取り寄せの依頼に対しては、本件では事件になっていないので取り寄せはできないとして応じなかったが、Zの車の捜索については手配しておく旨回答し、12月1日に警察本部に登録が依頼され、翌2日に電算登録が完了し、車両のナンバーを照会した際には家出人の使用車両であることが即時に判明する状態となった。しかし、Zが同月1日に起こした後記の交通事故の際には、未登録であった。

26.　Xらは、11月2日以降もAを同行して監視下に置き、居所を変えながら遊び歩き、Aに両親や友人に電話等により無心をさせ、借り入れた金員を宿泊費や遊興費等に充てていた。Xらは、11月中旬までに2、3回、Aを伴い、Aから強取した金員を使って航空機を使って北海道に旅行していた。Xらは、Aを連れて11月20日から28日までは主に東京都や神奈川県等で行動し、同月28日午後4時半すぎに東北新幹線を利用して宇都宮駅に到着し、一度Zの家に立ち寄った（同所においてZの母親に現認された。）後、Xの乗用車とZの乗用車に分乗して、その後は栃木県内を移動した。

同月28日は、宇都宮市内のホテルに、同29日及び30日は石橋町内のホテルに、12月1日は鬼怒川の河川敷にZの乗用車を止めて宿泊したが、Xは1日の夜は自宅に戻った。

Aは両親に頻繁に電話をして、金員を無心し、両親はAのために、11月22日から25日にかけて3回にわたり、A名義のB銀行K支店の口座に合計64万5,000円を振り込んだ。その後も、Aから両親に対して、友達にパチンコ代を借りていたのでこれを返してから帰りたい等と、繰り返し無心の電話があり、11月26日には午後2時頃から午後5時40分頃にかけて23回、同27日には午後0時過ぎから午後4時前にかけて8回、同28日には午前11時20分から午後10時30分頃にかけて14回、同29日には午後0時過ぎから午後3時20分ころにかけて7回の電話があった。

Xらは前記各経緯により、Aについて家出人捜索願が出されていること、また、YがAと一緒にいることを疑われていることを認識していた。さらに、11月初めに北海道を旅行中に、Aが父親から電話で、「Zと一緒にいるだろう。」と言って問い詰められ、Zの乗用車の登録番号を告げられるなどしたことから、Aの父親にZの乗用車の登録番号が知られていることも認識していた。

Xらは、11月30日、Aからの父親に対する電話に警察官が出たことから、警察の関与を意識することとなっていた。そこに、12月1日午後6時36分頃、Zが宇都宮市内の路上で、原動機付自転車と衝突する交通事故を起こしてそのまま逃走する事態が発生し、また、同日夜、Zは弟から、Aを連れて金員を借りて回っている件で母親がZを探していることを聞いた。

更に、12月2日朝に、Aの父親が、C警察署を訪れ、Aが10月18日から所在不明と

なったこと、Xらと行動を共にして友人等に消費者金融会社からの借入れをさせてまで多額の金員を借りていることを説明して、Xやその背後にいるかもしれない暴力団関係者にその金員を取られているのではないかなどと相談している。

　27.　12月2日朝、Xは、上記交通事故を起こしたことやAの父親に自分たちがAを連れ回していることが露見していることを聞き、さらに、Zの母親が、宇都宮H警察署の警察官に依頼して、Zの所在を尋ねる電話をXにかけてきたことから、交通事故を起こしたことによりZの使用車両を警察に探されることとなったため、このままでは、Zの乗用車を警察に発見されて同時にAも発見され、Aのけがの状況から自分たちがAにした犯罪の数々（暴行等を加え事実上監禁状態におき、身体に熱湯等を浴びせ重度の傷害を負わせた）が明らかになって捕まり、刑務所に入れられてしまうと考え、Aを殺害することを決意した。

　そして、Aの殺害をYとZに持ちかけ、12月2日午後、栃木県内の山中において、Aを殺害した。

　なお、Xらが殺害しなかったとしても、Aは、この時点において、体表面積の80パーセント程度に及ぶ広範囲に火傷を受けた重度の火傷の状態にあり、数時間から1日くらいで死亡したとみられる。

□裁判所の判断

① **警察権の不行使が国家賠償法1条1項との関係で違法と評価される要件**

　まず、判決は、警察権の不行使が国家賠償法1条1項との関係で違法と評価される要件を次のように定立した。

　「警察は、個人の生命、身体及び財産の保護に任じ、犯罪の予防、鎮圧及び捜査、被疑者の逮捕、交通の取締その他公共の安全と秩序の維持に当ることをその責務とする（警察法2条1項）。ただし、警察の活動は、厳格にこの責務の範囲に限られる（同条2項）。また、警察官職務執行法5条により、警察官には、犯罪がまさに行われようとするのを認めたときは、その予防のため関係者に必要な警告を発し、また、もしその行為により人の生命若しくは身体に危険が及び、又は財産に重大な損害を受けるおそれがあつて、急を要する場合においては、その行為を制止することができる権限が付与されているが、警察権の行使は、その目的のため必要な最小限度において用いるべきものであり、警察権の行使については、同法又は刑事訴訟法等に、強制力行使の要件が規定されている。したがって、警察権に基づく強制力の行使は、その行使の要件を欠くときは、そのことにより違法と評価される。他方、警察権の不行使が国家賠償法1条1項との関係で違法と評価されるのは、犯罪行為が行われている旨の申告又は状況に対応して、通常なすべき措

置を怠った場合であり、この措置として具体的な警察権の行使をすべき作為
義務が発生するためには、①犯罪等の加害行為、特に国民の生命、身体、名
誉等に対する加害行為がまさに行われ、又は、行われる具体的な危険が切迫
していること、②警察官においてそのような状況であることを知り、又は、
容易に知ることができること、③警察官が上記危険除去のための具体的に特
定された警察権を行使することによって加害行為の結果を回避することが可
能であること、及び④強制捜査権の行使にあっては法律上の要件を備えてい
ることが必要となるものと解される。

②　前記要件を踏まえた検討

　その上で、判決は、Aに対する加害行為につき、「本件において、加害者
らは、Aに対して、本件犯行期間中、暴行を継続し、裸にさせて顔や体に高
温のシャワーを浴びせるなど、重度の傷害を負わせる危険のある態様の暴行
を繰り返していたものであり、この間、Aに対して、常にその身体に対する
加害行為が行われ、また、当該行為の結果として生命に対しても危害の及ぶ
おそれが存在し続けていたと認めることができる。」との前提事実を認定す
る。
　これを踏まえ、判決は、危険切迫の認識、つまり、「②警察官においてそ
のような状況であること（筆者補足：加害行為がまさに行われ、又は、行わ
れる具体的な危険が切迫していること）を知り、又は、容易に知ることがで
きること」、及び結果回避可能性、つまり、「③警察官が上記危険除去のため
の具体的に特定された警察権を行使することによって加害行為の結果を回避
することが可能であること」の要件を、AがXらに呼び出された平成11年9
月29日から殺害された同年12月2日までの間の警察官の対応（認識）を検討
している。

ア　10月18日及び19日（事案の概要10、11、12）

　18日に乙村総務部付と共にAの母親が、I警察署を訪れ、家出人捜索願を
提出したが、この段階での、N自動車K工場のAに対する認識について、判
決は「虚偽の理由を述べて欠勤を重ね、他の従業員に借金を申し込んで消費
者金融会社から借金をさせる等の同社にとって好ましくない影響を及ぼす行
為を継続している従業員であり、未だ暴行や恐喝等の被害者として救済を求
める対象とは認識されていなかった」、いわば、「加害者らとの4人組の1人

という認識であり、同社の従業員が10月18日に亡花子（筆者補足：Aの母親）による家出人捜索願の提出にＩ警察署に同行して、同署の警察官の事情聴取を受けたのは、丁沢がＡに100万円を貸した件について暴力団関係者の関与の有無や丁沢を被害者とする恐喝事件となるかについて相談を行うためであって、Ａを恐喝や暴行の被害者としてその救済を求める相談ではなかった。」と認定した。

　また、「Ａの母親としても、Ｎ自動車Ｋ工場の助言により、家出人捜索願を提出したもので、当面の事態に対処するために、早期にＡを捜し出して欲しいと希望したが、Ａの身体、生命の危機を感じていたものと認めるには足りない。なお、丁沢は、10月18日及び19日にＩ警察署に赴き、事情聴取を受けているが、暴力団関係者の関与が疑われる恐喝案件の被害者として事情聴取を受けたものであり、Ａを被害者として同人の被害の聴取を受けることを目的とするものではなかったことから、Ａが負傷していた事実を述べる必要はなかった。」と判断した。

　そのことから、判決は、同人が、「Ａが負傷していた事実について警察官に供述した事実を認めることはできない。なお、同月18日にＩ警察署に提出されたＮ自動車における同人からの事情聴取の記録中にも、Ａの負傷に係る記録はない。」と認定した。

　これらを踏まえ、「この時点で栃木県警察官（乙原主任）に明らかになった事情は、丁沢を被害者とするＮ自動車からの相談により、Ａについては家出人捜索願の手続を受けたものであり、同日にＩ警察署に提出された資料や丁沢の事情聴取の結果等において、Ａは、丁沢を呼び出して金員を借りた者であり、Ｎ自動車から提出された資料によれば、加害者らの影響のない場であるはずの職場においても虚偽を述べて欠勤しており、所在を明らかにしないものの勤務先や両親のもとには電話の連絡があり、監禁状態にあることを推認するに足りる根拠はなく、また、Ａの負傷を確認したものでもない。」そして、翌日までに丁沢からの借入れに恐喝等の前歴のあるＸが関与している可能性が濃厚となったが、当該事実を考慮しても、栃木県警警察官が、Ａが犯罪行為の被害者となっていた事実を認識するに足りる情報があったとは認められない。」とした。

　更に、「家出人捜索願の提出により、警察において積極的に家出人とされた者の所在を捜索することは予定されておらず、何らかの事件において、家出人とされる者の関与が明らかとなった場合に届出人に連絡することが予定

されている手続にすぎないものであり、Ａ両親が積極的な捜索を期待したことは親として当然の感情ではあるが、上記のとおり、栃木県警警察官が家出人捜索願として本件に対応したことに違法は認められない。」と判断した。

イ　10月22日（事案の概要14）

この日は、Ａの両親がＩ警察署を訪れ、昨日のＡとの電話の内容から、Ａが軟禁等されているのではと訴えるなどしたことについて、判決は、「この時点は、Ｎ自動車から、Ａの欠勤、４人組との不良交友の事実を聞いたＡの両親が、従来の真面目でおとなしい性格から乖離したＡの行動に当惑すると共に、その周囲に素行が不良な者たちの存在及び身柄の拘束等を危惧した時期であるが、警察の認識としては、暴力団の関与についての可能性は低く、Ｘを含む不良集団との交友の可能性が大きいと判断していた時期であり、Ａ両親のＡが軟禁か監禁状態に置かれているのではという懸念はその真否を確認し得る客観性をもつものではなく、Ａと交際中の女性が人質にとられるといった懸念も憶測にすぎないものであり、Ａが不良集団に加わっているという認識を変えるに足る新たな客観的資料はなかった。」と認定した。

したがって、同日のＡの両親からの情報によっても、「栃木県警警察官において、Ａが犯罪行為の被害者となっていることを容易に認識し得るまでの情報があったとはいえない。以後、10月中に、栃木県警警察官に対し、Ａが犯罪行為の被害者となっていることを認めるに足りる情報が提供された事実は認められない。」と判断した。

ウ　11月１日及び３日（事案の概要17、19）

11月１日、甲沢及び乙野は、Ｎ自動車Ｋ工場の上司や同社の警察官ＯＢの乙村総務部付など４名に伴われて、10月25日にＡに金員を貸すことになった件について恐喝等による被害届の提出などを念頭に置いてＩ警察署を訪れたことについて、判決は、「この時点において、Ｎ自動車としては、Ａより信憑性が高いと考えていたＹの申述を疑い始めたものの、Ｉ警察署に赴いた目的は、『４人組』による従業員への被害拡大を懸念したものであり、提出を打診した被害届の被害者は甲沢らであって、Ａではなかった。」と認定した。

11月３日は、Ａの父親がＩ警察署に電話をかけ、応対に出た丁田主任に対し、Ａが乗っていた車両の登録番号を告げて持ち主の調査を依頼すると共に、Ａの負傷に関する情報を伝えたものであるが、判決は、「この段階で

は、A両親はAの身体への危害を案じたことが認められるが、Aの傷害を理由に捜査を開始するまでの客観的証拠はなく、その程度、原因（事件性の有無）も不明であり、他方で、それまでにAからあった連絡は、家出人捜索願の取下げを求め、A自身が両親のもとへの帰宅よりも不良集団に止まることを選んでいるとも取れるものであり、その点では、10月5日から8日に出勤しながら虚偽を述べ、同僚からの借財を重ねていた状況と一致するものであり、栃木県警警察官においては、Aの身体に対する加害行為がまさに行われ、又は、行われる具体的な危険が切迫していたと認識し得る状態にあったということはできない。」とし、危険切迫の認識を否定した。

　また、この段階における、Aの友人らへの借財について、詐欺又は恐喝の嫌疑に対する捜査権の発動につき、判決は、「甲沢、乙野らからのAの借財が加害者らの指示によるものと疑い、詐欺又は恐喝といった財産犯への発展の可能性を認識し得たとしても、甲沢、乙野、丁沢の金員交付時の状態から恐喝に該当するというには難があり、また、客観的にも、丁沢や乙野への借用書の差入れ（10月14日、25日）、甲崎への返金（10月27日）という事情があったことを考慮すると、甲沢、乙野らのAへの金員交付の態様から、A又は加害者を含む者の詐欺、恐喝の嫌疑ありとして強制捜査権を行使し得たとは直ちに認め難い。また、Aの身体に対する加害の切迫性を容易に認識し得たということはできず、Aの身体の安全のために甲沢、乙野らへの財産犯に藉口して強制力を伴う捜査権を行使すべき義務があったということはできない。」と判断した。

エ　11月9日（事案の概要21）

　この日は、Aの両親が、I警察署にAの負傷の状況のほか、また、Aの同級生や先輩へも、ときに脅迫じみた金員の無心がされているという内容を記載した「Aの動き」及び「Aの借金」と題する書面を、同署少年補導嘱託員に手渡して提出した時期であるが、判決は、「この時点において、Aへの暴行は苛烈さを増しており、伝聞であれ、Aの負傷を耳にしたA両親の不安は高まっていたといえるが、他方で、Aの多額の借財の処理も当面の課題となり、しかも、これまでのAの外形的態度は、控訴人（筆者補足：Aの父親）との連絡にかかわらず無断欠勤による不良集団に止まって同僚、知人への無心を繰り返していたというものであり、Aの負傷の程度、原因が事故等ではなく、暴行、傷害によるとまでの認識を有することは、A両親にも栃木県警

警察官にも期待し難く、財産犯に止まるものであれば、被害者の拡大を防ぎ、加害者ら及びＡが現れてから、事実関係を確認して対処すれば足りると考えることも、不当とはいえず、Ａへの監禁、傷害を前提とする捜査に思い至らなかったことをもって、栃木県警警察官に職務上の義務違反があったということはできない。」と判断した。

オ　11月25日（事案の概要23）

　銀行からのＡが負傷している旨の情報提供に基づき、Ａの母親がＩ警察署に防犯カメラの撮影画像の取寄せを捜査員に伝えたが、捜査員が失念したことにつき、判決は、失念に過失を認め、Ａ殺害阻止につき3割程度の可能性を、次のように認めた。なお、以下及び次項カが本判決の核心部分といえる。

　11月25日の時点におけるＡ両親の本件事件に対する認識と、同月30日の時点における認識（**事案の概要25**）について、「同様にＡが重大な暴行、傷害事犯の被害者となっているとの認識までには至っておらず、亡花子（筆者補足：Ａの母親）が、同日、このような切迫した事実を告げて救済を求めたものと認めることはできない。」

　「亡花子は、東京の銀行からの連絡内容からＡの負傷を懸念してＡの救済を求める気持ちから警察に連絡を入れたものであり、亡花子が告げた東京の銀行からの連絡内容は、東京の銀行での第三者（銀行員）が異常と感じた火傷の状況であり、その程度は、現認した者が直ちに地元警察に連絡するほどではなかったとしても、Ａの負傷に関する客観的資料に関わるという点で、財産犯という枠組みからＡへの傷害に関する捜査の依頼という性格を持つものであるから、栃木県警警察官としては、これを真摯に受けとめ、東京の銀行からの撮影画像の取寄せなど、適切な対応をとるべき義務があったということができ、失念により、これを怠ったことには職務上求められる注意義務違反（過失）があったというべきである。」

　「次に、この過失がなかった場合に、Ａの殺害を阻止し得たかについては、高度の蓋然性をもってこれを肯定することができるか否かという、合理的推論の問題となる。

　栃木県警警察官においては、速やかに上記撮影画像を取り寄せ、Ａ両親の意見を聞き、東京の窓口行員からＡを現認した際の状態を聴取すれば、Ａが重度の火傷を負っていたことを把握することが可能であり（上記撮影画像

は、鮮明なものではないため、Ａの火傷の程度を正しく認定するには充分な
ものではなく、Ａが死亡に至るような重大な傷害を負っていることは当該画
像中のＡの動作からうかがうことができないが、Ａの過去の写真と対照す
ることにより、Ａが顔面の形状が変わる程度の負傷をしていることの認識が可
能であり、また、フードで頭を覆う格好をしていることや加害者らが同行し
ていることが看取できるから、これを窓口担当行員からの事情聴取及びＡ両
親からの事情聴取と総合すれば、栃木県警警察官において、Ａの負傷の状況
について客観性の高い判断を行い得たことが推認できる。）、これと平行して
乙野、甲沢、甲崎に対してＡへの暴行、傷害事犯という観点から事情を聴取
し、既にＡによる無心又は借入額は11月26日時点で判明していた額でも516
万円という、勤労青年の立場では考えられない金額に達していること、不良
グループには恐喝の少年犯歴のあるＸが加わっていることも考慮すれば、11
月28日ないし29日には、Ａの不良グループへの参加が暴力による強制に基づ
くという可能性も考慮することが可能となり、Ａの負傷が十分に事件性を有
するとの嫌疑に達し得たものということができる。」

　「そして、上記嫌疑に基づく捜査手順としては、この段階でも、火傷の時
期、原因、程度は不明であり、被害者となるべきＡの協力も得られない状況
であるから、直ちに傷害被疑事件として逮捕状を請求し得たということはで
きないし、Ａから頻繁に無心の連絡があり、Ａ自身が自己の意思で加害者ら
に加わっている外形の下で監禁罪での強制捜査を行うことも期待し得なかっ
たといえるから、この段階でＡの生命への切迫した危険を予想しての緊急、
広範かつ集中的な捜査の必要性までを認識し得たということはできないが、
Ａの所在を確認して、職務質問をするなどの強制捜査によらない方法によっ
てＡの負傷の程度を確認し、その身柄を保護することは検討し得たものとい
える。

　しかし、相当因果関係を認めるに足る蓋然性の有無という観点からみる
と、加害者ら及びＡは、車を使用するなどして居所を転々としており、加害
者らがＡに対する家出人捜索願が提出されていることを認識していたことも
考慮すると、上記のような捜査手順のもとで、Ａが殺害された12月2日又は
殺害されない場合において重度の火傷のために死亡したとみられる同月3日
までの間に、Ａを発見し、その身柄を確保することによってＡの殺害を阻止
し得たと高度の蓋然性をもって認めるには足りない。」

　「もっとも、11月26日以降もＡからＡ両親に対する無心の電話が頻繁にあ

り、従前の加害者らの行動の態様からすれば、これらを利用してＡの居所を探知したりＡを誘い出す余地は十分にあったとみられること、加害者らが移動に使用している車両の登録番号は既に判明していたこと、加害者らが11月28日にはＺの両親の家に立ち寄り、12月１日にはＸが被控訴人乙山（著者補足：Ｘの父親）らの家に立ち寄っていること、さらには、11月28日から12月２日の間は加害者らは栃木県内において行動していたことを考慮すると、上記連絡に即応した捜査が行われていれば、殺害前にＡを発見し得た可能性も３割程度はあったものと認めることが相当であり、そして、Ａが警察に発見され、その負傷の状況が現認されれば、加害者らに対して、その原因について任意に聴取が行われると共に、Ａに対する監禁、傷害の行為について加害者らに対する強制捜査の開始を待たずに、Ａが治療のために加害者らから引き離されて保護される結果となったことが予想されるところである。そうすると、上記過失がなかったとしても、Ａの殺害を阻止し得たとは認められないが、Ａの殺害を阻止することにつき３割程度の可能性はあったというべきである。」

カ　11月30日（事案の概要25）

　11月30日に、Ａの両親らがＩ警察署を訪れているが、その目的は、「Ａの負傷に対する危惧の下に、粗暴な者の介在を疑い、事態のさらなる悪化を防ぐためにも、子らを捜してもらおうということにあったと解される。この段階で、Ａ両親のＡの身体の傷害に対する懸念は相当に大きくなっていたものと認めることができるものの、Ａが加害者らから受けていた凄惨な暴行の内容及びこれによる傷害の程度についてまでは情報が得られなかったため、これを認識することはできず、控訴人甲野（著者補足：Ａの父親）が、11月23日及び26日に、繰り返し無心の電話をかけてくるＡへの対応として、夜間電話のコードを抜いたことからは、同控訴人がＡの身を案じながらも、同人の生命に危害が及ぶ事態に至っていることについては認識が及んでいなかったことを推認することができる。」

　「また、12月２日、控訴人甲野がＣ警察署を訪れ、同署警察官に対し、Ａが10月18日から所在不明となったこと、加害者らと行動を共にして友人等に消費者金融会社からの借入れをさせてまで多額の金員を借りていることを説明して、Ｘやその背後にいるかもしれない暴力団関係者にその金員を取られているのではないかなどと相談したことが認められるが、これも、Ａ両親

が、Aが殺害された12月２日の時点に至るまで、本件の主要な側面は恐喝等の財産犯にあると見ていたことをうかがわせるものといえる。」

「したがって、A両親らが、内心において様々な不安と危惧を抱いていたとしても、栃木県警警察官に対して表示された働きかけは、11月30日の時点においても、Aの行方が不明であること、Aが恐喝等の金銭上の犯罪行為に巻き込まれて被害者となっているのではないかという懸念及びAが負傷していることの懸念に基づき、Aの捜索を開始するよう求めるものであって、Aが生命に危害が及ぶような犯罪の被害者となっているとの切迫した認識を告げて救済を求めたものということはできず、栃木県警警察官においても、A両親からの働きかけによって、Aが生命に危険が及ぶような犯罪の被害者となっていることについて切迫した認識を有するに至らなかったものといえる。」

「また、11月30日に乙原主任がAからの電話に警察官を名乗ったことが認められるが、Aについては既に家出人捜索願が出され、Aからの取下げ依頼を断っている経過があり、控訴人甲野から電話を代った乙原主任としては、Aからの質問に対して警察官の身分を秘匿した虚偽の応答をすべき状況にはなかったというべきである。また、加害者らも、Aに対する加害行為につきどこまで捜査が進んでいるかは知らないのであり、乙原主任の発言が、A殺害を決断させたと認めるには足りない。」

「以上によれば、11月25日の亡花子（筆者補足：Aの母親）の捜査依頼を失念したことは、国家賠償法１条１項との関係において違法と評価することができ、また、これによりAの死亡を阻止する可能性（３割程度の生存可能利益）が侵害されたものということができる。」

□判決の検討、評価

この事件は、「桶川事件」と同様、『平成12年版警察白書』（平成12年10月２日発行）における「序章　国民の信頼の回復を目指して」の「第１節　相次ぐ不祥事案の発生」の中で、「栃木県上三川町在住の少年が、２か月間余りにわたって各地を連れ回され、その間に金銭の要求や暴行を繰り返し受けた後、11年12月、同県内の山林において殺害される事件が発生した。同少年の家出人捜索願を10月に受理していた同県Ｉ警察署が、少年の両親からの再三にわたる相談や捜査要請に対し、事実関係の調査を怠るなど不適切な対応を行っていたことが12年５月、発覚し」たことが取り上げられており、後の

「警察改革」の起因とされたものである。

(1)　警察権限の不行使と国家賠償法１条１項との関係で違法と評価される要件

　警察権の不行使に関する国家賠償請求事件における判決（判例法理）が、公刊物において最後に確認できたものが、石橋事件・平成19年東京高裁判決である。

　では、裁判所における警察権の不行使に関する判例法理は、どのように展開されてきたのであろうか。時系列から他の事件の判例法理を比較すると、非常に興味深いものがある。

　まず、警察権の不行使に関する国家賠償請求事件が公刊物に登場したのが、桶川事件における、さいたま地裁平成15年２月26日判決・判例時報1819号85頁（以下「平成15年桶川事件・さいたま地裁判決」という。）である。

①　平成15年桶川事件・さいたま地裁判決

　「犯罪捜査は、事実関係を解明して、犯人を検挙し、適切な刑罰権を行使することによって、将来の犯罪の発生を予防するという公益を図るためのものであり、犯罪捜査に伴って犯罪による被害が回復されたり、同種の犯罪が防止されたりすることによって犯罪の被害者等の特定の私人が受ける利益は、公益を図る過程で実現される事実上の利益であるにすぎない。しかしながら、警察法２条１項は『警察は、個人の生命、身体及び財産の保護に任じ、犯罪の予防、鎮圧及び捜査、被疑者の逮捕、交通の取締その他公共の安全と秩序の維持に当ることをもってその責務とする。』としており、また、警察官職務執行法は、警察官が個人の生命、身体及び財産の保護、犯罪の予防等の職務を遂行するために必要な手段を定めていること（同法１条１項参照）からすると、警察官は、特定の私人が犯罪等の危険にさらされている場合において、その危険を除去するために、同法５条に基づき、関係者に必要な警告を発したり、その行為を制止することができるほか、法律上許容される範囲内で警察法２条１項所定の職務に関して必要かつ相当な措置を採る一般的な権限を有していることは明らかである。

　そして、警察官による犯罪捜査は、これらの犯罪等の危険除去等のための権限行使と重なる場合があることも自明のことである。

　したがって、犯罪等の加害行為がまさに行われ又は行われる危険が切迫し

ているか否か、警察官においてそのような状況であることを知り又は知ることができるか否か、上記危険除去のための権限を行使することによって加害行為の結果を回避することが可能であるか否か、その権限を容易に行使することができるか否か等の事情を総合勘案して、同権限の不行使が著しく不合理と認められる場合は、その不作為は、国家賠償法 1 条 1 項上違法であるとするのが相当である。」

　次に、太子町ストーカー事件であるが、神戸地裁平成16年 2 月24日判決・判例時報1959号52頁（以下「平成16年太子町事件・神戸地裁判決」という。）を確認する。

②　平成16年太子町事件・神戸地裁判決

　「警察法 2 条 1 項は「警察は、個人の生命、身体及び財産の保護に任じ、犯罪の予防、鎮圧及び捜査、被疑者の逮捕、交通の取締その他公共の安全と秩序の維持に当たることをもってその責務とする。」と規定し、警察官職務執行法 1 条 1 項は、「警察官が警察法に規定する個人の生命、身体及び財産の保護、犯罪の予防、公安の維持並びに他の法令の執行等の職権職務を忠実に遂行するために、必要な手段を定めることを目的とする。」と規定し、同法 2 条以下においてその行使し得る手段を規定していることからすれば、警察は、犯罪の防止、鎮圧を目的として、警察官職務執行法が規定する各種の権限のほか、そのために必要かつ相当な規制権限を行使する一般的権限を有するものと認められる。そうとすれば、特定の個人等に対して、犯罪による加害行為がまさに行われ、あるいは行われる危険が切迫しているような場合で、その権限行使が容易にできるような場合にあっては、警察による犯罪の予防、鎮圧のために必要な規制権限の行使は、警察に与えられた公益上の義務の行使であると同時に、当該個人等に対する法的義務としての権限の行使でもあると解される場合もあるというべきである。

　もっとも、上記各種権限のうち、犯罪捜査権限は、直接的には、具体的な個々の犯罪の発生の予防、鎮圧を目的としたものではなく、過去の犯罪の事実関係を明確にし、犯人に対する適切な刑罰権を行使することによって、将来の犯罪の一般的予防を図り、もって国家及び社会の秩序維持という公益を図ることを主たる目的として付与されたものであって、既に発生した犯罪被害者の損害の回復を目的とするものではなく、犯罪捜査によって犯罪被害者

の受ける被害感情の慰謝等は、公益上の見地に立って行われる捜査によって反射的にもたらされる事実上の利益というべきであることからすれば、原則として、警察が、犯罪被害者との関係において、法的義務として、当該犯罪についての捜査義務を負うことはないというべきである。」

「犯罪防止のために警察に認められた各種規制権限の不行使は、特定の個人等に対して犯罪による加害行為がまさに行われ、あるいは行われる危険が切迫し、かつ、その権限行使が容易にできるにもかかわらず、これが行われないといった、その権限の不行使が著しく不合理と認められる場合には、当該個人に対する関係で、国家賠償法1条1項の違法評価を受けるというべきである。そして、警察官の規制権限不行使が著しく不合理であるかどうかは、①被侵害利益に対する侵害の危険性ないし切迫性、②当該警察官における当該危険性の認識ないし認識可能性、③被侵害利益の重大性、④当該規制権限行使による結果回避可能性、⑤当該規制権限行使に対する期待可能性等の各事情を総合考慮して判断すべきである。」

次に、神戸事件であるが、神戸地裁平成16年12月22日判決・判例時報1893号83頁、その後の大阪高裁平成17年7月26日判決は公刊物未登載であるため、神戸地裁平成16年12月22日判決（以下「平成16年神戸事件・神戸地裁判決」という。）を確認する。

③　平成16年神戸事件・神戸地裁判決

「警察法2条1項は、『警察は、個人の生命、身体及び財産の保護に任じ、犯罪の予防、鎮圧及び捜査、被疑者の逮捕、交通の取締その他公共の安全と秩序の維持に当ることをもってその責務とする。』と規定しており、また、警職法は、その1条1項において『警察官が、警察法に規定する個人の生命、身体及び財産の保護、犯罪の予防、公安の維持並びに他の法令の執行等の職権職務を忠実に遂行するために、必要な手段を定めることを目的とする。』とし、同法2条以下においてその行使し得る手段を規定している。そうすると、警察官は、特定の個人が犯罪等の危険にさらされている場合において、その危険を除去するために、法律上許容される範囲内で警察法2条1項所定の職務に関して必要かつ相当な措置を採る一般的な権限を有していることは明らかであり、警察官によるかかる規制権限の行使は、警察官に与えられた公益上の義務であるとともに、特定個人に対する法的義務としての権

限の行使にもなると解される。

　ところで、犯罪捜査権限は、事実関係を解明して、犯人を検挙し、適切な刑罰権を行使することによって、将来の犯罪の発生を予防するという公益を図るためのものであり、犯罪捜査に伴って犯罪による被害が回復されたり、同種の犯罪が防止されたりすることによって、犯罪の被害者等の特定の私人が受ける利益は、公益を図る過程で実現される事実上の利益にすぎないとも考えられる。しかし、警察官による犯罪捜査権限の行使は、犯罪等の危険除去等のための権限行使と重なる場合があることも自明のことであるから、犯罪捜査権限の行使が、更なる犯罪等の危険にさらされている特定個人の危険除去のために必要とされる場合には、特定個人に対する法的義務としての権限の行使にもなると解すべきである。

　したがって、犯罪等の加害行為がまさに行われ又は行われる危険が切迫しているか否か、警察官においてそのような状況であることを知り又は知ることができるか否か、上記危険除去のための権限を容易に行使することができるか否か、その権限を行使することによって加害行為の結果を回避することが可能であるか否か等の事情を総合勘案して、当該権限の不行使が著しく不合理と認められる場合には、その不作為は、国家賠償法1条1項上違法であると解するのが相当である。」

　次に、桶川事件における東京高裁平成17年1月26日判決・判例時報1891号3頁（以下「平成17年桶川事件・東京高裁判決」という。）を確認する。

④　平成17年桶川事件・東京高裁判決

　「犯罪捜査は、事実関係を解明して、犯人を検挙し、適切な刑罰権を行使することによって、将来の犯罪の発生を予防するという公益を図るためのものであり、犯罪捜査に伴って犯罪による被害が回復されたり、将来の同種の犯罪が防止されたりすることによって犯罪の被害者等の特定の私人が受ける利益は、基本的には公益を図る過程で実現される事実上の利益であるにすぎない。ところで、警察法2条1項は、『警察は、個人の生命、身体及び財産の保護に任じ、犯罪の予防、鎮圧及び捜査、被疑者の逮捕、交通の取締その他公共の安全と秩序の維持に当ることをもってその責務とする。』と定めているところ、警職法5条により、『警察官は、犯罪がまさに行われようとするのを認めたときは、その予防のため関係者に必要な警告を発し、又、もし

その行為により人の生命若しくは身体に危険が及び、又は財産に重大な損害を受ける虞があって、急を要する場合においては、その行為を制止することができる。』ものとされている。これは、警察の上記責務を達成するために警察官に与えられた権限であると解され、上記法令の文言や警察権の行使という事柄の性質上、この権限を発動するかどうか、また、どのような内容の警察権を発動するのかについては、警察官に一定の範囲で裁量が与えられているものと解される。しかしながら、犯罪の予防、鎮圧及び捜査等公共の安全と秩序の維持に当たることが警察の責務であることからすると、犯罪等の加害行為、特に国民の生命、身体、名誉等に対する加害行為が正に行われ又は行われる具体的な危険が切迫しており、警察官においてそのような状況であることを知り又は容易に知ることができ、警察官が上記危険除去のための警察権を行使することによって加害行為の結果を回避することが可能であり、かつ、その行使が容易であるような場合においては、上記警察権の発動についての裁量の範囲を超えて、警察官が上記危険除去のための警察権を行使することにつき職務上の義務が生じることもあり得るものと解すべきである。そして、警察官が上記職務上の作為義務に違背して警察権を行使しなかったことにより、犯罪行為等の招来を防止できず、国民の生命、身体、名誉等に被害を生じさせたような場合には、上記警察権の不行使が国家賠償法1条1項との関係で違法な公権力の行使に該当し、損害賠償責任を負う場合もあり得るものというべきである。」

　さらに、太子町ストーカー事件における大阪高裁平成18年1月12日判決・判例時報1959号42頁（以下「平成18年太子町ストーカー事件・大阪高裁判決」という。）を確認する。

⑤　**平成18年太子町ストーカー事件・大阪高裁判決**
　「警察は、個人の生命、身体及び財産の保護に任じ、犯罪の予防、鎮圧及び捜査、被疑者の逮捕、交通の取締その他公共の安全と秩序の維持に当たることをもってその責務とするものであるから（警察法2条参照）、警察官は、犯罪がまさに行われようとするのを認めたときは、その予防のため関係者に必要な警告を発し、又、もしその行為により人の生命若しくは身体に危険が及び、又は財産に重大な損害を受けるおそれがあって、急を要する場合においては、その行為を制止することができるものとされている（警職法5

条参照）。もとより、これは、警察の上記のような責務を達成するために警察官に与えられた権限であると解され、上記法令の文言や警察権の行使という事柄の性質上、この権限を発動するかどうか、また、どのような内容の警察権を発動するかについては、警察官に一定の範囲で裁量が与えられているものと解される。しかし、犯罪の予防、鎮圧及び捜査等公共の安全と秩序の維持に当たることが警察の責務であることからすると、犯罪等の加害行為、特に国民の生命、身体に対する加害行為が正に行われ、又は行われる具体的な危険が切迫しており、警察官においてそのような状況であることを知り、又は容易に知ることができ、警察官が上記危険除去のための警察権を行使することによって加害行為の結果を回避することが可能であり、かつ、その行使が容易であるような場合においては、上記警察権の発動についての裁量の範囲を超えて、警察官が上記危険除去のための警察権を行使することにつき職務上の義務が生じることもあり得ると解すべきである。そして、警察官が上記職務上の作為義務に違背して警察権を行使しなかったことにより、犯罪行為等の招来を防止できず、国民の生命、身体等に被害を生じさせたような場合には、上記警察権の不行使が国家賠償法１条１項との関係で違法な公権力の行使に該当し、損害賠償責任を負う場合もあり得るというべきである。」

　最後に、石橋事件における東京高裁平成19年３月28日判決（以下「平成19年石橋事件・東京高裁判決」という。）は、警察権限の不行使と国家賠償法１条１項との関係で違法と評価される要件を次のように導いている。

⑥　平成19年石橋事件・東京高裁判決

　「警察は、個人の生命、身体及び財産の保護に任じ、犯罪の予防、鎮圧及び捜査、被疑者の逮捕、交通の取締その他公共の安全と秩序の維持に当たることをその責務とする（警察法２条１項）。ただし、警察の活動は、厳格にこの責務の範囲に限られる（同条２項）。また、警察官職務執行法５条により、警察官には、犯罪がまさに行われようとするのを認めたときは、その予防のため関係者に必要な警告を発し、また、もしその行為により人の生命若しくは身体に危険が及び、又は財産に重大な損害を受けるおそれがあって、急を要する場合においては、その行為を制止することができる権限が付与されているが、警察権の行使は、その目的のため必要な最小限度において用いるべきものであり、警察権の行使については、同法又は刑事訴訟法等に、強

制力行使の要件が規定されている。

　したがって、警察権に基づく強制力の行使は、その行使の要件を欠くときは、そのことにより違法と評価される。他方、警察権の不行使が国家賠償法1条1項との関係で違法と評価されるのは、犯罪行為が行われている旨の申告又は状況に対応して、通常なすべき措置を怠った場合であり、この措置として具体的な警察権の行使をすべき作為義務が発生するためには、①犯罪等の加害行為、特に国民の生命、身体、名誉等に対する加害行為がまさに行われ、又は、行われる具体的な危険が切迫していること、②警察官においてそのような状況であることを知り、又は、容易に知ることができること、③警察官が上記危険除去のための具体的に特定された警察権を行使することによって加害行為の結果を回避することが可能であること、及び④強制捜査権の行使にあっては法律上の要件を備えていることが必要となるものと解される。」

　このように、警察活動における警察権の不行使が国家賠償法1条1項との関係で違法と評価される要件を初めて法的構成をしたのが平成15年桶川事件・さいたま地裁判決であり、同判決の法理はその後の平成16年神戸事件・神戸地裁判決にも大きな影響を与えたものといえる。

　さらに、平成18年太子町ストーカー事件・大阪高裁判決の論理構成は、平成17年桶川事件・東京高裁判決とほぼ同一であり、大変興味深い。

　特に、平成18年太子町ストーカー事件・大阪高裁判決と平成17年桶川事件・東京高裁判決において、警職法5条の文言や警察権の行使という事柄の性質上、この権限を発動するかどうか、また、どのような内容の警察権を発動するのかについては、警察官に一定の範囲で裁量が与えられているものと解しつつ、ⅰ犯罪等の加害行為、特に国民の生命、身体、名誉等に対する加害行為が正に行われ又は行われる具体的な危険が切迫しているおり、ⅱ警察官においてそのような状況であることを知り又は容易に知ることができ、ⅲ警察官が上記危険除去のための警察権を行使することによって加害行為の結果を回避することが可能であり、かつ、ⅳその行使が容易であるような場合においては、警察権の発動についての裁量の範囲を超えて、危険除去のための警察権を行使することにつき職務上の義務が生ずることもあり得るものと解したところに意義を有するといえる（裁量権収縮論の法理）。

　そして、その後の平成19年石橋事件・東京高裁判決にも影響を及ぼしたこ

とが見てとれよう。

(2)　平成19年石橋事件・東京高裁判決の法理

　平成19年石橋事件・東京高裁判決も、警察権限の不行使と国家賠償法１条１項との関係で違法と評価される要件について、まず警察法２条、警察官職務執行法又は刑事訴訟法等の強制力行使の要件を確認しつつ、他方で、警察権の不行使が国家賠償法１条１項との関係で違法と評価されるのは、「犯罪行為が行われている旨の申告又は状況に対応して、通常なすべき措置を怠った場合であり、この措置として具体的な警察権の行使をすべき作為義務が発生するためには、①犯罪等の加害行為、特に国民の生命、身体、名誉等に対する加害行為がまさに行われ、又は、行われる具体的な危険が切迫していること、②警察官においてそのような状況であることを知り、又は、容易に知ることができること、③警察官が上記危険除去のための具体的に特定された警察権を行使することによって加害行為の結果を回避することが可能であること、及び④強制捜査権の行使にあっては法律上の要件を備えていることが必要となるものと解される。」との作為義務要件を提示している。

　もっとも、本判決では、要件提示の中で警察官職務執行法５条の規定を挙げつつも、平成18年太子町ストーカー事件・大阪高裁判決や平成17年桶川事件・東京高裁判決が警職法５条の「文言や警察権の行使という事柄の性質上、この権限を発動するかどうか、また、どのような内容の警察権を発動するのかについては、警察官に一定の範囲で裁量が与えられているものと解し」ている（効果裁量）のに対し、そのことには触れていないが、警察官に一定の範囲で裁量が付与されていることを前提にしているのではないかと思われる。

　また、要件提示の中で、平成18年太子町ストーカー事件・大阪高裁判決と平成17年桶川事件・東京高裁判決が挙げているような、権限行使の容易性に触れることなく、「強制捜査権の行使にあっては法律上の要件を備えていることが必要となるものと解される。」との、いわば当然のことを付与しているところに特徴がある。

(3)　平成19年石橋事件・東京高裁判決の法理の当てはめ

　前記「裁判所の判断」で触れたとおり、判決は、まず、ＸらのＡに対する加害行為につき、Ｘらは「Ａに対して、本件犯行期間中、暴行を継続し、裸

にさせて顔や体に高温のシャワーを浴びせるなど、重度の傷害を負わせる危険のある態様の暴行を繰り返していたものであり、この間、Ａに対して、常にその身体に対する加害行為が行われ、また、当該行為の結果として生命に対しても危害の及ぶおそれが存在し続けていたと認めることができる。」との認定を踏まえて、これらのＸらのＡに対する加害行為について、対応した警察官の危険切迫の認識状況（要件①②・警察官において、加害行為がまさに行われ、又は、行われる具体的な危険が切迫していることを知り、又は、容易に知ることができたのか）及び結果回避可能性（要件③・警察官が危険除去のための具体的に特定された警察権を行使することによって、加害行為の結果を回避することが可能であったのか）について、警察署に家出人捜索願を提出した10月18日から12月2日に殺害されるまでの間における警察官の対応（認識）を時系列を追って、つぶさに検討している（詳細は、本書140頁「裁判所の判断」を参照）。

　その中で、裁判所が警察官の対応を問題としたのは、次の点である。

　それは、ＸらからＡが連れ回されている中で、ＸらとＡが11月24日に東京都千代田区のＢ銀行東京支店を訪れ、Ａが預金を払い戻させられた際、行員が「Ａはフード付きジャンパーを着ており、店内でもフードをかぶっていたが、顔全体が腫れ上がり、顔の右側や右手の小指側がひどく赤く皮膚がむけており、火傷の跡であると容易に確認できる状態であった」ことから、11月25日に東京の同銀行から地元の同銀行支店を通じＡの家族のもとに、Ａが顔に負傷している旨の連絡がなされたため、11月25日夕刻、Ａの母親がＡの安否を心配して、Ｉ警察署に電話をかけその内容を伝え、防犯カメラの画像の取寄せとＡのけがの状況の確認をしてくれるよう依頼したが、電話を受けた丁田主任は、別件の令状請求のためＫ簡易裁判所に出かける直前であり、電話を受けた後、急いで令状請求に出かけたため、電話があったこと自体を失念し、上司や他の警察官に報告しなかった、という点である。

　この点につき、判決は、Ａの母親が告げた「東京の銀行からの連絡内容は、東京の銀行での第三者（銀行員）が異常と感じた火傷の状況であり、その程度は、現認した者が直ちに地元警察に連絡するほどではなかったとしても、Ａの負傷に関する客観的資料に関わるという点で、財産犯という枠組みからＡへの傷害に関する捜査の依頼という性格を持つものであるから、栃木県警察官としては、これを真摯に受け止め、東京の銀行からの撮影画像の取寄せなど、適切な対応をとるべき義務があったということができ、失念に

より、これを怠ったことには職務上求められる注意義務違反（過失）があったというべきである。」とした。

　確かに、上記以外の警察官の対応について、裁判所が、XらのAに対する危険切迫の認識、及び結果回避可能性につき当時の外形的事実からみて、消極に解したことを首肯できよう。

　しかし、判決が、「警察権の不行使が国家賠償法1条1項との関係で違法と評価されるのは、犯罪行為が行われている旨の申告又は状況に対応して、通常なすべき措置を怠った場合であり」としていることに照らすと、Aの母親からAの負傷を懸念して、東京の銀行からの防犯カメラの撮影画像の取寄せなど、いわばAの負傷を客観的にうかがわせる証拠の存在につき、これを真摯に受け止め、適切な対応をとるべき義務があったにもかかわらず、失念によりこれを怠ったことに職務上求められる注意義務違反（過失）があったという指摘は、甘受せざるを得ない。

(4)　当該過失がなかった場合、Aの殺害を阻止し得たかの問題

　次に、判決では、「この過失がなかった場合に、Aの殺害を阻止し得たかについては、高度の蓋然性をもってこれを肯定することができるか否かという、合理的推論の問題となる。」という。

　これは、Aの負傷を客観的にうかがわせる証拠の存在である防犯カメラの撮影画像の取寄せなどを怠ったという不作為（過失）行為がなかったならば、Aの殺害を阻止し得たかという相当因果関係（訴訟上の因果関係）の問題を提起したものといえる。

　この点につき、判決では、次のように指摘し、相当因果関係（訴訟上の因果関係）を否定している。

　「栃木県警警察官においては、速やかに上記撮影画像を取寄せ、A両親の意見を聞き、東京の窓口行員からAを確認した際の状態を聴取すれば、Aが重度の火傷を負っていたことを把握することが可能であり（上記撮影画像は、鮮明なものではないため、Aの火傷の程度を正しく認定するには充分なものではなく、Aが死亡に至るような重大な傷害を負っていることは当該画像中のAの動作からうかがうことができないが、Aの過去の写真と対照することにより、Aが顔面の形状が変わる程度の負傷をしていることの認識が可能であり、また、フードで頭を覆う格好をしていることや加害者らが同行していることが看取できるから、これを窓口担当行員からの事情聴取及びA両

親からの事情聴取と総合すれば、栃木県警警察官において、Ａの負傷の状況について客観性の高い判断を行い得たことが推認できる。）、これと平行して乙野、甲沢、甲崎に対してＡへの暴行、傷害事犯という観点から事情を聴取し、既にＡによる無心又は借入額は11月26日時点で判明していた額でも516万円という、勤労青年の立場では考えられない金額に達していること、不良グループには恐喝の少年犯歴のあるＸが加わっていることも考慮すれば、11月28日ないし29日には、Ａの不良グループへの参加が暴力による強制に基づくという可能性も考慮することが可能となり、Ａの負傷が十分に事件性を有するとの嫌疑に達し得たものということができる。

　そして、上記嫌疑に基づく捜査手順としては、この段階でも、火傷の時期、原因、程度は不明であり、被害者となるべきＡの協力も得られない状況であるから、直ちに傷害被疑事件として逮捕状を請求し得たということはできないし、Ａから頻繁に無心の連絡があり、Ａ自身が自己の意思で加害者らに加わっている外形の下で監禁罪での強制捜査を行うことも期待し得なかったといえるから、この段階でＡの生命への切迫した危険を予想しての緊急、広範かつ集中的な捜査の必要性までを認識し得たということはできないが、Ａの所在を確認して、職務質問をするなどの強制捜査によらない方法によってＡの負傷の程度を確認し、その身柄を保護することは検討し得たものといえる。

　しかし、相当因果関係を認めるに足る蓋然性の有無という観点からみると、加害者ら及びＡは、車を使用するなどして居所を転々としており、加害者らがＡに対する家出人捜索願が提出されていることを認識していたことも考慮すると、<u>上記のような捜査手順のもとで、Ａが殺害された12月２日又は殺害されない場合において重度の火傷のために死亡したとみられる同月３日までの間に、Ａを発見し、その身柄を確保することによってＡの殺害を阻止し得たと高度の蓋然性をもって認めるには足りない。</u>」

　ここでいう「上記のような捜査手順のもとで、Ａが殺害された12月２日又は殺害されない場合において重度の火傷のために死亡したとみられる同月３日までの間に、Ａを発見し、その身柄を確保することによってＡの殺害を阻止し得たと高度の蓋然性をもって認めるには足りない。」とする「高度の蓋然性」とは何かである。

　判決では、「高度の蓋然性」の内容について言及していないが、太子町ス

トーカー事件における大阪高裁平成18年1月12日判決及び神戸地裁平成16年2月24日判決（判例時報1959号42頁）において判示されたように、本判決も「訴訟上の因果関係の立証は、一点の疑義も許されない自然科学的証明ではなく、経験則に照らして全証拠を総合検討し、特定の事実が特定の結果発生を招来した関係を是認し得る高度の蓋然性を証明することであり、その判定は、通常人が疑いを差し挟まない程度に真実性の確信を持ち得るものであることを必要とし、かつ、それで足りるものである（最高裁昭和50年10月24日第二小法廷判決・民集29巻9号1417頁参照）。したがって、国家賠償法上の規制権限不行使における因果関係の存否の判断においても、経験則に照らして全証拠を総合的に検討し、当該公務員が当該規制権限を行使しておれば、結果を回避し得たであろう高度の蓋然性が証明されれば、上記規制権限不行使と結果との間の因果関係が認められるということができる。」との観点から判断しているといえよう。

⑸　Aの殺害を阻止し得たとは認められないが、3割程度のA殺害を阻止する可能性（3割程度の生存可能）があったとの評価（被害者遺族の救済）

　判決では、防犯カメラの撮影画像取寄せなどを失念するという過失がなかったとしても、Aの殺害を阻止し得たとの高度の蓋然性（相当因果関係）は認められないが、次の理由を挙げて、Aの殺害を阻止することにつき3割程度の可能性はあったものと解している。

　「11月26日以降もAからA両親に対する無心の電話が頻繁にあり、従前の加害者らの行動の態様からすれば、これらを利用してAの居所を探知したりAを誘い出す余地は十分にあったとみられること、加害者らが移動に使用している車両の登録番号は既に判明していたこと、加害者らが11月28日にはZの両親の家に立ち寄り、12月1日にはXが被控訴人乙山（著者補足：Xの父親）らの家に立ち寄っていること、さらには、11月28日から12月2日の間に加害者らは栃木県内において行動していたことを考慮すると、上記連絡に即応した捜査が行われていれば、殺害前にAを発見し得た可能性も3割程度はあったものと認めることが相当であり、そして、Aが警察に発見され、その負傷の状況が現認されれば、加害者らに対して、その原因について任意に聴取が行われると共に、Aに対する監禁、傷害の行為について加害者らに対する強制捜査の開始を待たずに、Aが治療のために加害者らから引き離されて保護される結果となったことが予想されるところである。そうすると、上記

過失がなかったとしても、Ａの殺害を阻止し得たとは認められないが、Ａの殺害を阻止することにつき３割程度の可能性はあったというべきである。」

　そして、判決は「11月25日の亡花子（筆者補足：Ａの母親）の捜査依頼を失念したことは、国家賠償法１条１項との関係において違法と評価することができ、また、これによりＡの死亡を阻止する可能性（３割程度の生存可能利益）が侵害されたものということができる。」と結論付けている。

　最後に判決は、なお書きとして「ある過失がなければ有意の割合による延命可能性がある場合の延命可能利益の侵害による損害は、医療過誤に伴う不法行為においては論じられているところであり、過失が認められるが、この過失と生命といった重大な法益侵害との間に相当因果関係が認められないものの、有意な割合での結果回避の可能性（生存可能利益）が認められる場合には、同様の取扱を否定すべき理由はない。」と付言している。

　これには、どのような意味が込められているのであろうか。

　この付言からは、因果関係が証明されない場合の医師の損害賠償責任を認めた最高裁平成12年９月22日第二小法廷判決・民集54巻７号2574頁における心筋梗塞死亡事件における損害賠償請求事件判決を念頭においたものと考えられる。

　この事件の事案及び判決要旨は次のとおりである。

○事案

　甲は早朝自宅で突然の背部痛を感じ、夜間救急外来で医師の診察を受けた。甲の主訴は、上背部痛と心か部痛であったが、触診所見では心か部に圧痛が認められたものの、聴診所見では、特に心雑音、不整脈等の異常は認められなかった。実際には当時、狭心症から心筋梗塞に移行し、相当に増悪した状態にあったが、医師は、第一次的に急性すい炎、第２次的に狭心症を疑い、看護師に鎮痛剤を注射させ、急性すい炎に対し点滴を静注させた。診察開始から約10分後、点滴のため診察室から別室に移動してから約５分後に、点滴中に致死的不整脈を生じ、容体の急変を迎え、切迫性急性心筋梗塞から心不全を来して死亡した。医師は、診察に当たり、胸部疾患の可能性のある患者に対する初期治療として行うべき基本的義務（脈拍等の測定や心電図検査、ニトログリセリンの舌下投与等）を果たしていなかった。

　医師が甲に適切な医療を行った場合には、救命し得たであろう高度の蓋然

性までは認めることはできないが、これを救命できた可能性はあった。

　第一審は死亡との因果関係を否定して遺族（相続人）の請求を棄却したが、原審は医師の基本的義務の懈怠と死亡との間に相当因果関係を肯定できないとしたが、医療水準にかなった医療を行うべき義務を怠ったことにより、適切な医療を受ける機会を不当に奪われ、精神的苦痛を被ったとして、病院の使用者責任を認め請求を一部認容した。これに対し病院側が上告。最高裁は、次のように判断して上告棄却した。

○判決要旨

　「本件のように、疾病のため死亡した患者の診察に当たった医師の医療行為が、その過失により、当時の医療水準にかなったものでなかった場合において、右医療行為と患者の死亡との間の因果関係の存在は証明されないけれども、医療水準にかなった医療が行われていたならば患者がその死亡の時点においてなお生存していた相当程度の可能性の存在が証明されるときは、医師は、患者に対し、不法行為による損害を賠償する責任を負うものと解するのが相当である。けだし、生命を維持することは人にとって最も基本的な利益であって、右の可能性は法によって保護されるべき利益であり、医師が過失により医療水準にかなった医療を行わないことによって患者の法益が侵害されたものということができるからである。原審は、以上と同旨の法解釈に基づいて、K医師の不法行為の成立を認めた上、その不法行為によって甲が受けた精神的苦痛に対し同医師の使用者たる上告人に慰謝料支払の義務があるとしたものであって、この原審の判断は正当として是認することができる。」

　本判決は立証責任の程度を軽減して、被害者の保護救済を図ったことに、重要な意義を有するものといえる。

　前述したとおり、高度の蓋然性が証明されなければ相当因果関係が否定されることは、訴訟上の因果関係の立証上の考え方であるが、最高裁は更に進んで、治療の結果と死亡との因果関係が高度の蓋然性をもって立証もできない場合であっても、「相当程度の生存可能性」が証明できれば、生存の可能性侵害という法益侵害を理由として、医師・病院の損害賠償責任を認めたものである。

　これを本件事案と対比するならば、次のような理解が可能となるのではな

いか。

　ア　「疾病のため死亡した患者の診察に当たった医師の医療行為が、その過失により、当時の医療水準にかなったものでなかった場合において、右医療行為と患者の死亡との間の因果関係の存在は証明されないけれども」との判示（説明）と対比してみた場合、本件では「防犯カメラの録画画像の取寄せ等の失念という過失があり、これは犯罪行為が行われている旨の申告又は状況に対応して、通常なすべき措置を怠った場合であるが、相当因果関係を認めるに足る蓋然性の有無という観点からみると、加害者ら及びAは、車を使用するなどして居所を転々としており、加害者らがAに対する家出人捜索願が提出されていることを認識していたことも考慮すると、一定の捜査手順のもとで、Aが殺害された12月2日又は殺害されない場合において重度の火傷のために死亡したとみられる同月3日までの間に、Aを発見し、その身柄を確保することによってAの殺害を阻止し得たと高度の蓋然性をもって認めるには足りない。」（因果関係が証明されない）といえることとの整合性が看取できよう。

　イ　「医療水準にかなった医療が行われていたならば、患者がその死亡の時点においてなお生存していた相当程度の可能性の存在が証明されるときは、医師は、患者に対し、不法行為による損害を賠償する責任を負うものと解するのが相当である。」との判示（説明）と対比してみた場合、本件では、11月25日の夕刻にAの母親が防犯カメラの撮影画像の取寄せを依頼したが、「11月26日以降もAからA両親に対する無心の電話が頻繁にあり、従前の加害者らの行動の態様からすれば、これらを利用してAの居所を探知したりAを誘い出す余地は十分にあったとみられること、加害者らが移動に使用している車両の登録番号は既に判明していたこと、加害者らが11月28日にはZの両親の家に立ち寄り、12月1日にはXが被控訴人乙山（筆者補足：Xの父親）らの家に立ち寄っていること、さらには、11月28日から12月2日の間は加害者らは栃木県内において行動していたことを考慮すると、上記連絡に即応した捜査（筆者補足：防犯カメラの撮影画像の取寄せなど通常なすべき捜査）が行われていれば、殺害前にAを発見し得た可能性も3割程度はあったものと認めることが相当であり、そして、Aが警察に発見され、その負傷の状況が現認されれば、加害者らに対して、その原因について任意に聴取が

行われると共に、Aに対する監禁、傷害の行為について加害者らに対する強制捜査の開始を待たずに、Aが治療のために加害者らから引き離されて保護される結果となったことが予想されるところである。そうすると、上記過失がなかったとしても、Aの殺害を阻止し得たとは認められないが、Aの殺害を阻止することにつき３割程度の可能性はあったというべきである。……11月25日の亡花子（筆者補足：Aの母親）の捜査依頼を失念したことは、国家賠償法１条１項との関係において違法と評価することができ、また、これによりAの死亡を阻止する可能性（筆者補足：３割程度の生存可能利益）が侵害されたものということができる。」といえることとの整合性が看取できよう。

　本判決では、事案を詳細に分析検討し、防犯カメラの撮影映像の取寄せの失念（過失）が認められるが、この過失と生命といった重大な法益侵害との間に相当因果関係が認められない（本件事案の経緯からすれば、被害者の殺害を阻止し得たと高度の蓋然性をもって認められない）が、防犯カメラの撮影映像の取寄せ要請に則した捜査がなされていれば、殺害前に被害者を発見し得た可能性（被害者殺害を阻止するにつき３割程度の可能性〔３割程度の生存可能利益〕）を認めることにより、医療過誤に伴う不法行為において論じられている判例法理を念頭に、被害者遺族の救済を図ったものといえよう。

⑹　予備的請求としての「期待権」

　控訴人甲野（Aの父親）らは、県（県警）に対し、市民が警察において市民の受けた被害の回復ないし今後受けるおそれのある犯罪被害の防止を図るであろうことについて有している期待及び信頼という利益、（期待権）に対する侵害をされたことによる損害の賠償も求めた（予備的請求）が、東京高裁は、「上記の期待及び信頼は国民の一般的期待ということはできても、これを個別具体的損害賠償の対象となる法的利益とは認めることはできない。」との否定的な立場である。

第3編

ストーカー規制法にかかる判例及び改正

第1章　ストーカー規制法にかかる判例

　ここでは、ストーカー行為等の規制等に関する法律（以下「法」、あるいは「ストーカー規制法」という。）の解釈にかかる最高裁判所の判例等を紹介する。

1　ストーカー行為とは、法2条1項1号から8号までの同一の特定の行為を反復することか、それとも各号の異なる行為を反復した場合でもよいか

（最高裁平成17年11月25日第二小法廷決定・刑集59巻9号1819頁）

　法2条1項が「つきまとい等」を1号から8号までの8類型化して規定しているが、ストーカー行為とは、これら同一の類型（特定の行為）を反復した場合に成立するか、それとも、各号に定められた異なる行為をも反復する必要があるのか（いわゆる号またぎ）につき解釈論の対立があったところ、最高裁平成17年11月25日第二小法廷決定（以下「最高裁平成17年決定」という。）は、後者の見解を採ることを明らかにしたところに重要な意義がある。

　そこで、法2条（定義）の構成を確認した後、事案の内容をみることとする。

(1)　ストーカー規制法制定の経緯

　ストーカー規制法は、その制定の契機となった事件が「桶川事件」（埼玉県）であり、この事件を踏まえ、その初期段階における規制が強く要望された中で、「ストーカー行為を処罰する等ストーカー行為等について必要な規制を行うとともに、その相手方に対する援助の措置等を定めることにより、個人の身体、自由及び名誉に対する危害の発生を防止し、あわせて国民の生活の安全と平穏に資する」という目的をもった法案が議員立法として平成12年5月18日、第147回通常国会で成立し、同月24日に公布されたものである。

(2)　定義（２条、なお、平成17年判決当時の条文を掲げている。）

> 第２条（定義）　この法律において「つきまとい等」とは、特定の者に対する恋愛感情その他の好意の感情又はそれが満たされなかったことに対する怨恨の感情を充足する目的で、当該特定の者又はその配偶者、直系若しくは同居の親族その他当該特定の者と社会生活において密接な関係を有する者に対し、次の各号のいずれかに掲げる行為をすることをいう。
> 一　つきまとい、待ち伏せし、進路に立ちふさがり、住居、勤務先、学校その他その通常所在する場所（以下「住居等」という。）の付近において見張りをし、又は住居等に押し掛けること。
> 二　その行動を監視していると思わせるような事項を告げ、又はその知り得る状態に置くこと。
> 三　面会、交際その他の義務のないことを行うことを要求すること。
> 四　著しく粗野又は乱暴な行動をすること。
> 五　電話をかけて何も告げず、又は拒まれたにもかかわらず、連続して、電話をかけ若しくはファクシミリ装置を用いて送信すること。
> 六　汚物、動物の死体その他の著しく不快又は嫌悪の情を催させるような物を送付し、又はその知り得る状態に置くこと。
> 七　その名誉を害する事項を告げ、又はその知り得る状態に置くこと。
> 八　その性的羞恥心を害する事項を告げ若しくはその知り得る状態に置き、又はその性的羞恥心を害する文書、図画その他の物を送付し若しくはその知り得る状態に置くこと。
> 2　この法律において「ストーカー行為」とは、同一の者に対し、つきまとい等（前項第１号から第４号までに掲げる行為については、身体の安全、住居等の平穏若しくは名誉が害され、又は行動の自由が著しく害される不安を覚えさせるような方法により行われる場合に限る。）を反復してすることをいう。
> ※　条文は平成12年５月24日法律第８号制定時のもの。

■事案の概要

事案の概要は、概ね次のようなものであった。
○　被疑者Ｘ（以下「Ｘ」という。）は、かねて交際し、同棲していた女性Ａ（以下「Ａ」という。）から別れ話を切り出されたが、その別れ話に納得せずに、Ａにプレゼントを送ったり、Ａのアパートで待ち伏せし、プロポーズをして拒否されると、立て続けにＡに対してメールを送信した。
○　その内容は、交際中の外食費用の半分の支払いを求め、Ａが理不尽なやり方をすればそれなりに対処する、などとの脅迫めいたものであったが、ＡはＸのメールや携帯電話を無視し、さらに着信拒否の措置をとった。
○　そして、Ｘは、Ａ及びＡの母親と会った際に、金銭の支払いを求め、Ａの裸の

写真があるなどと発言し、言い合いとなって、警察を呼ぶ事態となり、関係が決定的に破綻したが、その後、約1か月余りの間に、Aに対し、4回にわたって手紙を郵送ないしはA方に赴いて投函した。

○　4回にわたるその手紙では、Aに着信拒否設定の解除や交際中の外食費用の半分の金銭の支払いを求めたが、うち1回については、以前に撮ってパソコンに取り入れていた写真画像をプリントアウトしたものを多数同封し、その中には、Aの裸体の写真も数十画像あり、添えられた手紙の内容も、画像データが沢山あり、消去することとしたが、一部を出力したので同封するなどとし、着信拒否を解除しない行動はXに対する悪意と解釈するより仕方がないなどとの脅迫めいたものであった。

○　Xの手紙の投函等の行為は、ストーカー規制法2条1項3号の「面会、交際その他の義務のないことを行うことを要求すること」に、写真の投函は同項8号の「その性的羞恥心を害する文書、図画その他の物を送付し若しくはその知り得る状態に置くこと」に該当し、これらを反復してストーカー行為をしたとして起訴された。

なお、3号該当行為は4回行って反復しているが、8号該当行為は1回のみである。

□裁判所の判断

(1)　東京地裁平成16年7月8日判決（刑集59巻9号1822頁）

　東京地裁判決において認定された公訴事実は、「被告人は、A（当時35歳）に対する恋愛感情又はそれが満たされなかったことに対する怨恨の感情を充足する目的で、別紙一覧表のとおり、平成15年11月7日ころから同年12月19日ころまでの間、東京都練馬区○○町○丁目○番○号所在のCアパートほか1か所において、同表『ストーカー行為の内容』欄記載のとおり、手紙合計4通及び同女の裸体を被写体とする66画像を含む印刷物18枚を同女が使用する上記アパートの郵便受け等に投函するなどして同女に到達させ、いずれもそのころ、これらを同女に閲覧・閲読させ、同女に対し、その身体の安全、住居等の平穏若しくは名誉が害され、又は行動の自由が著しく害される不安を覚えさせるような方法により、同女にその義務がないのに、反復して、携帯電話等の着信拒否設定の解除など、被告人との通信手段を確保するよう要求し、かつ、同女の性的羞恥心を害する図画を送付する行為をし、もってストーカー行為をした。」というものである。

別紙一覧表

番号	犯行年月日（平成15年ころ）	犯行場所	ストーカー行為の内容	行為の種別
1	11月7日	東京都練馬区○○町○丁目○番○号所在のCアパート	「コンタクトの手段総てを遮断するのは止めて欲しいです。少なくともメール位はコミュニケーションのチャンネルとして開けておくことを希望します。僕は理不尽なことをされなければ理不尽なことをするつもりはありません。」などと記載した手紙1通をAが使用する郵便受けに投函した。	3号
2	12月7日	同上	「共同生活中の外食費の一部として50万円をご請求致します。電話や電子メールによる連絡を着信拒否されている状況について、その改善を図って頂きたく要望致します。このままではその行動について僕に対する悪意と解釈するより仕方ないと考えます。」などと記載した手紙1通及び上記Aの裸体を被写体とする66画像を含む印刷物18枚を同アパート106号室の同女方玄関ドア新聞受けに投函した。	3号 8号
3	12月13日	同上	「1週間ほど前に、そちらの部屋のポストにいくつかの写真と共に手紙を入れておいたのですが、ご覧になりましたでしょうか。メール及び電話に関しては、着信拒否の設定を解除して頂けていないようです。前回の手紙にも記したとおり、残念乍ら悪意と解釈するより他ありません。こちらからの連絡手段がありませんので、手紙がそちらに届いていない場合、もしくは内容に関して何らかの問い合わせがある場合は、こちらまで連絡して頂きたく思います。ご連絡がない場合は、手紙はそちらに届いているものとし、内容に関しての問い合わせも特にないものと解釈致します。」などと記載した手紙1通を上記Aに手渡した。	3号
4	12月17日ないし同月19日	同都中野区内	「依然としてメール及び電話に関しての着信拒否設定は解除して頂けていないようです。引き続き当方に関する悪意と解釈するより他ありません。こちらからの連絡手段がありませんので、手紙がそちらに届いていない場合、もしくは内容に関して何らかの異議、問い合わせがある場合は、こちらまで連絡して頂きたく思います。ご連絡がない場合は、この文書はそちらに届いているものとし、内容に関しての異議、問い合わせも特にないものと解釈致します。」などと記載した手紙1通を上記A方にあてて郵送した。	3号

○　弁護人の主張

　弁護人は、ストーカー規制法は「つきまとい等」を8類型化して規定しており、ストーカー行為は、同一類型の「つきまとい等」を反復した場合に成立すると解されるところ、Xが裸体写真をA方に持ち込んだのは、1回だけであり、別紙一覧表番号2の行為について、2条1項8号所定の行為を反復したとはいえないから、ストーカー行為には当たらないと主張した。

○　東京地裁の判断

　東京地裁は、「法が『つきまとい等』を類型化していることから、ストーカー行為に該当するためには類型化されている行為ごとに反復する必要があるというような解釈が直ちに導けるわけではなく、むしろ、様々な嫌がらせ的な行為を繰り返すというストーカー行為の特質や法規制の立法趣旨からすれば、類型化された行為が全体として反復して行われていると評価されれば、ストーカー行為の構成要件を充足すると解釈するのが正当である。」と判断し、弁護人の主張を退けている。

(2)　東京高裁平成16年10月20日判決

　控訴審である東京高裁平成16年10月20日判決（高刑集57巻4号5頁）も、弁護人の同様な主張に対し、「法は、個人の身体、自由及び名誉に対する危害の発生を防止し、あわせて国民の生活の安全と平穏に資するという目的を達成するため、恋愛感情その他好意の感情等を表明するなどの行為のうち、相手方の身体の安全、住居等の平穏若しくは名誉が害され、又は行動の自由が著しく害される不安を覚えさせるような方法により行われる社会的に逸脱したつきまとい等の行為を規制の対象とした上で、その中でも相手方に対する法益侵害が重大で、刑罰による抑制が必要な場合をストーカー行為として、相手方の処罰感情に基づき刑罰を科すこととした」ものであり、「このような法の趣旨や、ストーカー行為が様々な嫌がらせ的な行為を繰り返すという特質を有するものであることからすると、法2条1項各号に定められた行為が全体として反復されたと認められれば、各号所定の行為がそれぞれ反復されていなくても、同条2項の要件は満たされると解すべきである」として、一審判決と同様な判断をしている。

(3)　最高裁平成17年決定

　弁護人は、檜垣重臣『ストーカー規制法解説』（立花書房、平成12年初版）20頁等を挙げつつ、「ストーカー行為は同一類型の行為を反復して行った場合に成立するというのが立法者の意思であって、これに反する原判決の解釈は法令の解釈を誤った独自の解釈である。」などと主張したのに対し、最高裁は、弁護人の上告趣意は適法な上告理由に当たらないとした上で、「なお書き」で次のように判示している。

　「ストーカー行為等の規制等に関する法律2条2項の『ストーカー行為』とは、同条1項1号から8号までに掲げる『つきまとい等』のうち、いずれかの行為をすることを反復する行為をいい、特定の行為あるいは特定の号に掲げられた行為を反復する場合に限るものではないと解すべきであるから、これと同旨の原判断は相当である。」

(4)　最高裁平成17年決定の検討・評価

　本決定の意義は、ストーカー行為（同一の者に対し、つきまとい等を反復してすること）の成立要件に関する論点を明確にしたことである。

　本事案からも明らかなように、Xの行ったA女の裸体を被写体とする66画像を含む印刷物18枚の投函行為は、法2条1項8号の「その性的羞恥心を害する文書、図画その他の物を送付し若しくはその知り得る状態に置くこと」に該当するが、この8号該当行為は1回のみである。

　このため、弁護人の上告趣意に述べられているように、弁護人はストーカー行為につき、ストーカー規制法が2条1項に「つきまとい等」を8類型化して規定しており、ストーカー行為は、同一類型の「つきまとい等」を反復した場合に成立すると解されるとの立場から、XがA女の裸体写真をA方に持ち込んだのは1回のみであるため、2条1項8号所定の行為を反復したとはいえないから、ストーカー行為には当たらないと主張した。

　そして、弁護人は一審段階からその解釈につき、専らその拠り所としたのが、ストーカー規制法が成立後に発刊された警察庁担当者による前記書籍の20頁を挙げ、ストーカー行為は、「同一類型の『つきまとい等』を反復してした場合に成立すると解される」との見解を引用して争ったのである。

　同書によると、「つきまとい等については、規制の対象を本法の趣旨・目的に照らし同一の類型と評価できるものごとに8つの号に類型化して規定したと考えられることから、各号を1つの行為として考えるべきであろう。つ

まり、待ち伏せ（第2条第1項第1号）を行った後にその相手方の住居等に押し掛けた（同項第1号）場合も、第1号の行為を反復して行っていることとなる。『つきまとい等を反復してする』とは、法文上はその類型に関係なくつきまとい等を反復して行えばストーカー行為が成立するとの考えもあり得るが、警告の対象は申出に係る第3条違反の行為、禁止命令等の対象は警告に従わないで行われた第3条違反の行為とされており、同一類型のくり返しを対象としていることから、ストーカー行為についても同一類型のつきまとい等を反復してした場合に成立するものと解すべきであろう。」との、いわば限定説に拠った解釈がなされていた。

　これに対して、法2条1項の複数の号を繰り返す「号またぎ」の場合にも、一連の行為を全体として評価すべきであって、現実の問題としても、被害者にとってみれば、どの号に該当する行為が行われたとしても危険にさらされることになるのであり、法1条の目的から考えても、行為が反復して行われているか否かの判断を、各号に掲げられた行為ごとに分けて考えることには合理性がないとの見解（「ストーカー行為等の規制等に関する法律違反の各種事例と判決、関連する法律上の問題点」（北島孝久「研修」644号5頁））が主張されていた。

　このような解釈上の相違の中で、一審（東京地裁）及び控訴審（東京高裁）判決は、この点について、

　○　ストーカー規制法は、相手方の身体の安全、住居等の平穏若しくは名誉が害され、又は行動の自由が著しく害される不安を覚えさせるような方法により行われる社会的に逸脱したつきまとい等の行為を規制の対象としていること

　○　その中でも相手方に対する法益侵害が重大で、刑罰による抑制が必要な場合をストーカー行為として、相手方の処罰感情に基づき刑罰を科すこととしたものであること

　○　ストーカー規制法の趣旨や、ストーカー行為が様々な嫌がらせ的な行為を繰り返すという特質を有するものであること

からして、「法2条1項各号に定められた行為が全体として反復されたと認められれば、各号所定の行為がそれぞれ反復されていなくても、同条2項の要件は満たされると解すべきである。」として、いわゆる「号またぎ」の解釈を採用したのである。

　これに続く最高裁平成17年決定においても、「ストーカー行為等の規制等

に関する法律2条2項の『ストーカー行為』とは、同条1項1号から8号まで
でに掲げる『つきまとい等』のうち、いずれかの行為をすることを反復する
行為をいい、特定の行為あるいは特定の号に掲げられた行為を反復する場合
に限るものではないと解すべきである」として、「号またぎ」の解釈を是認
したものである。

　もっとも、最高裁平成17年決定は、その結論のみの判示であるが、上記一
審、控訴審の判示内容、理由を前提に判断したものと思われる。

　なお、前出の『ストーカー規制法解説』は改訂版（平成18年）27頁におい
て、最高裁平成17年決定に言及しつつ、「初版では、同一の号の行為を反復
して行った場合にのみストーカー行為を成立すると解説したが、これは、本
法の規制に対照（ママ、筆者補足：「対象」ではないかと思われる。）が広範
囲なものと成り得ることや、立法時の議論（「時の法令」1625号参議院法制
局滝川雄一氏解説参照）、警告・禁止命令等の行政規制とのバランスを踏ま
え、そう記述したものである。東京高裁で平成16年に同一事件について同様
の判例が示されたことを受け、警察庁も、平成17年11月に、第2条第1項各
号の行為が全体として反復されたと認められれば、ストーカー行為が成立す
るものとして対応すべきことを各都道府県警察に対して指示している。」と
して、実務上も本最高裁決定に即した対応に改められている。

　確かに、ストーカーは、1つの行為類型に固執するものではなく、被害者
に対し多様な手段によって繰り返し接触を試みるものであり、このようなス
トーカーの特質等からして、被害者に対するより適切な保護を図るために
は、法2条1項各号（1号から8号）に定められた行為が全体として反復し
たと認められれば、ストーカー行為が成立するものとの見解に合理性がある
ものと考えられる。

　このように、最高裁平成17年決定は、ストーカー行為（法2条1項1号か
ら8号までに掲げるつきまとい等を反復してすること）の意義について、被
害者保護の観点から、その解釈について初めて職権判断したものであり、実
務上も重要な判例といえる。

2 「見張り」及び「押し掛ける」の意義

（東京高裁平成24年1月18日判決・判例タイムズ1399号368頁）

■事案の概要

　本件は、被疑者X（以下「X」という。）が被害者に対する「見張り」及び「押し掛ける」行為を行い、ストーカー規制法2条1項の「つきまとい等」に当たるとして起訴されたものであるが、原判決（東京地裁平成23年8月10日判決）が認定した事実関係は、次のようなものである。

　Xは、①平成22年12月19日午前2時18分頃から同22分頃までの間、平成23年1月29日午後10時39分頃から同40分頃までの間及び同年2月5日午後11時29分頃から同30分頃までの間、被害者の居住する集合住宅の敷地内の駐車場（以下「本件駐車場」という。）付近において被害者が使用する自動車の存否を確認した（以下、Xのこれらの各行為を「①の各行為」という。）。

　また、Xは、②平成23年2月19日午前7時27分頃に上記集合住宅の被害者方玄関付近の通路において同玄関付近の様子をうかがった行為、同月20日午前零時23分頃から同24分頃までの間、本件駐車場において前記自動車の存否を確認し、前記通路において、被害者方玄関付近の様子をうかがった行為、及び同年3月18日午後11時11分頃から同20分頃までの間、前記通路において被害者方玄関付近の様子をうかがった（以下、Xのこれらの各行為を「②の各行為」という。）というものである。

　なお、本件犯行の経緯について、Xは被害者と同じ会社に勤務していた平成16年頃、被害者と知り合い、結婚を前提に同棲したが、その後、被害者から同棲を解消された後、平成19年1月、交際そのものが解消されるに至ったもので、Xは「被害者に対する恋愛感情を絶ち難く、翻意を求めて繰り返し電子メールを送ったり、被害者方付近をうろついたりしたことから、被害者が警察に相談した結果、平成22年4月、本法による警告を受けたにもかかわらず、本件犯行に至った」という背景事情があったものである。

□裁判所の判断

(1) 東京地裁平成23年8月10日判決

　東京地裁は、「ストーカー規制法2条1項1号の『見張り』とは相手方の行動を監視する行為をいい、また、同号の『押し掛ける』とは相手方の意思に反して住居等を訪問する行為をいうと解される」とした上で、前記①の各行為及び②の各行為は、「見張り」に該当し、前記②の各行為は、同号の「住居等に押し掛ける」行為にも該当し、「被告人は、被害者の身体の安全、住居等の平穏が害され、又は行動の自由が著しく害される不安を覚えさせる

ような方法（同条2項）によりこれらの行為を反復して行ったもので、被告人の行為は同条2項のストーカー行為に当たる」とした。

(2)　東京高裁平成24年1月18日判決
○　弁護人の主張

　これに対し、弁護人は、「見張り」とは、「対象の動静をある程度継続した時間、監視、注視すること」をいうと解すべきであって、被告人は、被害者の使用する自動車の存否又は被害者の居住継続の有無をごく短時間のうちに確認したにすぎず、被害者の具体的な動静を一定時間継続して、監視、注視することはしていないから、①及び②の各行為は、「見張り」には該当しない。また、「押し掛ける」行為とは、「相手方が予期、承諾していないのに、人の家に行き突然面会を求め、あるいは威力を用いて相手方に自己の存在を知らしめる行為」をいうと解すべきであるから、深夜ないし早朝の時間帯を選ぶなどして被害者に被告人がその場に滞在していることを知られることのないように行動していた被告人の②の各行為は、「押し掛け」に該当しない、などと主張した。

○　東京高裁の判断
ア　「見張り」行為について

　これに対し、東京高裁は、「見張り」行為について判断するに当たり、ストーカー規制法の目的・趣旨につき、次のように説示した。

　「本法は、個人の身体、自由及び名誉に対する危害の発生を防止し、あわせて国民の生活の安全と平穏に資することを目的とするものであり（1条）、そのために、本法所定のつきまとい等をして、その相手方に身体の安全、住居等の平穏若しくは名誉が害され、又は行動の自由が著しく害される不安を覚えさせることを禁止していること（3条）に照らすと、本法所定の『見張り』の意義についても、このような本法の目的・規制の趣旨に即して解釈されるべきである。」

　その上で、「見張り」行為について次のように解釈、判断した。

　「一般に、『見張り』とは、主に視覚等の感覚器官によって対象の動静を観察する行為をいうということができ、したがって、本法所定の『見張り』にも、その性質上ある程度の継続的性質が伴うというべきであり、本法に関する警察庁生活安全局長通達『ストーカー行為等の規制等に関する法律等の解

釈及び運用上の留意事項について（通達）』（平成21年3月30日、丙生企発第31号）も、『「見張り」とは、一定時間継続的に動静を見守ることをいう。』として（同通達第2の1⑶ア）、『見張り』が継続的性質を有するものであることを明らかにしているところである。しかしながら、この継続性は、一般的な『見張り』の概念に内在する性質であって、それに付加して必要とされる要件ではない。そして、観察にどの程度の時間を要するかは、観察する目的によって異なり、たとえば、相手方の使用する自動車の有無や被害者の居室の照明等により相手方が在宅しているかどうかを確認するような場合には、ごく短時間の観察で目的が達せられることも十分あり得るところであり、そのような行為を観察時間が短いことのみを理由に『見張り』に当たらないとして本法の規制の対象から除外すべき理由はない。また、相手方の動静を観察することは、必ずしも1回に相当程度の時間継続して観察しなくとも、ごく短時間の観察を繰り返すことによっても可能であるから、そのように繰り返して観察する場合には、たとえその一環として行われる個々の観察行為自体は短時間であっても、個々の観察行為それぞれが継続的性質を有する『見張り』に当たるということができる。所論は、個々の観察行為それ自体が相当程度の時間継続する必要があるとする趣旨のようであるが、そうであれば、賛成できない。」

　その上で、Xにかかる①の各行為及び②の各行為につき、「原判示の各行為は、いずれも、被害者が在宅しているか否か、転居しているか否か等その動静を観察するものであって、被害者の住居の付近で行われるこのような行為が、被害者に対し、その住居等の平穏が害され、行動の自由が著しく害される不安を覚えさせるようなものであることは明らかであることから、原判示の各行為がいずれも本法上の『見張り』に該当するとした原判決は正当である。」と判断している。

イ　「押し掛ける」行為について

　判決は、「押し掛ける」行為について、次のように解釈、判断した。

　「法2条1項1号の「押し掛ける」行為について検討すると、前記本法の目的や規制の趣旨に照らすと、「押し掛け」とは、「住居等の平穏が害されるような態様で行われる訪問であって社会通念上容認されないもの（前記通達第2の1⑶ア）」をいい、より具体的には、相手方が拒絶し、又は拒絶することが予想されるのに、相手方の住居等に行く行為をいうものと解されると

ころ、被告人が立ち入ったのは被害者の居住する集合住宅の3階の同女方付近通路であり、同所が被害者の住居そのものではないにしても、被害者の「通常所在する場所」（法2条1項1号）に当たることは明らかであるから、被害者の意に反して上記場所に立ち入った被告人の行為が「押し掛ける」行為に該当することは明らかである。以上と同旨と認められる原判決は、正当である。」

(3)　東京高裁判決の検討、評価

　本件では、ストーカー規制法2条1項1号の要件、つまり、「つきまとい、待ち伏せし、進路に立ちふさがり、住居、勤務先、学校その他その通常所在する場所（以下「住居等」という。）の付近において見張りをし、又は住居等に押し掛ける。」ことのうち、「見張り」行為と「押し掛ける」行為の意義が問題となったものである。

　東京高裁平成24年1月18日判決（以下「東京高裁判決」という。）の特徴は、「見張り」行為と「押し掛ける」行為の意義について、本法に関する警察庁生活安全局長通達「ストーカー行為等の規制等に関する法律等の解釈及び運用上の留意事項について（通達）」（平成21年3月30日丙生企発第31号。以下「局長通達」という。）を拠り所としつつも、両者の意義をより明確にしたところにある。

① 「見張り」行為の意義
ア　解釈の基本

　東京高裁判決は、まず、「見張り」の意義の解釈の基本を「個人の身体、自由及び名誉に対する危害の発生を防止し、あわせて国民の生活の安全と平穏に資することを目的とするものであり（1条）、そのために、本法所定のつきまとい等をして、その相手方に身体の安全、住居等の平穏若しくは名誉が害され、又は行動の自由が著しく害される不安を覚えさせることを禁止している（3条）」という、ストーカー規制法の目的・規制の趣旨に即して解釈されるべきとしている。

イ　「見張り」行為の意義の明確化

　東京高裁判決は、「見張り」行為の意義について、主に視覚等の感覚器官によって対象の動静を観察する行為をいうとの理解の下に、局長通達の示し

た「一定時間継続的に動静を見守ることをいう。」との定義を踏まえて、さらに次のように明確にした。

　　○　「見張り」が継続的性質を有するものであることを前提としつつ、この継続性は、一般的な「見張り」の概念に内在する性質であり、それに付加して必要とされる要件ではないこと。

　　○　対象の動静を見守る、つまり、動静観察にどの程度の時間を要するかは、観察する目的によって異なること。

　　　・　相手方の使用する自動車の有無や被害者の居室の照明等により相手方が在宅しているかどうかを確認するような場合

　　　　ごく短時間の観察で目的が達せられることも十分あり得るところであり、そのような行為を観察時間が短いことのみを理由に『見張り』に当たらないとして法の規制の対象から除外すべき理由はない。

　　　・　繰り返し観察するような場合

　　　　相手方に対する動静観察は、必ずしも1回に相当程度の時間継続して観察しなくとも、ごく短時間の観察を繰り返すことによっても可能であるから、そのように繰り返して観察する場合には、たとえその一環として行われる個々の観察行為自体は短時間であっても、個々の観察行為それぞれが継続的性質を有する「見張り」に当たるということができる。

　したがって、東京高裁判決は、弁護人が主張する「見張り」の意義によれば、「対象の動静をある程度継続した時間、監視、注視すること」であるから、「被告人は、被害者の使用する自動車の存否又は被害者の居住継続の有無をごく短時間のうちに確認したにすぎず、被害者の具体的な動静を一定時間継続して、監視、注視することはしていないから、①の各行為は、『見張り』には該当しない。」との主張について、「所論は、個々の観察行為それ自体が相当程度の時間継続する必要があるとする趣旨のようであるが、そうであれば、賛成できない。」として排斥したのである。

　そして、東京高裁判決は、本件のXが行った「①の各行為」及び「②の各行為」は、「いずれも、被害者が在宅しているか否か、転居しているか否か等その動静を観察するものであって、被害者の住居の付近で行われるこのような行為が、被害者に対し、その住居等の平穏が害され、行動の自由が著しく害される不安を覚えさせるようなものであることは明らかである」から、

いずれも「『見張り』に該当するとした原判決は正当」として是認したもので、的確な指摘である。

② 「押し掛ける」行為の意義

ア　解釈の基本

　東京高裁判決は、「押し掛ける」行為の意義の解釈の基本を「見張り」と同様に、ストーカー規制法の目的・規制の趣旨に即して解釈されるべきとしている。

イ　「押し掛ける」行為の意義の明確化

　東京高裁判決は、「押し掛ける」行為の意義について、局長通達の示した「住居等の平穏が害されるような態様で行われる訪問であって社会通念上容認されないもの」との定義を踏まえて、より具体的に「相手方が拒絶し、又は拒絶することが予想されるのに、相手方の住居等に行く行為をいうものと解される」と明確にした。

　そして、これを「②の各行為」について、Ｘが「立ち入ったのは被害者の居住する集合住宅の３階の同女方付近通路であり、同所が被害者の住居そのものではないにしても、被害者の『通常所在する場所』（本法２条１項１号）に当たることは明らかであるから、被害者の意に反して上記場所に立ち入った」行為は、「『押し掛ける』行為に該当することは明らかである」との解釈を示したもので、同号の意義が明確となったといえる。

　なお、弁護人が「押し掛ける」行為とは、「相手方が予期、承諾していないのに、人の家に行き突然面会を求め、あるいは威力を用いて相手方に自己の存在を知らしめる行為」をいうと解すべきであるから、深夜ないし早朝の時間帯を選ぶなどして被害者に被告人がその場に滞在していることを知られることのないように行動していた被告人の「②の各行為」は、「押し掛け」に該当しない、などと主張したのに対し、次の理由から、これを排斥している。

　「『押し掛ける』行為を現に面会を求め、又は威力を用いてする場合に限定する理由はなく、また、所論は、行為の時点で相手方に自己の存在を知らしめる態様のものであることが必要であるとの趣旨のようであるが、『押し掛ける』行為については、住居等に相手方が現に存在する必要があるとは解されないから、当該行為の時点で相手方がこれを知ることが含意されているとはいえず、所論は採用できない。」

③　評価

　このように東京高裁判決は、ストーカー規制法の目的・規制の趣旨に即して、局長通達をより具体的に解釈・適用したもので、「見張り」や「押し掛ける」行為についての先例もないことから、実務上も、極めて意義ある判決といえる。

3　「身体の安全、住居等の平穏若しくは名誉が害され、又は行動の自由が著しく害される不安を覚えさせるような方法」及び「反復」に該当するか否かが争点とされた事案

（福岡高裁平成28年7月5日判決・判例タイムズ1431号138頁）

■事案の概要

　本件は、被疑者X（以下「X」という。）が被害者A（以下「A」という。）に対する恋愛感情その他の好意の感情を充足する目的で、Aの居住するマンション（以下「本件マンション」という。）に立ち入り、Aに対し面会を求めるなどした事案である。福岡高裁が認定した事実関係は、次のようなものである。

【事実関係】

　Xは、Aに対する恋愛感情その他の好意の感情を充足する目的で、

①　正当な理由がないのに、平成27年4月14日午前8時51分頃、Aが、居住し、B不動産株式会社代表取締役Cが看守する本件マンションの1階出入口から、居住者が同出入口オートロック式扉を解錠したのに乗じて侵入してA方に押し掛け（以下「所為①」という。）

②　その頃、A方前において、双方の携帯電話機を介してAと通話する中で、「中に入れて。」「部屋のドアを開けて。どうして開けてくれないの。何でドアを開けてくれないの。」などと言って、面会、交際その他義務のないことを行うことを要求し（以下「所為②」という。）

③　Aから拒まれたにもかかわらず、同年4月14日午後3時48分から同月15日午前9時41分までの間に、前後6回にわたり、福岡県内又はその周辺において、自己の携帯電話機を使用して、Aが使用する携帯電話機に連続して電話をかけ（以下「所為③」という。）

④　正当な理由がないのに、同月15日午前10時頃、本件マンションの1階出入口から、居住者が同出入口オートロック式扉を解錠したのに乗じて侵入してA方に押し掛け（以下「所為④」という。）

⑤　その頃、A方前において、Aの使用する携帯電話機に電話をかけ、「何で電話

出らんの。開けてよ。」などと言って、面会、交際その他義務のないことを行うことを要求し（以下「所為⑤」という。）

⑥　同月16日頃、「再度もう一度だけ、私と逢って、きっちり正々堂々と逢って話をして別れようと言うのだったら、私も、買って上げたものを返えしてとは、言いませんよ」「どうしても逢って話が出来ないと言うのであれば、買って上げた物返して頂けないのなら、今回４月４日土曜日に買った商品の代金は、（中略）自分自身で支払って下さい」「商品の8038円の振込み用紙を、ポストに入れて置きますので支払って下さいね」などの文言を記載した手紙在中の封書１通を、北九州市小倉北区内から郵送し、その翌日頃これをＡに受領させ、その手紙を閲読させて内容を了知させ、同人に対し、面会、交際その他義務のないことを行うことを要求し（以下「所為⑥」という。）

もって、同人の身体の安全、住居等の平穏若しくは名誉が害され、又は行動の自由が著しく害される不安を覚えさせるような方法により、つきまとい等を反復して行い、ストーカー行為をしたものである。

【争点】

　まず、所為①④が法２条１項１号所定の「住居等の押し掛け」に、所為②⑤⑥が同項３号所定の「面会等要求」に、所為③が同項５号所定の「連続して電話をする」行為に当たるから、各所為がＡに対する「つきまとい等」に当たることは明らかといえる。

　問題は、所為①④、及び所為②⑤⑥が「身体の安全、住居等の平穏若しくは名誉が害され、又は行動の自由が著しく害される不安を覚えさせるような方法」（以下「不安方法」という。）で行われたものとして、「ストーカー行為」（注・改正前の同条２項）に該当するかどうかである。

　次に問題は、各所為（①から⑥まで）は「反復して」なされたと評価できるかである。

□裁判所の判断

⑴　福岡地裁小倉支部平成28年１月22日判決及び検察官の控訴

　福岡地裁小倉支部判決は、Ｘによる一連の所為がストーカー行為に当たるとは言い切れず、マンション内に立ち入った行為も邸宅侵入には当たらないとして、無罪としたものである（なお、本件の公訴事実のほかに、Ｘが警備員を殴打するなどして業務を妨害したという事案及び生活保護受給中に実際の収入額を届け出ず、生活扶助費等の返還を免れた詐欺の事案については、有罪とされた。）。

このため、検察官から大要、次の理由により、Xによる一連の所為は、ストーカー行為に該当する上、マンション内への立入りも経緯や態様に照らし邸宅侵入に該当するとして控訴がなされた。

○　本件では、所為①④が法2条1項1号所定の押し掛けに、所為②⑤⑥が同項3号所定の面会等要求に、所為③が同項5号所定の連続して電話をする行為にそれぞれ当たるから、XがAに対するつきまとい等をしたことは明らかである。

○　原判決が本件所為①②④⑤⑥について不安方法で行われたとは認めず、法益侵害の程度等に鑑みて一連の行為が反復されたとも評価しなかったが、つきまとい等が不安方法で行われたか否かは、当事者の人的関係、行為の態様や頻度、相手側の対応状況等に着目し、通常人が一般的に不安を覚えるようなものといえるかという基準で判断すべきところ、本件の所為①②④⑤⑥は不安方法で行われたことが明らかであり、また、所為の内容や期間、回数等に照らせば、それらが反復してなされたことも明らかである。

(2)　福岡高裁平成28年7月5日判決

「原判決は、所為①ないし⑥全体につき、『自宅を訪ねて面会を求めたが、拒否されたので、その日から翌日にかけて電話を6回かけ、翌日に同様に自宅を訪ねて面会を求めたが、やはり拒否されたので、手紙を出したという限度にとどまる』と要約した上、Aが一定の不安を感じていたことは認めつつも、被告人の意図はAが関係を解消しようとした理由を聞くことにあり、社会的逸脱の程度が大きくはない旨を指摘する。しかし、関係証拠によれば、Aは3月下旬頃被告人に『友人としての付き合いもやめたい』『会う気はない』などと告げ、4月4日に被告人と会った際『もう会わない、電話もしてこないで』などと述べたのを最後に、以降は被告人からの電話やメールに応答しなくなっていたのであって（Aの原審公判供述、原審乙6）、拒絶の態度は所為①②に際し初めて示されたわけではないから、先の要約はやや不適切といわざるを得ない。また、Aの住むマンション（以下、「本件マンション」という。）は建物全体の玄関部分をオートロック式としており、居住者とその許可を得た者以外の立入りを許容していないが（原審甲11、13）、被

告人は、所為①④において、他の居住者による出入りに合わせてオートロックをすり抜け、Aの居室前に至っている。このように、本来なら立ち入れない場所まで押し掛けることは、正に身体の安全や住居等の平穏を害される不安を増大させる要素であるから、不安方法の判断に際し重視する必要があるが、原判決にはこれを検討した形跡がみられない。これと同時に行われた所為②⑤についても同様である。更に、所為⑥の手紙自体には直接危害を加えるような文言こそ含まれないものの、今後も顔を合わせることがあり得る旨を暗に示しているし、それが送付された経緯や時期、具体的には、4月14日の面会等要求（所為①②）に対し、Aが『早く帰って、電話もしてこないで』などと拒絶の態度を明示したのに、同日から翌15日までの間に連続して6回電話をし（所為③）、同月15日には再度押し掛けるも（所為④⑤）『お願いだから帰って。絶対に会いたくない』などとやはり明確に拒絶されていたのに、その直後に手紙を投函したという事情を考慮に入れるべきところ、原判決はこれらの点の考察も不十分といわざるを得ない。

　Aは、原審公判で、被告人による各所為につき、何をされるか分からない、今後もつきまとわれたり家まで来るかも知れないという強い不安を覚えた旨供述した。これは、先に掲げた各所為の態様、経緯、時期等に照らしてよく理解できるところであるし、Aが所為①②の当日に警察に相談したこととも符合する。そうすると、本件の所為①②④⑤⑥は不安方法で行われたものというべきである。

　そして、本件一連の所為は、2回の押し掛け（所為①④）、3回の面会等要求（所為②⑤⑥）、前後6回の電話（所為③）と、それ自体多数回に及ぶだけでなく、上記のとおり数日の内に連続して行われているから、これらが反復してなされたと評価できることも明らかである。原判決は、『反復』の判断に際して法益侵害の程度や刑罰による抑制の必要性等を勘案したものとみられるが、それらの要素は、不安方法の該当性や量刑の判断要素としてはともかく、『反復』の要件に関連づけるのは適当とはいえない。

　以上によれば、本件の所為①ないし所為⑥は規制法2条1項1号、3号、5号、同条2項に該当し、被告人には同法違反の罪（13条1項）〔注・現18条〕が成立する。」

(3)　判決の検討・評価

　本判決の主な意義は、改正前のストーカー規制法2条2項が「ストーカー行為」につき、「同一の者に対し、つきまとい等（前項第1号から第4号までに掲げる行為については、身体の安全、住居等の平穏若しくは名誉が害され、又は行動の自由が著しく害される不安を覚えさせるような方法により行われる場合に限る。）を反復してすることをいう。」とされ、1号から4号までの「つきまとい等」の類型は、「身体の安全、住居等の平穏若しくは名誉が害され、又は行動の自由が著しく害される不安を覚えさせるような方法により行われる場合」（いわゆる不安方法）を処罰の対象に限定していたところ、具体的適用の場面において、「不安方法」の判断手法を明確にしたところにある。

　ちなみに、本件の所為①は押し掛け（1号類型）、所為②は面会、交際その他義務のないことを行うことを要求（3号類型）、所為③は連続電話かけ（5号類型）、所為④は押し掛け（1号類型）、所為⑤は面会、交際その他義務のないことを行うことを要求（3号類型）、所為⑥は面会、交際その他義務のないことを行うことを要求（3号類型）に分けることができる。判決は、「不安方法」に当たるかどうかの評価を「各所為の態様、経緯、時期等に照らして」判断している。

　まず、判断の前提として重要な要素となる被害者AのXに対する交際拒絶の態度がいつ示されたかについて、判決は、本件所為①の以前である「3月下旬頃被告人に『友人としての付き合いもやめたい』『会う気はない』などと告げ、4月4日に被告人と会った際『もう会わない、電話もしてこないで』などと述べたのを最後に、以降は被告人からの電話やメールに応答しなくなっていた」ことに着目している。

　かかる観点から、判決は、原判決（福岡地裁小倉支部）が「所為①ないし⑥全体につき、『自宅を訪ねて面会を求めたが、拒否されたので、その日から翌日にかけて電話を6回かけ、翌日に同様に自宅を訪ねて面会を求めたが、やはり拒否されたので、手紙を出したという限度にとどまる』と要約した上、Aが一定の不安を感じていたことは認めつつも、被告人の意図はAが関係を解消しようとした理由を聞くことにあり、社会的逸脱の程度が大きくはない旨を指摘」したことが、無罪の判断につながった点に関し、Aの「拒

絶の態度は所為①②に際し初めて示されたわけではないから、先の要約はやや不適切といわざるを得ない。」と判断している。

　この点は、ストーカー行為を認定する上で重要なポイントである（実務においては、被害者に対し相手方への明確な拒絶の意思表示を明らかにすることを教示している。）。

　その上で、判決は、「不安方法」の判断要素として、Ａの住む「本件マンション」の構造を重視している。

　つまり、同建物全体の玄関部分は、オートロック式で、居住者とその許可を得た者以外の立入りを許容していない。それにもかかわらず、「被告人は、所為①④において、他の居住者による出入りに合わせてオートロックをすり抜け、Ａの居室前に至っている。」ことに着目し、判決は「このように、本来なら立ち入れない場所まで押し掛けることは、正に身体の安全や住居等の平穏を害される不安を増大させる要素である」として「不安方法の判断に際し重視する必要がある。」と指摘している。

　これに対し、「原判決にはこれを検討した形跡がみられない。」と断じている。

　このことは正鵠を得た指摘である。その上で、Ｘの所為①④について、「被告人は、看守者の意思に反し、正当な理由がなく本件マンションに侵入したものと認められる」として邸宅侵入罪（刑法130条前段）の成立を認めている。

　また、Ｘの所為①④と同時に行われた所為②⑤（Ａ方前にて携帯電話で「部屋のドアを開けて」などと言って、面会、交際その他義務のないことの要求）についても、不安方法を認定している。

　さらに、所為⑥の手紙を郵送した行為につき、それ「自体には直接危害を加えるような文言こそ含まれないものの、今後も顔を合わせることがあり得る旨を暗に示しているし、それが送付された経緯や時期、具体的には、４月14日の面会等要求（所為①②）に対し、Ａが『早く帰って、電話もしてこないで』などと拒絶の態度を明示したのに、同日から翌15日までの間に連続して６回電話をし（所為③）、同月15日には再度押し掛けるも（所為④⑤）『お願いだから帰って。絶対に会いたくない』などとやはり明確に拒絶されていたのに、その直後に手紙を投函したという事情を考慮に入れるべき」とし

て、不安方法を認定し、原判決には「これらの点の考察も不十分といわざるを得ない。」と判断しており、正鵠を得た指摘である。

　加えて、判決は、Aの原審公判での証言、つまり、Xの「各所為につき、何をされるか分からない、今後もつきまとわれたり家まで来るかも知れないという強い不安を覚えた旨供述したことについて、これは先に掲げた「各所為の態様、経緯、時期等に照らしてよく理解できるところであるし、Aが所為①②の当日に警察に相談したこととも符合する。」として、被害者自身の抱いた強い不安感に深い理解を示している。

　かくして、判決は、「本件の所為①②④⑤⑥は不安方法で行われたものというべきである。」と認定したのである。

　この判断には、検察官の「つきまとい等が不安方法で行われたか否かは、当事者の人的関係、行為の態様や頻度、相手側の対応状況等に着目し、通常人が一般的に不安を覚えるようなものといえるかという基準で判断すべきところ、本件の所為①②④⑤⑥は不安方法で行われたことが明らか」であるとの控訴趣意とも共通の理解がみてとれる。

　また、一連の所為が「反復して」に当たるか否かの判断に際しては、「2回の押し掛け（所為①④）、3回の面会等要求（所為②⑤⑥）、前後6回の電話（所為③）と、それ自体多数回に及ぶだけでなく、上記のとおり数日の内に連続して行われているから、これらが反復してなされたと評価できる。」とした判断も、検察官の「各所為の内容や期間、回数等に照らせば、それらが反復してなされたことも明らかである。」との控訴趣意と共通の理解がみてとれるもので、いずれも異論のないところであろう。

　このように、判決は、「つきまとい等」のうち、押し掛けや面会要求などの一部の類型における「身体の安全、住居等の平穏若しくは名誉が害され、又は行動の自由が著しく害される不安を覚えさせるような方法」（不安方法）及び「反復して」に該当するか否かが争点とされた事案について、きめ細かな事実認定を踏まえ、ストーカー行為を認定したものであり、実務上も極めて意義ある判決といえる。

4　ストーカー規制法の憲法適合性の問題

（最高裁平成15年12月11日第一小法廷判決・刑集57巻11号1147頁）

■事案の概要

　事案は、被疑者X（以下「X」という。）が被害者A（以下「A」という。）に対する恋愛感情を充足する目的で、Aの自宅に2回にわたり、バラの花束を宅配業者に配達させてその受取りを要求し、さらにその後、約半年の間に、5回にわたり郵便物を送って、Xとの接触、連絡を要求し、もって、つきまとい等を反復したとして、ストーカー行為等の規制等に関する法律（以下「ストーカー規制法」という。）違反の罪に問われたものである。

　Xは一審（神戸地裁尼崎支部）で有罪判決を受けたが、控訴審（大阪高裁）では、ストーカー規制法2条、13条1項（注・現18条）は、憲法13条、21条1項に違反するなどと主張して、ストーカー規制法の憲法適合性を争った。

　控訴審である大阪高裁は、ストーカー規制法は憲法に違反しないとして、Xの主張を排斥したことから、Xは上告した。

□裁判所の判断

　①　まず、弁護人の上告理由は、ストーカー規制法2条1項、13条1項（注・現18条）は、規制の範囲が広過ぎ、かつ、規制の手段も相当ではないから、憲法13条、21条1項に違反するなどと主張した。これに対し、最高裁は、次のように判示した。

　「ストーカー規制法は、ストーカー行為を処罰する等ストーカー行為等についての必要な規制を行うとともに、その相手方に対する援助の措置等を定めることにより、個人の身体、自由及び名誉に対する危害の発生を防止し、あわせて国民の生活の安全と平穏に資することを目的としており、この目的は、もとより正当であるというべきである。

　そして、ストーカー規制法は、上記目的を達成するため、恋愛感情その他好意の感情等を表明するなどの行為のうち、相手方の身体の安全、住居等の平穏若しくは名誉が害され、又は行動の自由が著しく害される不安を覚えさせるような方法により行われる社会的に逸脱したつきまとい等の行為を規制の対象とした上で、その中でも相手方に対する法益侵害が重大で、刑罰による抑制が必要な場合に限って、相手方の処罰意思に基づき刑罰を科すこととしたものであり、しかも、これに違反した者に対する法定刑は、刑法、軽犯

罪法等の関係法令として比較しても特に過酷ではないから、ストーカー規制法による規制の内容は、合理的で相当なものであると認められる。

　以上のようなストーカー規制法の目的の正当性、規制の内容の合理性、相当性にかんがみれば、同法2条1項、2項、13条1項〔注・現18条〕は、憲法13条、21条1項に違反しないと解するのが相当である。このように解すべきことは、当裁判所の判例（最高裁昭和57年（行ツ）第156号同59年12月12日大法廷判決・民集38巻12号1308頁、最高裁昭和57年（あ）第621号同60年10月23日大法廷判決・刑集39巻6号413頁）の趣旨に徴して明らかである。」

　②　次に、弁護人の、ストーカー規制法2条2項（注・現3項）の「反復して」の文言は不明確であるから憲法13条、21条1項、31条に違反する旨の主張に対し、最高裁は、次のように判示した。

　「しかしながら、ストーカー規制法2条2項にいう『反復して』の文言は、つきまとい等を行った期間、回数等に照らし、おのずから明らかとなるものであり、不明確であるとはいえないから、所論は前提を欠くものである。」

判決の検討・評価
①　恋愛感情の憲法上の位置付け
　ストーカー規制法2条1項に定める「恋愛感情」が憲法上保障される権利といえるか。

　判決では、この点、明確な判断をしていないが、恋愛感情は、これを抱き、あるいは相手方に表明したりすることは人間の本能にかかる本質的なものであるし、私生活上の自由に属する権利とみることができるから、恋愛感情を抱き、相手方への表明行為は、憲法13条（幸福追求権）、21条1項（表現の自由）のもとで保障されると考えられる。

②　恋愛感情の制約との関係
　恋愛には相手方が存在し、恋愛感情が外部に表明されたとき、表明された相手方がこれを受け入れるのを拒んだ場合のように、他者の権利・自由などと衝突する場面が生ずる問題がある。

　すると、相手方の権利・自由などとの調整を図る上で、何らかの制約を受けることはやむを得ないと考えられる。

　判例の態度は、人権相互の調整の手段として、「公共の福祉」のために合

理的に、必要な場合には相応の制約を受けるとの考えに立っているものといえる。

この点、どの程度の制限が許容されるかの判断につき、「①権利・自由を制限する目的に照らし、必要な限度において、かつ、合理的制限を加えることもやむを得ないものであるか（目的の正当性）、②制限の必要性の程度と制限される基本的人権の内容、これに加えられる具体的制限の態様とを較量して、制限が必要かつ合理的なものであるかどうか（制限の必要性と合理性）を考慮して判断がなされている」（山田耕司『最高裁判例解説　刑事篇（平成15年度）』631頁）と解される。

すると、判決は、ストーカー規制法について、その目的を達成するため、恋愛感情その他好意の感情等を表明するなどの行為のうち、「相手方の身体の安全、住居等の平穏若しくは名誉が害され、又は行動の自由が著しく害される不安を覚えさせるような方法」（不安方法）により行われる「社会的に逸脱したつきまとい等の行為」を規制の対象としたもので、その中でも相手方に対する「法益侵害が重大で、刑罰による抑制が必要な場合」に限って、相手方の処罰意思に基づき刑罰を科すこととしたものであり、しかも、これに「違反した者に対する法定刑は、刑法、軽犯罪法等の関係法令として比較しても特に過酷ではない」から、ストーカー規制法による規制の内容は、合理的で相当なものであると認められる、と解したことからすると、目的の正当性と制限の必要性・合理性の観点から、憲法適合性を判断したものということができる。

なお、判決が税関ポルノ事件（最高裁昭和59年12月12日大法廷判決）と福岡県青少年保護育成条例違反事件（最高裁昭和60年10月23日大法廷判決）を引用しているのは、制約にかかる人権の類似性などを考慮したものと考えられる。

③　「反復して」の明確性
ストーカー規制法2条2項（注・現3項）の「反復して」の文言は不明確であるとの主張に対し、判決は、「ストーカー規制法2条2項にいう『反復して』の文言は、つきまとい等を行った期間、回数等に照らし、おのずから明らかとなるものであり、不明確であるとはいえない」としている。

このように規制立法の要件が明確か否かの判断指標とされるのが、徳島市公安条例違反事件判決（最高裁昭和50年9月10日大法廷判決）であり、「あ

る刑罰法規があいまい不明確のゆえに憲法31条に違反するものと認めるべき
かどうかは、通常の判断能力を有する一般人の理解において、具体的場合に
当該行為がその適用を受けるものかどうかの判断を可能ならしめるような基
準が読みとれるかどうかによってこれを決すべきである。」との判示が、こ
の問題解決のリーディングケースとなっている。

　最高裁平成15年判決は、当該徳島市公安条例違反事件判決を念頭に、ス
トーカー規制法2条2項の定める「反復して」の文言について、「つきまと
い等を行った期間、回数等に照らし、おのずから明らかとなるものであり、
不明確であるとはいえない」と判断している。

　これは、通常の判断能力を有する一般人の理解において、つきまとい等を
行ったその期間・回数等に照らして具体的場合において、当該行為がその適
用を受けるものかどうかの判断を可能ならしめるような基準が十分に読みと
れるとの理解に立っているものといえよう。

　この点、「反復して」に該当するか否かが争点とされた事案について判断
した前掲3・福岡高裁平成28年7月5日判決（判例タイムズ1431号138頁）
が、本最高裁判決の判示した理解に立って、福岡高裁における検察官による
控訴趣意にある「所為の内容や期間、回数等に照ら」し、「それらが反復し
てなされたことも明らかである」との主張及び福岡高裁判決の各所為（2回
の押し掛け、3回の面会等要求、前後6回の電話）につき、それ自体多数回
に及ぶだけでなく、数日のうちに連続して行われているから、「これらが反
復してなされたと評価できる」との判示にもあらわれている。さらに、前掲
3の福岡高裁判決において、「反復して」の明確性につき、被害者が被告人
による「各所為につき、何をされるか分からない、今後もつきまとわれたり
家まで来るかも知れないという強い不安を覚えた旨供述した。これは、先に
掲げた各所為の態様、経緯、時期等に照らしてよく理解できる」との判示に
も反映されているといえる。

第2章　ストーカー規制法の改正

　ソーシャル・ネットワーキング・サービス（SNS）上での執拗な書き込みを新たに規制対象とするなど、ストーカー行為等の規制等に関する法律（以下「法」、あるいは「ストーカー規制法」という。）（平成12年法律第81号）の一部を改正する法律が、平成28年12月6日に成立し、同月14日に公布され（平成28年12月14日付け官報〔号外第276号〕）、法5条の禁止命令等の制度の見直しに係る項目（平成29年6月14日施行）を除き、平成29年1月3日から施行された。

　ストーカー規制法の改正は、メールの連続送信を規制対象に加えるなどした平成25年の改正に続き、今回で2回目となる。

　平成29年1月15日付け報道（日本経済新聞）では、北海道警・札幌北警察署において、元交際相手の女性に対し、LINE（ライン）で音声データやメッセージを連続送信したとして、被疑者をストーカー規制法違反で逮捕したが、これは「改正ストーカー規制法が3日に施行されて以降、全国初の逮捕」であることを報じている。

1　改正の意義

　ストーカー対策は事案発生の反省を踏まえて、これまでも電子メールの連続送信の規制等の改正（平成25年7月）がなされてきたところ、今回の改正では、大別して8項目にみられるとおり、さらにきめ細かな改正内容となっており、通達等に基づく緻密な対応方針が明らかにされているところである。

　ストーカー対応の適否は、個々の相談に当たる担当者の初期的判断に負うところに影響を受けるものであることから、職員に対するきめ細かな教養、そして個々のストーカー事案の相談段階から、生活安全・刑事部門との確実な連携のもとで、人身安全関連事案として危険性・切迫性の判断を的確に行い、きめ細かな情報共有に基づき、最大限の組織的対応のもとで、被害者の安全確保が確実になされるよう期待されている。

2　ストーカー規制法の一部改正の主な骨子

　平成28年の改正は、大別して、①住居付近などをみだりにうろつく行為
や、SNS・ブログなどへのメッセージの送信や書込みを続ける行為の規制対
象の追加等、②ストーカー行為に対する罰則の引上げ、③被害者の告訴が必
要な親告罪規定の撤廃、④公安委員会による禁止命令は警告を経ずに出せる
ほか、緊急の場合には聴聞を経ずに行うことが可能、公安委員会が警察本部
長や警察署長に事務委任できること、⑤ストーカー行為等をするおそれがあ
る者に対し被害者の情報提供の禁止、⑥ストーカー行為等の相手方の安全の
確保、国及び地方公共団体の職務関係者に対する必要な研修・啓発など、⑦
国、地方公共団体、関係事業者等の支援、⑧ストーカー行為等をした者の更
生方法、その相手方の心身の健康回復方法等の調査研究、など8項目が主な
骨子となっている。

3　ストーカー規制法の一部改正の内容

⑴　住居等の付近をみだりにうろつく行為（法2条1項1号）やSNSやブ
　　ログなどへのメッセージの送信や書込みを続ける行為（法2条1項5号）
　　の新たな規制対象の追加等（法2条関係）
①　法2条1項1号
　改正前の「つきまとい、待ち伏せし、進路に立ちふさがり、住居、勤務
先、学校その他その通常所在する場所（以下「住居等」という。）の付近に
おいて見張りをし、又は住居等に押し掛けること。」のうち、「又は住居等に
押し掛ける」を「住居等に押し掛け、又は住居等の付近をみだりにうろつ
く」に改められた。
　つまり、住居等の付近をみだりにうろつく行為が、「つきまとい等」の対
象行為に新たに追加された。

②　法2条1項5号
　SNSやブログなどへのメッセージの送信や書込みを続ける行為等に対処
するため、改正前の「電話をかけて何も告げず、又は拒まれたにもかかわら

ず、連続して、電話をかけ、ファクシミリ装置を用いて送信し、若しくは<u>電子メールを送信すること。</u>」のうち、「<u>電子メールを送信する</u>」が「<u>電子メールの送信等をする</u>」に改められた。

　そして、「電子メールの送信等」の内容が法2条2項に新たに定義され、次のいずれかに掲げる行為（電話をかけること、ファクシミリ装置を用いて送信することを除く。）をいうとされた。

　　ア　電子メールその他のその受信をする者を特定して情報を伝達するために用いられる電気通信（電気通信事業法（昭和59年法律第86号）第2条第1号に規定する電気通信をいう。次号において同じ。）の送信を行うこと。

　　　※　なお、「その受信をする者を特定して情報を伝達するために用いられる電気通信」とは、具体例を挙げると、LINE（ライン）、Facebook（フェイスブック）、Twitter（ツイッター）等のSNSメッセージ機能等を利用することがこれに当たる。

　　イ　アに掲げるもののほか、特定の個人がその入力する情報を電気通信を利用して第三者に閲覧させることに付随して、その第三者が当該個人に対し情報を伝達することができる機能が提供されるものの当該機能を利用する行為をすること。

　　　※　なお、「特定の個人がその入力する情報を電気通信を利用して第三者に閲覧させることに付随して、その第三者が当該個人に対し情報を伝達することができる機能が提供されるものの当該機能を利用する行為」とは、具体例を挙げると、被害者が開設しているブログ、ホームページ等への書込み行為がこれに当たる。

③　**性的羞恥心を害する電磁的記録等の送りつけ等の行為を法2条1項8号に明記**

　　改正前の法2条1項8号後段の、特定の者の「性的羞恥心を害する文書、図画その他の物を送付し若しくはその知り得る状態に置くこと。」が「つきまとい等」に当たるが、文書、図画のほかに電磁的記録やこれに係る記録媒体を送付・送信（性的羞恥心を害する画像や動画等の送信やネット等への掲載）する場合も対象となることから、確認的に法2条1項8号に明記された。

　　つまり、改正前の法2条1項8号の「その性的羞恥心を害する事項を告げ

若しくはその知り得る状態に置き、又はその性的羞恥心を害する文書、図画その他の物を送付し若しくはその知り得る状態に置くこと。」のうち、「又はその性的羞恥心を害する文書、図画その他の物を送付し」が「その性的羞恥心を害する文書、図画、電磁的記録（電子的方式、磁気的方式その他人の知覚によっては認識することができない方式で作られる記録であって、電子計算機による情報処理の用に供されるものをいう。以下この号において同じ。）に係る記録媒体その他の物を送付し若しくはその知り得る状態に置き、又はその性的羞恥心を害する電磁的記録その他の記録を送信し」に改められた。

④　ストーカー行為の定義に関連して

　改正前の法2条2項が「ストーカー行為」とは、「同一の者に対し、つきまとい等（前項第1号から第4号までに掲げる行為については、身体の安全、住居等の平穏若しくは名誉が害され、又は行動の自由が著しく害される不安を覚えさせるような方法により行われる場合に限る。）を反復してすることをいう。」とされており、改正前の2条1項5号においては、同条2項の（　）内の縛り、つまり「身体の安全、住居等の平穏若しくは名誉が害され、又は行動の自由が著しく害される不安を覚えさせるような方法により行われる場合に限る。」との要件が付加されていなかった。

　しかし、今回の改正により、SNSやブログなどへのメッセージの送信や書込みを続ける行為等に対処するため、5号に「電子メールの送信等」とされたことから、改正後の法2条3項においてストーカー行為の意義につき（　）内の縛りが「第1項第1号から第4号まで及び第5号（電子メールの送信等に係る部分に限る。）」とされた（注・現2条3項）。

　つまり、5号の「電子メールの送信等」をする行為については、「身体の安全、住居等の平穏若しくは名誉が害され、又は行動の自由が著しく害される不安を覚えさせるような方法により行われる場合に限る。」ものとされた。

「つきまとい等」の規制対象行為の拡大

1号類型	つきまとい、待ち伏せ、立ちふさがり、住居等付近での見張り・押し掛け　⇒「住居等の付近をみだりにうろつく」行為を新たに追加
5号類型	無言の電話、拒まれたにもかかわらず連続電話、ファクシミリ装置での送信、電子メールの送信　⇒電子メールの送信等

	○　「その受信をする者を特定して情報を伝達するために用いられる電気通信の送信」⇒ LINE（ライン）、Facebook（フェイスブック）、Twitter（ツイッター）等の SNS メッセージ送信等 ○　「特定の個人がその入力する情報を電気通信を利用して第三者に閲覧させることに付随して、その第三者が当該個人に対し情報を伝達することができる機能が提供されるものの当該機能を利用する行為」⇒ブログ、ホームページ等への書込み
8号類型	性的羞恥心の侵害 ⇒文書、図画のほか、電磁的記録やこれに係る記録媒体送付も対象となることを明記

改正後の法2条1項（「つきまとい等」の定義）

一　つきまとい、待ち伏せし、進路に立ちふさがり、住居、勤務先、学校その他その通常所在する場所（以下「住居等」という。）の付近において見張りをし、住居等に押し掛け、又は住居等の付近をみだりにうろつくこと。
二　その行動を監視していると思わせるような事項を告げ、又はその知り得る状態に置くこと。
三　面会、交際その他の義務のないことを行うことを要求すること。
四　著しく粗野又は乱暴な言動をすること。
五　電話をかけて何も告げず、又は拒まれたにもかかわらず、連続して、電話をかけ、ファクシミリ装置を用いて送信し、若しくは電子メールの送信等をすること。
六　汚物、動物の死体その他の著しく不快又は嫌悪の情を催させるような物を送付し、又はその知り得る状態に置くこと。
七　その名誉を害する事項を告げ、又はその知り得る状態に置くこと。
八　その性的羞恥心を害する事項を告げ若しくはその知り得る状態に置き、その性的羞恥心を害する文書、図画、電磁的記録（電子的方式、磁気的方式その他人の知覚によっては認識することができない方式で作られる記録であって、電子計算機による情報処理の用に供されるものをいう。以下この号において同じ。）に係る記録媒体その他の物を送付し若しくはその知り得る状態に置き、又はその性的羞恥心を害する電磁的記録その他の記録を送信し若しくはその知り得る状態に置くこと。

(2)　ストーカー行為に対する罰則の引上げ

　ストーカー行為の深刻さや国民生活への重大な影響、国民の意識の高まりなどを反映し、次のようにストーカー行為に対する罰則の強化が図られた。
① 　ストーカー行為をした者
　6月以下の懲役が「1年以下」に、50万円以下の罰金が「100万円以下」

に引き上げられた。

②　禁止命令等に違反してストーカー行為をした者

　1年以下の懲役が「2年以下」に、100万円以下の罰金が「200万円以下」に引き上げられた。

③　禁止命令等に違反した者

　50万円以下の罰金が「6月以下の懲役」又は「50万円以下」の罰金に引き上げられた。

(3)　被害者の告訴が必要な親告罪規定の撤廃

　これまでストーカー行為の罪に対し、「告訴がなければ公訴を提起することができない。」（改正前13条2項）とされていたが、同項が削除され、親告罪規定が撤廃された。

(4)　公安委員会による禁止命令等は警告を経ずに出せるほか、緊急の場合には、聴聞を経ずに行うことが可能、公安委員会が警察本部長や警察署長に事務委任できること

①　禁止命令等制度の見直し

ア　警告前置の廃止

　禁止命令等は、警告を受けた者がこれに従わない場合になされたが（警告前置）、警告前置が廃止され、公安委員会は、法3条の規定（つきまとい等をして不安を覚えさせることの禁止）に違反する行為が行われた場合において、更に反復して行うおそれがあると認めるときは、相手方の申出により、又は職権で、禁止命令等をすることができることとされた。

イ　緊急時の禁止命令等

　改正後の法5条3項において、公安委員会は、法3条の規定（つきまとい等をして不安を覚えさせることの禁止）に違反する行為があった場合において、更に反復して行うおそれがあると認めるときで、相手方の身体の安全、住居等の平穏若しくは名誉が害され、又は行動の自由が著しく害されることを防止するために緊急の必要があると認めるときは、聴聞又は弁明の機会の付与を行わないで、禁止命令等をすることができる（もっとも、公安委員会は、禁止命令等をした日から起算して15日以内に意見の聴取をしなければならない。）とされた。

　なお、この緊急時の禁止命令等が新設されたことにより、「仮の命令」制度（改正前6条）は廃止された。

②　公安委員会の事務の委任

　公安委員会の権限に属する事務は、警視総監・警察本部長や警察署長に行わせることができるとされた（注・現17条）。

(5)　ストーカー行為をするおそれがある者に対し被害者の情報提供の禁止

　何人も、ストーカー行為又は法3条の規定に違反する行為（以下「ストーカー行為等」という。）をするおそれがある者であることを知りながら、その者に対し、当該ストーカー行為等の相手方の氏名、住所その他の当該ストーカー行為等の相手方に係る情報でストーカー行為等をするために必要となるものを提供してはならないとされた（注・現6条）。

(6)　ストーカー行為等の被害者の安全の確保、国及び地方公共団体による職務関係者に対する必要な研修・啓発の実施など

①　職務関係者による配慮

　ストーカー行為等に係る相手方の保護、捜査、裁判等に職務上関係のある者（職務関係者）は、その職務を行うに当たり、ストーカー行為等の相手方の安全の確保及び秘密の保持に十分な配慮をしなければならない（注・現8条1項）。

②　国及び地方公共団体は、職務関係者に対し、ストーカー行為等の相手方の人権、ストーカー行為等の特性等に関する理解を深めるために必要な研修及び啓発を行うものとする（注・現8条2項）。

③　国、地方公共団体等は、上記①②のほか、その保有する個人情報の管理について、ストーカー行為等の防止のために必要な措置を講ずるよう努めなければならない（注・現8条3項）。

(7)　国、地方公共団体、関係事業者等の支援

　改正前の8条1項が「国及び地方公共団体は、ストーカー行為等の防止に関する啓発及び知識の普及、ストーカー行為等の相手方に対する婦人相談所その他適切な施設による支援並びにストーカー行為等の防止に関する活動等を行っている民間の自主的な組織活動の支援に努めなければならない。」と

されていたのを、「ストーカー行為等の防止に関する啓発及び知識の普及」
を削り、「並びにストーカー行為等の防止に関する活動等を行っている民間
の自主的な組織活動の支援」が「民間の施設における滞在についての支援及
び公的賃貸住宅への入居についての配慮」に改められた（注・現9条1項）。

　その結果、改正前の8条1項が9条1項として、「国及び地方公共団体
は、ストーカー行為等の相手方に対する婦人相談所その他適切な施設による
支援、民間の施設における滞在についての支援及び公的賃貸住宅への入居に
ついての配慮に努めなければならない。」とされた。

　この条文の改正は、ストーカー行為等の相手方、つまり被害者の避難のた
めの「民間の施設における滞在についての支援及び公的賃貸住宅への入居に
ついての配慮」が明文化されたもので、特に重要な改正といえる。

　これまで一時避難先として、「婦人相談所その他適切な施設による支援」
との定めがなされていたが、平成28年の改正では、より具体的に、民間施設
における滞在支援や公的賃貸住宅への入居についての配慮が明確にされたと
いえるからである。

　しかも、改正後の12条において、この支援等を図るための措置として、国
及び地方公共団体は、「必要な体制の整備、民間の自主的な組織活動の支援
に係る施策を実施するために必要な財政上の措置その他必要な措置を講ずる
ように努めなければならない。」としていることが特筆される。

⑻　ストーカー行為等をした者の更生方法、その相手方の心身の健康回復方
　法等の調査研究

　国及び地方公共団体は、ストーカー行為等をした者を更生させるための方
法、ストーカー行為等の相手方の心身の健康を回復させるための方法等に関
する調査研究の推進に努めなければならない（注・現10条）。

結びに代えて
——警察活動のあり方——

1 ストーカー事案の相談等件数

　ストーカー事案について、『令和元年版警察白書』によれば、その相談等件数は、特に平成25年以降、平成30年まで、いずれの年も2万件を超えており、高原状態にある（図1参照）。

図1　ストーカー事案の相談等件数の推移（平成21～30年）

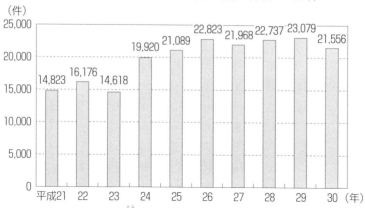

注：ストーカー事案には、執拗なつきまといや無言電話等のうち、ストーカー規制法
　　やその他の刑罰法令に抵触しないものも含む。

（出典：『令和元年版警察白書』から作成）

2 ストーカー事案をはじめ恋愛感情等のもつれに起因する暴力的事案の基本通達

　ストーカー事案をはじめ恋愛感情等のもつれに起因する暴力的事案は、私的な人間関係に起因することにより、相手方の被害者に対する強い執着心等から予測し難い重大な結果が引き起こされている。そこで、初期的段階から迅速かつ的確な対応を徹底するため、平成25年旧通達から組織的な対応方針

が示されて以来、事案対応への反省と教訓を踏まえ、現在は、平成31年３月29日付けの警察庁生活安全局長及び同刑事局長通達により「恋愛感情等のもつれに起因する暴力的事案への迅速かつ的確な対応の徹底について」（以下「現通達」という。）等に基づき、最新の対応方針（警察庁ウェブサイト参照）が示されている。

(1) 基本的な考え方

相談の受理時から相手方の動向次第では、被害者やその家族等（以下「被害者等」という。）に対する重大な事案に発展するおそれがあることを念頭に置きつつ、相手方への警告等の措置や検挙措置を講じることにより、「被害者等の安全確保」（被害者等への危害防止）を最優先に、保護の徹底を図る必要がある。

(2) 組織的対応

ア 相談時の対応

相談内容により、被害者等に対する危害防止（危険性・切迫性）の判断や事件化の擬律判断を的確に行うため、生活安全課（部門）と刑事課（部門）とが連携し、共同対処（共同聴取）する。その場合、本部対処体制（警察本部において人身安全関連事案について一元的に対処するために設置）に速報する。

その場合、ストーカー規制法等に基づき執り得る措置（法の要件と効果等）を教示するとともに、110番通報要領なども教示する。

イ 幹部（警察署長以下の担当幹部）による適切な指揮

前記アの相談時の対応にあっては、本部対処体制の指導・助言を受けて、処理方針等を決定し、処理経過について本部対処体制と連携を図る。

ウ 危険切迫性の的確な判断

相談事案において、最も重要なことは、被害者等からの聴取を通じて、当該事案の危険性・切迫性の判断を的確に行うことであり、事情聴取を遺漏なくするために、「危険性判断チェック票」等を活用する。その場合、具体的に挙げられる具体的事項には、

・被害者等に対して、行為者によるメールなどで危害を加えるような言

動がある。

・被害者等に対して、行為者による直接的な接近行為（見張りや監視など）がある。
・行為者の住所等が判然としない。所在不明である。
・行為者と被害者等との揉め事などで以前にも110番通報などがあり、現場臨場の取扱いがある。
・行為者には粗暴犯等での前科前歴がある。
・被害者等へ、不審な立回りの情報が寄せられている。

などには、危険性・切迫性の徴表とみて、本部対処体制と緊密に連携し、関係法令を適用するなどして臨機に対処するとともに、被害者等の保護（110番緊急通報登録システム、身辺警戒、婦人相談所等への一時的避難等）を徹底し、最優先する。

エ　加害者に対する警告等

捜査員が速やかに加害者と面接し、沈静化を図らせるための説得・警告等を講ずる。

オ　確実な各種照会

恋愛感情等のもつれに起因する暴力的事案照会業務による照会を確実に行う。

なお、報道（令和元年8月30日付け下野新聞）によれば、ストーカー、ドメスティックバイオレンス（DV）、児童虐待の通報や相談に迅速に対応するため、警察庁では、現場でスマートフォン型携帯端末により過去の取扱い状況を瞬時に照会できる新たなシステムを、令和2年度に導入することが報じられている。

カ　複数の都道府県にわたる事案への対応

事案に関係する場所が複数の都道府県に及ぶものについては、関係都道府県警察が相互に緊密に連携し情報共有を確実に行い、対応に齟齬が生じないような対応を図らなければならないことはいうまでもない。

なお、参考までに、『令和元年版警察白書』に掲げられた「ストーカー事案・配偶者からの暴力事案等に関する手続の流れ」（図2）を添付する。

202

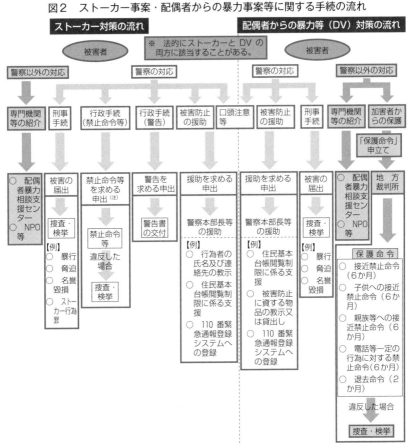

図2　ストーカー事案・配偶者からの暴力事案等に関する手続の流れ

注：禁止命令等は、被害者の申出によらず、職権により行うことができる（緊急の場合は被害者の身体の安全が害される場合のみ）。

（出典：『令和元年版警察白書』から作成）

3　おわりに

　ストーカー事案をはじめ恋愛感情等のもつれに起因する暴力的事案については、事案発生の反省を踏まえ、法令改正（特にストーカー対策については２度にわたる法改正）と併せて、その都度、前記通達等に基づくきめ細かな対応方針が明らかにされているところである。

　ストーカー事案の相談等件数は、前記のとおり２万件を超える高原状態に

あることから、その対応の適否は、個々の相談に当たる担当者の初期的判断に負うところが極めて重要であり、その後の対応に影響を及ぼすものであることが過去の事案をみても明らかである。

　そこで、これまで紹介したストーカー事案等の判例（裁判例）の基本的な考え方を理解しつつ、現通達の対応方針のもとで、前記2で述べた「警察活動のあり方」の基本を踏まえ、職員に対する対応要領についての教養の徹底を図るとともに、初期的段階から絶えず危険性・切迫性を予測しつつ、きめ細かな情報共有のもとで、組織的対応により、その万全を期さなければならない。

　なお、弁護士が自宅で侵入者に刺殺された事件について、弁護士の妻の通報で臨場した警察官らが権限を適切に行使しなかったため、弁護士が殺害されたとして、秋田県（県警）に国家賠償を請求した事件で、仙台高裁秋田支部平成31年2月13日判決は、発動、行使する警察権ないし捜査権限の時期、内容について一定の裁量が付与されていることを前提に「①生命、身体等の重大な法益に対する加害行為がまさに行われ、又は行われる危険が切迫しており、②警察官においてそのような状況を知り、又は容易に知ることができ、③警察官が警察権等の法令上の権限を行使することによって上記危険を除去し、上記加害行為によって生ずべき結果を回避、防止することが可能であり、④そのような警察権等の法令上の権限を警察官が行使することが困難ではない場合」の権限の不行使について、違法な公権力の行使となる旨判示し、県に支払いを命じた（判例時報2423号34頁）。

　警察権限不行使に係る国賠請求として、特異な事例ともいえるが、これまで解説してきた判例法理と同様な基準での判決規範による判断である。

　本訴について、令和元年12月21日付全国紙は、最高裁第一小法廷が同月19日付の決定で県の上告を棄却し、現場臨場した警察官の対応を違法と認定し、県などに支払いを命じた仙台高裁秋田支部判決が確定したことを報じている。

【著者略歴】

修士（法学）
細 谷 芳 明

栃木県警察に41年間勤続。この間、警察庁（地域課）出向、監察官兼訟務管理官（訟務事案における県（県警）側の指定代理人）、大田原警察署長、栃木県警察学校長等を歴任。

主な著書等

『判例から学ぶ 捜査手続の実務 特別編①強制採尿を前提としてなされる「留置き」の適否をめぐる裁判例と捜査実務（現場）への提言』（東京法令出版）
『判例から学ぶ 捜査手続の実務 特別編②

違法収集証拠排除法則の一考察～平成15年最高裁判決以後の証拠排除裁判例の類型別考察と捜査実務（現場）への教訓～』（東京法令出版）

論文

「覚せい剤使用事犯における「留置き」をめぐる問題～二分論への批判に対し、実務上その有用性について～」（『捜査研究』（東京法令出版）に平成29年8月号から同31年3月号まで18回連載）
「児童虐待の現状と児童虐待に対する刑事司法関与のあり方」（『捜査研究』（東京法令出版）に平成28年12月号から平成29年7月号まで4回連載）

国賠判例にみる
権限不行使と警察の責務
～ ストーカー事案等における不作為と判例の立場～

令和2年3月10日 初 版 発 行

著 者 細 谷 芳 明

発行者 星 沢 卓 也

発行所 東京法令出版株式会社

112-0002	東京都文京区小石川5丁目17番3号	03(5803)3304
534-0024	大阪市都島区東野田町1丁目17番12号	06(6355)5226
062-0902	札幌市豊平区豊平2条5丁目1番27号	011(822)8811
980-0012	仙台市青葉区錦町1丁目1番10号	022(216)5871
460-0003	名古屋市中区錦1丁目6番34号	052(218)5552
730-0005	広島市中区西白島町11番9号	082(212)0888
810-0011	福岡市中央区高砂2丁目13番22号	092(533)1588
380-8688	長野市南千歳町1005番地	

〔営業〕TEL 026(224)5411 FAX 026(224)5419
〔編集〕TEL 026(224)5412 FAX 026(224)5439
https://www.tokyo-horei.co.jp/

ISBN978-4-8090-1410-9